职业教育物流服务与管理专业课程改革创新教材

物 流 地 理

第 3 版

主 编 张重晓

副主编 于承锦

参 编 谢幸妮 郭品方

机 械 工 业 出 版 社

本书以"实用性、时代性、发展性"为编写原则，在丰富和升级第2版内容知识的基础上，重点介绍了当前物流基地布局、我国物流经济圈和物流园区、农业产品和工业产品的主产地、产品的主要流向、运输线路的格局以及国家对相关行业未来发展的规划等内容。本书的知识体系既保留了经济地理中"物"的内容，即各行业的布局，又突出了物流中"流"的特点，即产品的集散与流向等内容。

按照以学生为主体的教学模式，本书采用了"议一议""想一想""小知识"和"资料卡"等多种形式，大量使用图表，版面生动活泼，趣味性强。为提高教师课堂教学的效果，每个单元都配有精彩的图文视频拓展资料。本书在最后还配有大量的填空题、选择题、简答题以及填图活动，案例分析和活动建议等，以使学生巩固并掌握所学知识，提高学生应用知识的能力，增强学生处理问题的能力。

本书可作为中等职业学校物流服务与管理、电子商务和工商管理专业的教材，也可以作为各类企业生产基层管理人员的培训和自学参考用书。

审图号：GS（2021）5744 号

图书在版编目（CIP）数据

物流地理/张重晓主编. —3版. —北京：机械工业出版社，2019.9（2025.1重印）
职业教育物流服务与管理专业课程改革创新教材
ISBN 978-7-111-63898-8

Ⅰ．①物…　Ⅱ．①张…　Ⅲ．①物流-经济地理-中国
-中高等职业教育-教材　Ⅳ．①F259.22

中国版本图书馆CIP数据核字（2019）第214553号

机械工业出版社（北京市百万庄大街22号　邮政编码100037）
策划编辑：李　兴　　责任编辑：李　兴　邢小兵
责任校对：朱继文　　封面设计：鞠　杨
责任印制：郜　敏
北京富资园科技发展有限公司印刷
2025年1月第3版第9次印刷
184mm×260mm·16.25印张·1插页·348千字
标准书号：ISBN 978-7-111-63898-8
定价：49.00元

电话服务　　　　　　　网络服务

客服电话：010-88361066　　机　工　官　网：www.cmpbook.com
　　　　　010-88379833　　机　工　官　博：weibo.com/cmp1952
　　　　　010-68326294　　金　书　网：www.golden-book.com
封底无防伪标均为盗版　机工教育服务网：www.cmpedu.com

为落实以就业为导向、以服务为宗旨的职业教育办学方针，树立工作过程导向的课程观、行动导向的教学观、多元智能的人才观及多元评价的质量观，实现以服务社会主义现代化建设为宗旨，培养适应经济社会发展需要的，具有良好的职业道德、职业素质以及在生产、服务第一线工作的熟练的职业技能和职业能力的技能型人才的培养目标，机械工业出版社联合多所中等职业学校组织修订了这套物流专业系列教材。

本套教材力求落实物流专业培养目标与人才规格，提出了"紧紧围绕培养物流管理操作型人才这一核心，以先进的职教理论和课程理论为指导，占领中等职业教育的制高点，紧贴物流职业领域的实际，使教材的编写经得起时间的考验"的指导思想。

本套教材编写的基本思路：①打破学科体系，以培养职业能力、提高职业素质为核心，构建以工作过程为导向、理论与实践一体化、专业教学标准与职业资格标准相融合的职业教育课程体系；②专业基础课程以综合课程为主，专业课程（实务）以行动导向课程为主；③综合课程与职业资格取证挂钩；④加强实践、实训课程建设。⑤既能适应学历教育的需要，又能满足职业培训的需要。

本套教材的主要特点：①以现代职业教育课程理论为指导，体现"以全面素质为基础，以就业为导向，以能力为本位，以学生为主体"的职教课程改革指导思想；②反映物流行业现实的特点和发展的需求，从职业岗位需求出发，以职业能力和技能培养为核心，既反映了物流业现实的需要，又具有超前性，体现新知识、新技术、新工艺、新方法的应用；③体现学生自主学习、探究学习、合作学习和教学方法、学习方法的改革；④体现对职业能力评价等评价方式的改革；⑤体现现代职业教育教学手段，编写形式新颖多样、图文并茂、生动活泼、简洁直观，有助于学生理解。

本套教材分为综合型课程教材和行动导向型课程教材。

综合型课程教材的编写力争实现以下要求：①课程目标既要明确知识点，更要突出能力点；②课程内容主要是"是什么"和"怎么样"；③教学方式采用案例教学、情境教学和实践教学等手段，使学生在学习过程中做到动脑、动口、动手；④在教学方法上，为探究式学习、合作式学习留出充分的时间；⑤评价方式多采用开卷考试、口试、实操考核、"课业"考核、阶段考核和过程考核等考核方式。

行动导向型课程教材是本套系列教材的特色，主要体现在：①以运输、仓储、配送、采购、物流营销、物流信息管理等物流节点的主要工作流程为线索；②以上述各个工作流程中的不同操作环节所需要的能力、技能以及相关知识为蓝本；③以能力培养为主线；④以创建行动学习环境，组织学生动手操作、主动探索为教学模式；⑤以培养学生物流业务能力和综合职业素质为目标。

物流专业行动导向型课程由若干项工作任务组成，每一项工作任务都包含了对某一个工作环节操作能力的培养。本套教材为每项工作任务设置了任务描述、任务目标、情景导入、知识储备、教师演示、学生动手、举一反三和学习评价八个栏目，对课程的教学给予了明确的指导。

对于物流专业行动导向型课程的教学，建议采用以下教学模式：

模式一：基础实训模式

（1）教师指导学生明确教学目标和实训要求。

（2）教师指导学生明确实训的任务、方法和步骤。

（3）学生准备相关材料和必备的知识（教师辅导）。

（4）学生按照实训内容进行操作训练（教师辅导）。

（5）学习评价。

模式二：角色实训模式

（1）教师提出问题，并向学生介绍和展示问题情境，指导学生明确教学目标和实训要求。

（2）按某一类型的物流企业组织结构组织学生以小组为单位分别担任不同职务（扮演不同角色），并研究角色的职责和任务。

（3）角色扮演者根据角色扮演设计方案分别进行课堂现场展示，还可进行角色互换。

（4）学习评价。

模式三：项目实训模式

（1）教师布置学习任务，指导学生明确学习目标和实训要求，帮助学生理解任务。

（2）教师提供相关参考资料，各项目小组进行调查研究、查阅资料、获取信息，作必要的知识和技能准备。

（3）各项目小组合作学习，制订工作计划。

（4）根据项目小组制订的计划提出各种方案，经过讨论确立本项目的最佳实施方案。

（5）组织项目实施，教师作示范，学生观看；学生根据计划完成任务，教师观看、指导。

（6）学生在完成项目的过程中自己检查工作过程及结果，出现问题时随时请教师或同学帮助解决。

（7）学生完成项目后对成果进行展示与自我评价，同时对其他同学项目完成情况提出问题，互相交流。教师对学生在整个学习过程中的表现予以评价，对出现的问题给予纠正。

根据物流企业的现实情况，建议将行动导向型课程的操作训练方式分为两种：①手工操作，如手工填制各种单证；②结合物流信息管理系统上机操作，如在仓储信息管理系统中完成各仓储管理岗位的操作。

行动导向型课程建设需要教学管理的改革与之配套，如在教学安排上，可以在传统的"两课时一个教学单元"和"一课时一个教学单元"的基础上，采用"一天一个教学单元"和"一周一个教学单元"两种形式；又如在学习评价上，采用过程评价、能力评价的评价方式，主要采用优秀、合格和不合格等评价等级方式。

本套教材中的许多探索还只是初步的，肯定还有许多不完善的地方，敬请同仁们多提宝贵意见。

教材编审委员会

前　言

近年来，我国各个领域的技术飞速发展，同时政府也推出了很多经济建设的新规划，在生产、消费的规模和模式上都有极大的变化。在这种背景下，物流行业的发展产生了新的趋势和规律，新的经营模式层出不穷，本书在保持原有知识体系不变的情况下，在第2版的基础上对相关知识内容进行了修订。

本书坚持以立德树人为根本任务，着力培养学生的全球视野和爱国情怀。从农业发展到工业崛起，从乡村振兴到贸易强国，从"一带一路"倡议到经济全球化发展战略，全面深刻地让学生感受我国的产业布局与均衡发展，感受国家的变革与强盛。书中设置了十余个项目专题，如西气东输、中国高铁、超级大港、粤港澳大湾区、"一带一路"倡议等，深度契合党的二十大报告中高质量发展、区域协调发展、能源结构转型、贸易强国建设、两岸融合发展等内容，以党的二十大精神为指引，坚持为党育人、为国育才。

本书编写以"实用性、时代性、发展性"为原则，并根据我国经济发展的新形势、新技术、新特点，以及国家对国民经济各个相关行业未来发展的新规划，及时补充了当前物流管理领域的新发展观念、新发展规律和新经营模式，如我国农产品市场集群、农产品流通骨干物流网络体系、交通网线的分布与新的布局建设，以及新零售业、大湾区等新物流经济圈和我国各行业未来发展趋势等内容。

根据当前国内外经济发展新趋势、新格局、新技术、新经营理念和新模式，更新了"议一议""想一想"和"资料卡"中的内容，引导学生在学习过程中以发展的眼光紧紧把握时代前进的脉搏，如"智能化的发展对自行车、缝纫机和钟表等产品的生产和消费有何影响？""'一带一路'倡议的规划布局对我国以及沿线国家和地区经济发展的影响"等。

与此同时，本书在保留原有练习题和活动建议的基础上，加强了学生了解当地物流地理知识和物流流向特点的活动建议及训练，以达到锻炼学生使用知识的能力之目的。感谢星球研究所的大力支持，本书在各单元中添加了新的理念和经济规划作为专题内容，通过这些专业、宏大、精美的专题，以全新的视角努力拓展学生的视野，促使其主动去发现、去触摸、去聆听、去探索……

为方便教学，本书配备助教课件。凡选用本书作为教材的教师均可登录机械工业出版社教育服务网(http://www.cmpedu.com)或实名制加入中职物流教师QQ群（群号：170211876）免费下载。

由于编者所掌握的资料和水平有限，书中难免有不足和错误之处，敬请广大读者提出宝贵意见。

编　者

二维码索引

（续）

目　录

第一单元

物流节点布局

本单元学习导引图

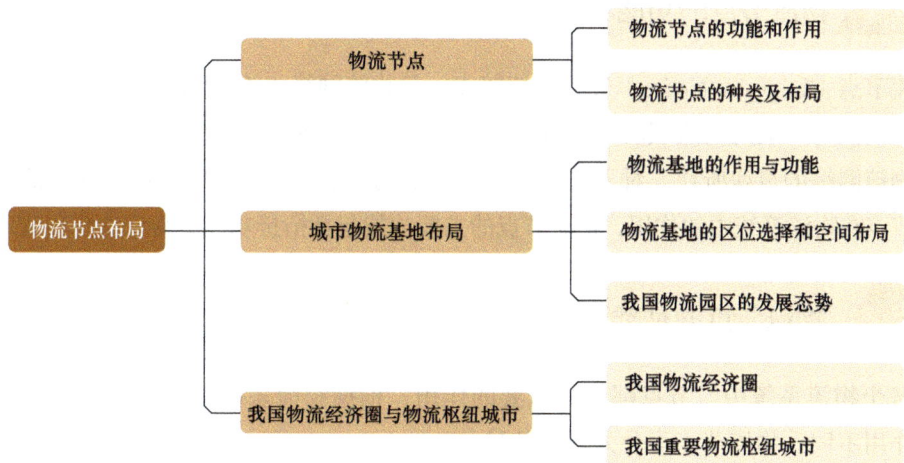

学习目标

→ 理解物流节点的概念，了解物流节点的功能和分类。

→ 了解物流基地的作用和功能，掌握区位选择原则。

→ 重点掌握物流园区、物流中心和物流配送中心的区别及布局特点。

→ 理解经济一体化的含义和作用；了解我国物流经济圈和物流枢纽城市的发展状况。

随着经济的发展，原料与产品供销面不断扩大，日益激烈的市场竞争迫使各个企业在生产及销售环节尽力降低成本及费用支出，尤其是在从订购原材料到向客户分发最终产品的供应链环节，节约成本的强烈要求为物流产业的发展带来了巨大机遇。

物流网络结构是由运动线路和停顿节点两种基本元素组成的，全部物流活动是在线路和节点上进行的。其中，在线路上进行的活动主要是运输，包括集货运输、干线运输和配送运输等。物流功能要素中的其他功能要素，如包装、装卸、保管、分货、配货和流通加工等，都是在节点上完成的。所以，从这个意义来讲，物流节点是物流系统中非常重要的部分。实际上，物流线路上的活动也是靠节点组织和联系的，如果离开了节点，物流线路上的运动必然陷入瘫痪。

议一议 ▶

你认为在物流节点上一般应布局哪些性质的企业？

综合知识模块一 ▶ 物流节点

知识点 1　物流节点的功能和作用

物流节点（Logistics Nodes）又称物流接点，是物流网络中连接物流线路的结节之处。物流节点不仅执行一般的物流职能，而且越来越多地执行指挥调度、信息等神经中枢的职能，是整个物流网络的灵魂所在，对于特别执行中枢功能的节点又称为物流中枢或物流枢纽。综观物流节点在物流系统中的作用，物流节点的主要功能包括衔接功能、信息功能和管理功能。

知识点 2　物流节点的种类及布局

在各个物流系统中，节点都起着重要的作用，根据物流系统的目标、节点在网络中的地位和作用不同，物流节点可分为以下几种。

（1）转运型节点：其主要职能是连接不同的运输方式，以转运为主，货物停滞时间较短，如铁道运输线上的货站、编组站和车站，不同运输方式之间的转运站、终点站，水运线上的港口、码头，空运中的空港等。

（2）储存型节点：其主要职能是存放货物，货物停滞时间较长，如在物流系统中的储备仓库、营业仓库、中转仓库和货栈等。

（3）流通型节点：其主要职能是组织物资在系统中运动，在社会系统中则是指以组织物资流通为主要职能的节点，如现代物流系统中的流通仓库、流通中心和配送中心等。

（4）综合性节点：在物流系统中将若干项功能有机结合于一体，有完善设施、有效衔接和协调工艺的集约型节点。这种节点使大量的、复杂的物流活动在一个节点中实现多种转化，使物流系统更为精密准确、简化高效。

🖊 活动建议

在 Internet 上进行查询，了解你所在地区或城市有哪些类型的物流节点。

综合知识模块二　城市物流基地布局

基地是物流业发展到一定阶段时产生的新兴物流集散方式。随着物流产业的兴起，原来相互分割、缺乏合作的仓储、运输和批发等传统企业逐渐走向联合，专业性的物流配送经营实体及基地——货物配送转运中心在日本、德国等物流业较为发达的国家和地区相继出现。物流基地在日本称为物流园区（Distribution Park），在德国被称为货运村（Freight Village）。

知识点 1　物流基地的作用与功能

物流基地的出现，对使用基地的企业乃至邻近城市都有很大影响，产生了巨大的经济效益和社会效益，主要表现在：①减轻了物流对城市交通的压力；②减小了物流对城市环境的不利影响；③提高了物流经营的规模效益；④满足了仓库建设大型化发展趋势的要求；⑤满足了货物联运发展的需求。

物流基地具有内陆口岸、贸易集散地、商品批发配送、流通、仓储和运输等功能，与传统的货物运输组织中心不同的是，组成物流基地的各个要素要具有高科技、高效率等特征。

知识点 2　物流基地的区位选择和空间布局

物流基地的占地规模较大，一般以仓储、运输和加工等用地为主，同时还包括与之配套的信息、咨询、维修和综合服务等设施用地。

物流基地的功能和服务特性决定了物流基地大都布局在城市边缘、交通条件较好和用地充足的地方。为吸引配送转运中心等物流企业在此集聚，物流基地在空间布局时还需考虑物流市场需求、地价、交通设施、劳动力成本和环境等经济、社会和自然条件因素。

按其规模的大小和功能，物流节点大致可分为物流园区、物流中心和物流配送中心三种形式，不同的形式有不同的布局条件。

1. 物流园区

物流园区也称为物流基地。物流园区是对物流组织管理节点进行相对集中建设与发展、具有经济开发性质的城市物流功能区域；同时，物流园区也是依托相关物流服务设施进行与降低物流成本、提高物流运作效率和改善企业服务有关的流通加工、原材料采购和便于与消费地直接联系的生产等活动的具有产业发展性质的经济功能区。

物流园区根据其在城市物流产业发展及物流体系中的地位与作用，可分为综合物流园区和专业物流园区。综合物流园区以现代化、多功能、社会化和大规模为主要特征；专业物流园区则以专业化、现代化为主要特征，如港口集装箱、保税、空港、钢铁基地、农副产品生产基地和汽车生产基地等专业物流园区。综合物流园区的选址，主要遵循以下几个原则。

（1）位于城市的边缘地区，一般位于城市道路网的外环线附近。

（2）位于内外交通枢纽中心地带，其综合运输网络体系对物流的集散能力强。

（3）位于有较大物流量产生的物流节点地区，如工业园区、大卖场等有充足的物流资源的地方。

（4）有利于整个地区物流网络的优化和信息资源的利用。

2. 物流中心

物流中心集商流、物流、信息流和资金流为一体，是综合性、地域性和大批量的物资集散地，是产销企业间的中介。物资集散类型的物流中心主要在物流系统中起调节和缓冲作用，解决供需节奏或批量不平衡的矛盾，如大型物资仓库等。例如商业连锁系统的配送中心，主要是为了降低物流系统的成本，提高服务水平，提高物资输送末端系统的效率等。转运类型的物流中心主要是为了实现运输方式的转换（海—陆、空—陆），如港口码头、空港等。例如铁道货车编组站和汽车货运终端站，其作用是将货物重新组合，进入下一阶段的输送。还有一种大规模的仓库群，形成以存储功能为主的物流中心。

> **想一想**
>
> 在整个供应链中，既然作为物流节点的物流中心起着承前启后的重要作用，那么物流中心布局主要趋向于何地？

物流中心的选址主要依据经济性、协调性和战略性原则。其中，经济性原则是首要原则，要科学估计物流中心的营业额，布局应趋向于物流配送成本最低的地方；协调性原则是指物流中心的周边环境应遵循经济发展的方针、政策，应与相关地区的地理、风土人情及文化层面相协调，应与我国物流资源分布和需求分布相适应等；战略性原则是指物流中心的选址应具有宏观性、系统性和发展性等特点。

> **资料卡**
>
> **连锁经营企业配送中心的定位与数量配置**
>
> 连锁经营企业配送中心的定位：连锁经营企业配送中心采购品种多、供应厂商多，其主要任务是为各连锁分店服务。
>
> 随着连锁规模的扩大，连锁分店的数量增多，地域分布更广，运输上的压力也更大，为此，配送中心应尽可能地定位在众多连锁分店的中心区域，位置较为适中，便于分送商品。

3. 物流配送中心

物流配送中心就是从事集货、流通加工、分货、拣选、配货以及组织对用户送货，以高水平实现销售和供应服务的流通型物流节点。从范围上看，物流中心辐射范围大，处理的对象为大批量、小批次和少品种的商品，物流配送中心则恰好相反。从其所在供应链的位置看，物流中心的上游是工厂，下游是物流配送中心或批发商；而物流配送中心的上游是物流中心或工厂，下游是零售商或最终用户。

物流配送中心的选址应该考虑客户分布、供应商分布、交通条件、土地条件、自然条件和行政管理等主要因素，一般以进货与出货产品的类型特征及交通运输的复杂度来选择接近上游点或下游点的选址策略。制造商型物流配送中心应以接近上游生产工厂或进口港为宜；日常消费品物流配送中心适宜接近居民生活社区。

议一议 ▶

物流园区、物流中心和物流配送中心在规模上、功能上有何区别？

知识点 3　我国物流园区的发展态势

经过三四十年的发展，我国已经成为具有全球影响力的物流大国。2017 年，我国社会物流总额达 252.8 万亿元，全国货运量达 479 亿 t。公路、铁路货运量及港口货物吞吐量多年来稳居世界第一；快递业务量突破 400 亿件，连续四年稳居世界第一；各类物流园区超过1 600 个，物流基础设施建设取得积极成果。

目前我国基本形成了从南到北、从东到西的物流园区建设发展局面，呈现东部地区园区发展比西部快、江苏和山东发展速度领跑全国的特点。运营园区数量排在前三名的省区分别为江苏、山东和浙江，而海南、西藏、青海等省区的物流园区总数还在 10 家以内。物流园区在政策推动、市场拉动和技术驱动下，呈现出规模化发展、多元化经营、网络化布局、智能化升级等特点。

从满足区域物流服务需求的角度进行组合，物流园区的类型可分为以下几种。

（1）区域物流组织型园区：其功能是满足所在区域的物流组织与管理需要，如深圳市积极建设的港口物流园区、陆路口岸物流园区和综合物流园区，青岛市规划建设的国际物流园区等。

（2）商贸型物流园区：商贸型物流园区在功能上主要是为所在区域或特定商品的贸易活动创造集中交易、区域运输和城市配送服务条件，基本位于传统、优势商品集散地，对扩大交易规模和降低交易成本具有重要作用。例如，我国具备商贸流通功能的物流园区主要有湖南浏阳医药物流园区、深圳 IT 产品物流基地、深圳笋岗物流园区、广东西樵纺织品物流基地、广东韶关亿华商贸物流园、广东高州物流基地、武汉商贸物流基地、浙江传化物流基地和成都中汽西南汽配物流配送基地等。

（3）运输枢纽型物流园区：物流园区作为物流相对集中的区域，主要功能是提供港口服务、水运、空运、铁路运输和公路运输的组织与服务，如深圳航空物流园区、大连鑫码头物流基地、大连国际物流园区、北京空港物流园区、广东南海三山国际物流园区、上海洋山深水港物流园区、温州港新配送物流园区、徐州香山物流园区和南昌进出口物流园区等。

（4）综合型物流园区：综合型物流园区是指兼有区域物流组织、商贸流通、运输枢纽和为工业生产企业进行配套服务等多种功能的物流园区，如苏州现代综合物流园区、长沙新港物流园区、南京龙潭物流园区、合肥新站开发区物流园区、铜陵工业商贸物流园区、沈阳沈海物流园区、江阴长江港口综合物流园区、旅顺羊头洼综合物流园区、广州汽车物流基地、厦门同安物流基地、重庆万州物流园区、镇江丹徒孟家港国际物流园区、东莞常平物流园区、顺德保税物流基地、大连甘井子跨境电商综合物流园区和哈尔滨龙运物流园区等。此外，南京王家湾物流中心在功能上也属于综合型物流园区。

✎ 活动建议

　　参观你所在地区或城镇的物流中心或配送中心，了解其布局条件、布局原则及所承担的物流功能，写出调查报告。

综合知识模块三 ▶ 我国物流经济圈与物流枢纽城市

　　在全球经济一体化浪潮的推动下，我国也在积极进行经济区域统一大市场的构建。区域经济一体化的发展打破了地域界限，弱化了"行政区划概念"，加强了区域沟通，强化了"经济圈概念"。区域经济一体化发展的关键是树立"共赢"意识，统一布局区域经济大型基础设施和公用设施，区域经济法律政策趋同，产业发展协调规划，从而加强区域资源整合力度和协同发展能力。

📚 小知识

城 市 群

　　1957年，法国地理学家戈特曼首次提出了大都市带概念，即区域内城市高度密集，人口规模巨大，城市间具有建立在分工明确、各具特色、优势互补基础上的密切的经济联系，是一个国家和地区经济中最活跃、最重要的区域。根据城市群的发展水平和能级的不同，国内外专家进一步划分了城（都）市群、城（都）市圈和城（都）市带三个不同的级次。

知识点 1　我国物流经济圈

　　进入21世纪以来，我国跨行政区划的区域经济一体化迅速发展，区际经济合作接连不断，区域互动发展正成为新世纪我国经济发展的主要特征。目前，我国已经形成以沿海大城市群为中心的三大物流经济圈：①以北京、天津、沈阳、大连和青岛为中心的环渤海物流经济圈；②以上海、南京、杭州和宁波为中心的长江三角洲物流经济圈；③以广州和深圳为中心的珠江三角洲物流经济圈，如图1-1所示。

中国地图

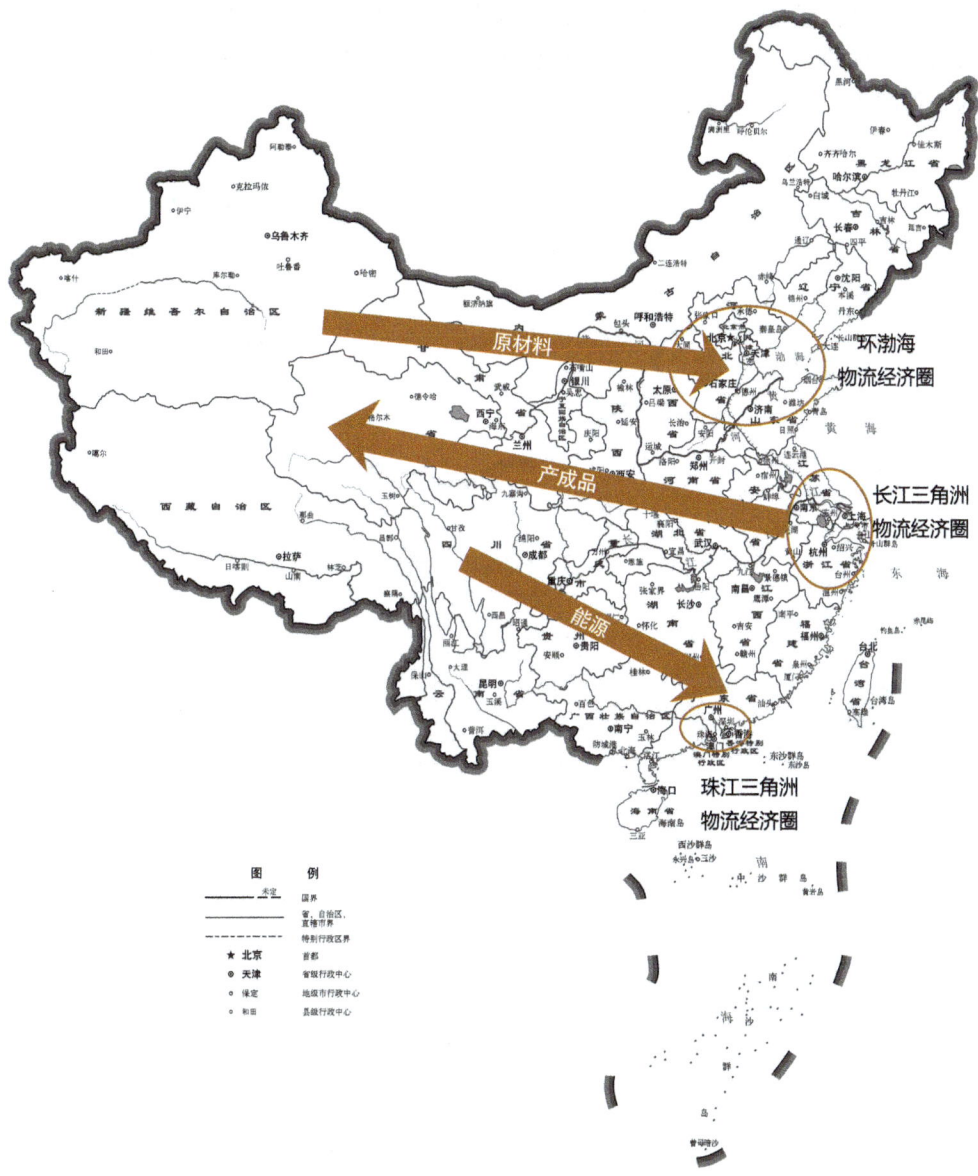

图 1-1　我国三大物流经济圈

环渤海物流经济圈的优势产业是加工、能源等产业，同时它也是中国汽车工业比较发达和集中的区域。环渤海物流经济圈具有地理、资源、交通、工业、科技及市场的优势，形成了一个大的弧形扇面，对外港口众多，对内辐射性强。

长三角物流经济圈经济实力最强，以全国 2% 的土地面积，聚集了全国 11% 的人口，2018 年创造了超过 18 万亿元的产值，占全国 GDP 的 20%。第二产业非常发达，纺织、皮革和塑料等产业尤为突出。目前第三产业发展速度也很快。

珠三角物流经济圈目前拥有电子信息、电气机械及专用设备、汽车、建筑材料、纺织服装、医药、石化、食品饮料和造纸等九大支柱产业。外向型是珠三角物流经济圈最重要的特点。

目前，我国正在打造西三角物流经济圈，包括重庆经济圈、成都经济圈和以西安为中心的关中城市群，成渝物流经济圈有望打造成为我国经济的第四增长极；同时，以厦门为核心的城市群的海西物流经济圈的建设构想也正在形成，逐渐形成了我国五大物流经济圈的分布格局，如图1-2所示。

中国地图

图1-2　正在形成的我国五大物流经济圈分布图

海西物流经济圈地处长三角和珠三角之间，面对台湾省，临近港澳地区和东南亚，空间区位优势具有很强的竞争力，是推动国际合作的重要窗口。在空间布局上，海西城市群将形成"一带（沿海城镇密集带）、四轴（西部山区发展轴、北部福武发展轴、中部核心发展轴和南部厦龙发展轴）、双极（依托一北一南两大中心职能地区形成的福州大都市区和厦、泉、漳大都市区）、多核（多个区域次中心）"的海西城市群空间结构。

知识点 2　我国重要物流枢纽城市

2018 年年底，国家发展和改革委员会、交通运输部发布了《国家物流枢纽布局和建设规划》，提出到 2020 年布局建设 30 个左右国家物流枢纽，形成国家物流枢纽网络基本框架；到 2025 年布局建设 150 个左右国家物流枢纽，推动全社会物流总费用与 GDP 的比率下降至 12% 左右；到 2035 年基本形成与现代化经济体系相适应的国家物流枢纽网络。

我国首批重点建设的国家物流枢纽包括陆港型、空港型、港口型、生产服务型、商贸服务型、陆上边境口岸型六种类型，建设名单见表 1-1。物流枢纽区域分布和类型分布相对均衡，有利于支撑"一带一路"建设、京津冀协同发展、长江经济带发展、粤港澳大湾区建设、长三角区域一体化发展、西部陆海新通道等重大战略实施和促进形成强大国内市场。

表 1-1　2019 年国家物流枢纽建设名单

（排名不分先后）

所 在 地	国家物流枢纽名称
天津市	天津港口型国家物流枢纽
山西省	太原陆港型（生产服务型）国家物流枢纽
内蒙古自治区	乌兰察布—二连浩特陆港型（陆上边境口岸型）国家物流枢纽
辽宁省	营口港口型国家物流枢纽
上海市	上海商贸服务型国家物流枢纽
江苏省	南京港口型（生产服务型）国家物流枢纽
浙江省	金华（义乌）商贸服务型国家物流枢纽
江西省	赣州商贸服务型国家物流枢纽
山东省	临沂商贸服务型国家物流枢纽
河南省	郑州空港型国家物流枢纽
湖北省	宜昌港口型国家物流枢纽
湖南省	长沙陆港型国家物流枢纽
广东省	广州港口型国家物流枢纽
广西壮族自治区	南宁陆港型国家物流枢纽
重庆市	重庆港口型国家物流枢纽
四川省	成都陆港型国家物流枢纽
陕西省	西安陆港型国家物流枢纽

（续）

所 在 地	国家物流枢纽名称
甘肃省	兰州陆港型国家物流枢纽
新疆维吾尔自治区	乌鲁木齐陆港型国家物流枢纽
宁波市、舟山市	宁波—舟山港口型国家物流枢纽
厦门市	厦门港口型国家物流枢纽
青岛市	青岛生产服务型（港口型）国家物流枢纽
深圳市	深圳商贸服务型国家物流枢纽

活动建议

（1）在 Internet 上进行查询，了解你所在地区的城镇处于哪个物流经济圈。

（2）此物流经济圈有何发展优势和特色？

（3）说明你所在地区的城镇在地区经济发展中承担什么角色。

（4）写出调查报告。

第二单元

农业物流地理

本单元学习导引图

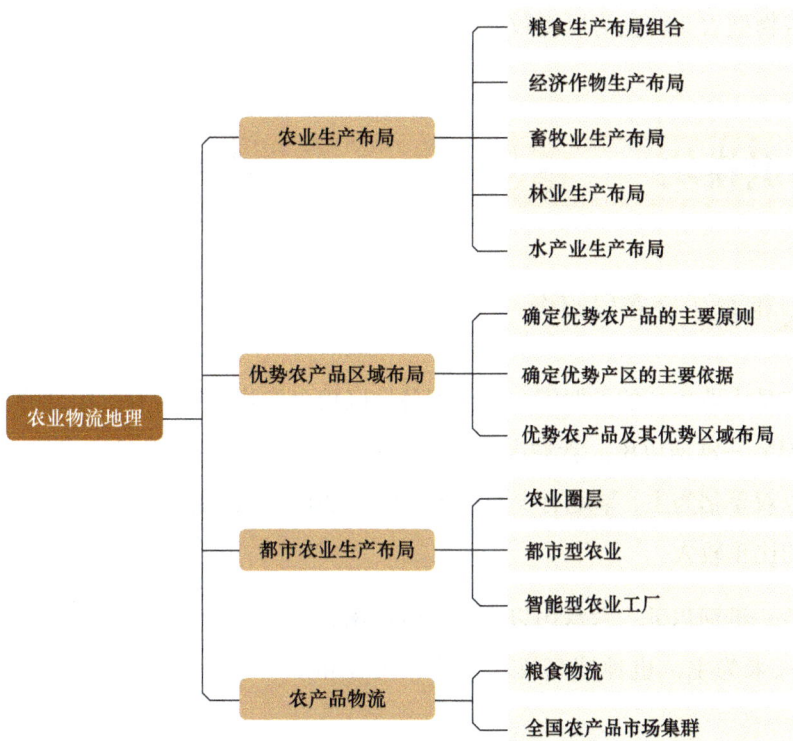

农业物流地理
- 农业生产布局
  - 粮食生产布局组合
  - 经济作物生产布局
  - 畜牧业生产布局
  - 林业生产布局
  - 水产业生产布局
- 优势农产品区域布局
  - 确定优势农产品的主要原则
  - 确定优势产区的主要依据
  - 优势农产品及其优势区域布局
- 都市农业生产布局
  - 农业圈层
  - 都市型农业
  - 智能型农业工厂
- 农产品物流
  - 粮食物流
  - 全国农产品市场集群

学习目标

- → 了解我国农林牧副渔各业的分布概况，了解我国各农业区的主要物产。
- → 重点掌握我国优势农产品的区域布局特点。
- → 了解农业产业化的要求，掌握农业圈层的布局特点。
- → 了解都市农业生产布局的特点。

农业是利用动植物的生物技能，经过人工种植、培育和饲养等生产活动，以获得各种农产品的生产部门。它包括种植业、林业、畜牧业和水产业等，是国民经济的第一产业。

我国各地区自然条件、经济技术条件存在着很大差异，农业生产具有明显的不稳定性、季节性、地域差异性和综合性，只有充分掌握农业生产地域分布的客观规律，才能对农业生产区因地制宜、合理布局。

未来农业的发展呈现产业化趋势，农业具有较高的劳动生产率、土地生产率和商品率以及较高的畜牧业发展水平。未来农业是工业式的农业，农业使用的动力由以人、畜动力为主转变为以机械动力为主；农业生产由劳动集约型生产转变为以资本、机械、能源和技术等要素为主导的技术集约型生产；由小型综合性生产转变为大型专业化、社会化生产；由以种植业为主的谷物型农业转变为以畜牧业为主的肉、蛋、奶型农业。

综合知识模块一 ▶ 农业生产布局

知识点 1 粮食生产布局组合

粮食生产是农业生产的主要部分，全国各地区粮食作物生产各有其组合特征。

（1）在秦岭—淮河以南、青藏高原以东，稻谷占粮食总产量的 70% 乃至 90% 以上，平原地区水田以双季稻为主，旱地有少量玉米、甘薯种植，但比重不大。在西南丘陵山地地区，玉米、甘薯的比重较大。

（2）秦岭—淮河以北、六盘山以东、长城以南，以冬小麦、玉米为主，也种植高粱、甘薯、大豆和谷子等。

> **议一议** ▶
>
> 影响粮食作物布局的主要因素有哪些？

（3）东北地区以种植玉米为主，其次为大豆、春小麦、高粱和谷子等。

（4）内蒙古及长城沿线地带，杂粮作物比重大，主要以谷子、莜麦、马铃薯、糜子、高粱、大豆、春小麦和玉米等为主。

（5）西北灌溉绿洲农业地区以种植春小麦为主，其次为谷子和糜子等。南疆等地以种植冬小麦和玉米为主。

（6）青藏高原地区以种植青稞、春小麦为主。

📁 **资料卡**

粮 改 饲

粮改饲是指将粮食作物改种为饲料作物。2015 年中央一号文件提及：要加快发展草牧业，支持青贮玉米和苜蓿等饲草料种植，开展粮改饲和种养结合模式试点，促进粮食、经济作物、饲草料三元种植结构协调发展。

粮改饲有助于推进粮食作物种植向饲草料作物种植的方向转变，构建种养循环、产加一体、粮饲兼顾、农牧结合的新型农业生产结构。

知识点 2　经济作物生产布局

我国经济作物产值和商品率水平较高，在满足人民生活多方面需要、增加农民收入、提供轻工业原料和出口商品等方面均占有重要地位。我国经济作物包括棉花、油料作物、糖料作物、茶叶、烟叶、蚕茧、麻类作物、桑、水果、橡胶和药材等。

我国经济作物地理分布广泛，播种遍及各省、市、自治区，但地域差异明显。东部集中了我国经济作物播种面积的 90% 以上，是我国棉花、油料作物、糖料作物、茶叶、烟叶、蚕茧、麻类作物和水果的主要产区。下面简要介绍我国主要的经济作物。

1. 棉花

我国是世界上最大的产棉国，适宜种植棉花的区域广泛，棉花种植分布在北纬 19°～45°、东经 76°～125° 范围内。目前全国已形成三大棉区：长江流域棉区、黄河流域棉区和新疆棉区。

（1）长江流域棉区，主要包括长江中下游平原地区，湖北、湖南两省产量最大。本区属亚热带湿润气候区，热源条件较好，适宜栽培中熟陆地棉。实行棉花套种，一年两熟或三熟。

（2）黄淮流域棉区，主要包括黄淮海平原地区，棉花产量以山东、河北、安徽三省最多。本区植棉历史悠久，自然条件优越，区内地势平坦，秋雨少，日照充足，有利于棉花的生长。

（3）新疆棉区，主要包括新疆和河西走廊一带。本区水土光热资源丰富，气候干旱少雨，种植棉花条件得天独厚，近几年棉花种植面积增加很快。从种植区域看，新疆已初步形成了三个产棉区，即南疆棉区、北疆棉区和东疆棉区。南疆棉区是新疆棉花的主产区，其棉花产量约占新疆棉区产量的 80%，也是我国最适宜的植棉地区，是长绒棉的生产基地。2017 年全国棉花产量 548.6 万 t，其中新疆总产量 408.2 万 t，占全国的 74.4%。

2. 油料作物

我国油料作物种类多且分布广，主要包括油菜籽、花生、芝麻、向日葵和胡麻等五大油料作物。

目前，油菜的种植面积和产量均超过花生，分布遍及各省、自治区和直辖市，以冬油菜为主，绝大部分产于长江流域；在长城以北，内蒙古、西北和青藏等地区则少量种植春油菜。

花生除青海、西藏、内蒙古和宁夏外，各省、自治区和直辖市均有种植，主要集中在黄淮海流域、东南沿海及长江流域，河南、山东、河北、广东、安徽、湖北、四川、吉林、辽宁和广西等省区是我国花生的主产区。

芝麻主要集中产于淮河中游的洪河流域、南汝河流域、汉江中游及南襄盆地等地区。目前，向日葵在东北、华北和西北等地区迅速扩种，日益成为北方地区的主要油料作物之一。胡麻是长城以北的河北坝上、山西雁北、内蒙古、宁夏、青海、甘肃和新疆等地区的主要油料作物。

3. 糖料作物

我国糖料作物主要有甘蔗和甜菜。从全球白糖产量来看，甘蔗产糖量占全球产糖总量的 70% 以上，远大于甜菜产糖量；而我国的食糖产量构成中，甘蔗占比在 90% 左右。目前我国已经是制糖大国，国内的食糖主要是作为食品、饮料、医药等厂商的生产原料使用，直接用于家庭等零售终端消费的比例相对较小。

我国糖料作物的分布具有"南蔗北甜"的特点。甘蔗主要分布在广东、福建、广西、云南南部和台湾等省区及四川盆地中南部；甜菜主要分布于长城以北，以东北地区松嫩平原为最大产区，其次为内蒙古河套及新疆玛纳斯河流域等地区。

4. 茶叶

茶叶在秦岭—淮河以南、青藏高原以东的广大南方丘陵地区均有种植。2018 年，从产量占比看，绿茶、黑茶、乌龙茶、红茶、白茶、黄茶占比分别为 65.8%、12.2%、10.4%、10.0%、1.3% 和 0.3%。我国四大茶叶产区包括：

（1）江北茶区：包括长江中下游以北的山东、安徽、苏北、河南、陕西、甘肃等地，主要的品种为绿茶。

（2）江南茶区：这是我国茶叶市场最为集中的地区，包括长江中下游以南的浙江、安徽、苏南、江西、湖北、湖南、福建等地。茶的品种较多，包括红茶、绿茶、乌龙茶等，产量大、品质好。

（3）华南茶区：包括南岭以南的产茶区，即广东、广西、海南、台湾等地，以红茶、乌龙茶为主。

（4）西南茶区：主要分布在云贵高原，包括云南、贵州等地，属于我国较为古老的茶区，以普洱茶、红茶、沱茶为主。

5. 烟叶

烟叶包括烤烟、晒烟和晾烟。其中，烤烟产量最大，产区集中。云南、河南、贵州、湖南、四川、福建等地是我国主要烤烟产地，其中云南是我国最大的烤烟产区，烤烟质量最好，

2018 年烤烟产量为 82.29 万 t，占全国总产量的 39%，主要分布在曲靖、玉溪、昭通等地；河南、贵州两省 2018 年烤烟产量也均超过 20 万 t。

6. 蚕茧

我国蚕茧的生产主要以农户家庭养殖经营为主，生产呈现分散性。20 世纪 70～90 年代，江苏、浙江、四川、山东、广东等省份蚕桑产业发展良好，是我国蚕桑生产的主产区。之后随着这些地区经济的发展，对土地的需求和劳动力资源的需求增加，蚕桑产业不断萎缩，桑园面积和蚕茧产量不断减少，整个蚕桑产业呈现"东桑西移""东丝西移"的发展态势。目前，蚕茧的主产省份包括广西、四川、云南、江苏、广东和浙江等地，2018 年，6 省总产量占全国比重为 85.8%。

7. 麻类作物

麻类作物包括黄麻、红麻、大麻、亚麻、苎麻和苘麻等。其中，黄麻和红麻约占麻类作物种植面积的 50%。黄麻主要分布于浙江、广东、广西、四川、安徽和江苏等省区；红麻以山东、河南和河北最多；大麻种植分散，以东北及华北各省为主；苎麻则以四川、湖南和湖北等省最多。

8. 水果

水果主要有苹果、梨、柑橘、柿、红枣、葡萄、香蕉、荔枝、龙眼和菠萝等。在水果的总产量中，苹果、梨和柑橘是我国三大水果。苹果主产于山东和辽宁等省；梨主产于河北、山东、辽宁和江苏等省；柑橘主产于四川、浙江、广东、广西、湖南和福建等省区；香蕉、荔枝、龙眼和菠萝等以广东、广西和福建等省区为主产区。

议一议

你所在地区主要出产哪些经济作物？

9. 热带作物

热带作物以橡胶的种植面积最大，占热带作物总面积的 80% 以上，其次为香茅、剑麻、椰子、腰果、胡椒、咖啡、油棕和南药等，主要分布于海南、广东、云南、广西和福建 5 省区的南部，尤以海南岛和西双版纳最为集中，它们是我国热带作物的生产基地。

资料卡

我国种植业区域结构已发生重大变化

我国的粮食生产正在向北方转移。棉花主产区正在向以新疆为中心的西北棉区转移。南方水稻生产地位趋于弱化；小麦生产向华北地区集中；北方玉米的绝对优势地位虽受影响但并未动摇；大豆生产正在向东北地区集中；油菜籽生产继续向华中和华东地区集中；甜菜生产的重点区域由东北向西北转移；我国最大的烟叶产区正在由华北转向西南地区。

10. 药材

药材即可供制药的原材料，在我国尤指中药材。我国中药材的种类非常多，在药材市场上销售的常用中药材就有 500 多种，大部分依靠采挖野生资源获取，常用大宗中药材实现规模化种植的数量约为 200 种。根据分布区域和药材特征，可将我国中药材资源分为十大类主产药材：关药、北药、怀药、浙药、江南药、川药、云贵药、广药、西药和藏药。

关药通常指东北地区所出产的道地药材，该地区人参产量占全国人参产量的 99%。北药通常指河北、山东、山西及内蒙古自治区中部和东部等地区所出产的道地药材。河北易县、涞源县的知母质地好，被称为"西陵知母"；山东东阿阿胶驰名中外。浙药一般指浙江及沿海大陆架出产的药材，狭义的浙药单指以"浙八味"为代表的浙江道地药，包括白术、白芍、玄参、杭白菊、浙贝母、元胡、笕麦冬和温郁金。西药通常指西安以西的广大地区，包括陕、甘、宁、青、新及内蒙古西部等地区所产的道地药材。著名的秦药（秦皮、秦归、秦艽等）、名贵的西牛黄等即产于此。内蒙古南部是黄芪的商品基地，年收购量占全国 80% 以上。

知识点 3　畜牧业生产布局

我国是世界上畜牧业资源最丰富和畜牧业历史最悠久的国家之一。我国草地资源丰富，拥有各类天然草地面积约 400 万 km^2，仅次于澳大利亚，位居世界第二位。每年可提供大量的、营养丰富的农副产品和饲草饲料资源。此外，还有食品、畜产、水产和酿造等加工工业的大量下脚料，均可作饲料利用。

畜牧业是农业的重要组成部分，与种植业并列为农业生产的两大支柱。根据畜牧业生产发展的条件和特点，以及民族的生活、生产习惯与历史发展的地区差异等，我国的畜牧业可划分为牧区、农区、半农半牧区和城郊畜牧业四种类型地区。

牧区畜牧业主要分布于北部的内蒙古高原、西部的新疆和西南部的青藏高原，是全国重要的畜牧业生产基地。牧区畜牧业是主要以天然草地为主要饲料来源的放牧畜牧业，以牛、马、羊和骆驼等草食牲畜为主，如伊犁那拉提草原的夏牧场（见图 2-1）。

农区畜牧业以舍饲畜牧业为特点，猪和家禽占重要地位，而黄牛、水牛、马、驴和骡等畜种则主要供役用。大致以秦岭—淮河为界，可分为北方和南方农区畜牧业。北方农区的黄淮海平原、东北平原、关中平原和河西走廊等地主要饲养猪和鸡，具有较高的商品性。南方农区饲料来源丰富，主要饲养猪、水牛、黄牛和山羊等牲畜，禽类仍以鸡为主，水禽饲养规模远远超过北方农区，如浙江养鸭专业户（见图 2-2）。在四川盆地、两湖平原、珠江三角洲、长江中下游平原、浙江中部及西南部、福建东南沿海、广西东部、云南中部和台湾西南部平原等地区猪的饲养量大。

图 2-1　伊犁那拉提草原的夏牧场

图 2-2　浙江养鸭专业户

半农半牧区沿长城南北呈狭长的带状分布，是农区役畜和肉食牲畜的主要供应基地之一。本区旱作农业与放牧畜牧业交替发展，畜牧业兼有牧区放牧与农区舍饲的特点，如内蒙古的"草原鸭"，（见图 2-3），是牛肉、羊肉、乳、细毛的重要生产基地，所产二毛裘皮久负盛名。

城郊畜牧业主要分布于城市和大型工矿区周围，以饲养猪、鸡和奶牛等畜禽为主，为城市、工矿区直接提供鲜肉、蛋、乳等畜产品。除郊区农村集体与个人舍饲畜禽外，还有机械化程度和商品率较高的奶牛饲养场，大型养猪、养鸡场等，如长三角地区太仓市奶牛养殖场（见图 2-4）。

图 2-3　内蒙古的"草原鸭"

图 2-4　长三角地区太仓市奶牛养殖场

💡 **想一想**

你所在地区主要发展哪种类型的畜牧业？其特点是什么？

知识点 4　林业生产布局

1998 年，我国开始启动并相继实施天然林保护、退耕还林、京津风沙源治理、三北和长江等地区防护林建设、速生丰产林基地建设以及野生动植物保护六大林业重点工程，并在全国范围内持续开展全民义务植树运动。我国森林资源多集中在东北部地区和西南部地区，其他地区森林资源较少。东北部地区的黑龙江（占全国林地面积的13.3%，下同）、内蒙古（11.9%）、吉林（5.3%）以及西南部地区的四川（5.9%）、云南（8.0%）、西藏（5.5%）等地林地面积总和占全国林地面积的49.9%，蓄积量占全国蓄积量的81.9%。东南和华南地区的浙江、安徽、福建、江西、湖南、广东、海南、广西和台湾的林地面积占全国的28.8%，蓄积量占全国的13.8%。

2020年，我国完成造林677万 hm^2（合6.77万 km^2）、森林抚育837万 hm^2（合8.37万 km^2）、种草改良草原283万 hm^2（合2.83万 km^2）、防沙治沙209.6万 hm^2（合2.096万 km^2），全国湿地保护率达50%以上。开展国家森林城市建设的城市达441个，城市人均公园绿地面积达14.8m^2。新增公路绿化里程18万 km，铁路绿化里程4933km。截至目前，我国森林覆盖率已由20世纪80年代初的12%提高到目前的23.04%，森林蓄积量提高到175.6亿 m^3，森林面积2.2亿 hm^2（合220万 km^2），人工林面积稳居全球第一。

随着天然林保护、退耕还林等重大生态工程的实施，以及消费者生活水平的提高，我国经济林种植面积不断扩大，产量稳步提高。国家林业局会同国家发展改革委和财政部制定了《全国优势特色经济林发展布局规划（2013—2020年）》，重点选择了木本油料、木本粮食、特色鲜果、木本药材、木本调料五大类30个优势特色经济林树种，进行科学布局，重点引导发展，建设一批规模化、标准化、品牌化的产业示范基地，初步形成了具有独特优势和区域特点的特色产品产业带。

（1）东北中温亚寒带片区：范围东起长白山，西至呼伦贝尔草原、科尔沁沙地，南接燕山山脉，北以大小兴安岭为界。区内以东北平原和蒙古高原为主体，山地、沙地、林地资源丰富。行政范围涉及黑龙江、吉林、辽宁、内蒙古4省区。该区重点发展仁用杏（山杏、大杏扁）、榛子、果用红松、蓝莓和沙棘等优势特色经济林。

（2）西北大陆性温带片区：范围东起浑善达克沙地，西至我国与吉尔吉斯斯坦、哈萨克斯坦的国境线，南到西昆仑山、阿尔金山、祁连山、六盘山及长城沿线，北与俄罗斯、蒙古接壤。行政范围涉及新疆、青海、甘肃、宁夏、内蒙古5省区。该区重点发展核桃、枣、仁用杏（山杏、大杏扁）、杏、石榴、枸杞、沙棘等优势特色经济林。

（3）华北黄河中下游暖温带片区：范围东起渤海、黄海的海岸线，西至陇东山地，南达秦岭、伏牛山、淮河及苏北灌溉总渠，北至长城。行政范围涉及北京、天津、河北、山西、山东、辽宁、河南、安徽、江苏、陕西、甘肃、宁夏12省（区、市）。该区重点发展核桃、枣、板栗、仁用杏（山杏、大杏扁）、柿、银杏、榛子、花椒、杜仲、金银花、杏、石榴、樱桃、猕猴桃、山楂、长柄扁桃、油用牡丹等优势特色经济林。

（4）南方丘陵山地亚热带片区：范围东起黄海海岸线，西与云贵高原、青藏高原东南部相邻，南部以南岭南坡山麓、两广中部和福建东南沿海为界，北至秦岭山脊、伏牛山主脉南侧、淮河流域。行政范围涉及甘肃、陕西、河南、安徽、江苏、四川、重庆、湖北、浙江、贵州、湖南、江西、福建、云南、广西、广东16省（区、市）。该区重点发展油茶、核桃、油桐、油橄榄、板栗、柿、银杏、花椒、八角、厚朴、杜仲、金银花、杨梅、猕猴桃、香榧、山桐子等优势特色经济林。

（5）西南高原季风性亚热带片区：范围包括云贵高原及青藏高原东部。行政范围涉及云南、贵州、四川、西藏、甘肃、青海6省区。该区重点发展核桃、油橄榄、板栗、花椒、澳洲坚果等优势特色经济林。

知识点5 水产业生产布局

我国沿海自北向南划分为渤海、黄海、东海和南海四个海区，跨越温带、暖温带、亚热带和热带四个气候带。我国近海大陆架宽广，有长江、黄河、珠江和辽河等大小5 000多个河流汇入。发源于台湾省东南赤道海域的暖流，即著名的"黑潮"，自南向北流经我国海域，与北方的沿岸寒流相交汇，这样优越的自然条件造就了我国近海的富饶渔场。我国近海渔场面积150万km²，主要渔场有黄渤海渔场、吕泗渔场、大沙渔场、舟山渔场、南海沿岸渔场、东沙渔场、北部湾渔场、中沙渔场、西沙渔场和南沙渔场等。其中，黄渤海渔场、舟山渔场、南海沿岸渔场和北部湾渔场由于产量高，被称为我国的"四大渔场"。

我国近海渔场有鱼类资源1 700多种，主要的经济鱼类有70多种，包括大黄鱼、小黄鱼、带鱼、鲅鱼、鲳鱼、鳓鱼、纳鱼、马鲛鱼、鳗鱼、马面鲀、蝶鱼、石斑鱼、金枪鱼、墨鱼（乌贼）、对虾、毛虾、梭子蟹和海蜇等。其中大黄鱼、小黄鱼、带鱼和墨鱼是我国人们喜欢食用而且产量较大的海洋水产品，

> **💡 想一想**
>
> 你在菜市场购买过哪些种类的水产品？它们是淡水水产还是海洋水产？产于何地？

被称为"中国四大海产"。此外，我国的虾、蟹、贝和藻等海洋水产资源也极为丰富。

我国陆地幅员辽阔，淡水水域宽广，内陆江河纵横，湖泊、水库和池塘更是星罗棋布，撒满祖国各地。我国是世界上淡水水域面积最大的国家之一，2018年我国淡水养殖面积达到514.6万hm²。另外，我国疆域广大，绝大部分位于温带和亚热带，气候温暖、雨量适中、日照较长，十分有利于发展淡水养殖业。

以长江、钱塘江、淮河流域三大水系为主干的华中区位于亚热带湿润区，是我国内陆水域分布最密集的地区，成为我国最重要的池塘、湖泊和水库渔业基地，历史上素有"鱼米之乡"之称。

以珠江、闽江水系为主的华南区位于高温多雨的热带、亚热带气候区，对淡水养殖极为有利。该区池塘养鱼历史悠久，技术水平高，珠江三角洲历来是我国池塘精养的高产区。

以黄河、海河水系为主的华北区大部分属暖温带、半湿润地区，雨量多集中在5～9月，

此时正是鱼的生长旺季，加上光照时间长，使得养鱼业能够得以发展。其他淡水养殖区域（东北区、西南区、蒙新区和青藏区），都有其与当地自然条件相适应的最佳养殖方式并各具淡水养殖特色。

我国淡水鱼类资源丰富，其中有经济价值的品种有 40～50 种。除了丰富的龟、鳖、虾、蟹和贝类等淡水资源外，我国传统的养殖鱼类有青鱼、草鱼、鲢鱼、鳙鱼、鲤鱼、鲫鱼、鳊鱼和鲮鱼，以及国内驯养成功的鲂鱼类和鲴鱼类等。其中青鱼、草鱼、鲢鱼和鳙鱼有我国"四大家鱼"之称。从国外引进的尼罗非鲫、虹鳟鱼、埃及胡子鲶和淡水白鲳等，还有通过杂交培育出来的丰鲤、荷元鲤和异育银鲫等进一步丰富了我国淡水养殖资源。

2018 年我国淡水养殖面积超过 10 万 hm^2 的省市有 16 个，其中湖北省以 53.5 万 hm^2 排名第一，其次为安徽、江苏、湖南、江西、黑龙江等省份。国内淡水养殖可分为池塘养殖、湖泊养殖、河道养殖、水库养殖、稻田养殖、围栏养殖、工厂化养殖和网箱养殖，属于集约化养殖模式，如图 2-5 所示。我国淡水养殖产量主要集中在华东以及华中地区，2018 年我国淡水养殖产量最高的是广东省，为 381.75 万 t，其次为江苏、湖南、江西等省份。

目前，我国的海洋水产业发展迅速，已成为全球水产养殖第一大国，海参、鲍鱼、海虾、海马、牡蛎、海带和裙带菜的产量居世界前列，海洋捕捞（见图 2-6）能力居世界前列，但是我国水产品深加工能力较低。

图 2-5 淡水养殖

图 2-6 海洋捕捞

水产养殖业是我国农业结构中发展最快的产业之一。据《中国渔业统计年鉴》数据显示，2018 年全国水产品总产量 6 457.7 万 t，其中水产养殖产量 4 991.1 万 t，占比达 77.29%；捕捞产量达 1 466.6 万 t，占比为 22.71%。

我国目前已形成了冷冻冷藏、腌熏、罐藏、调味休闲食品、鱼糜制品、鱼粉、鱼油、海藻食品、海藻化工、海洋保健食品、海洋药物、鱼皮制革及化妆品和工艺品等十多个产品门类，有的产品生产技术已达到世界先进水平。

在 Internet 上查询你所在的地区主要生产哪些农产品，有哪些特产，如何满足当地的消费。

综合知识模块二 ▶ 优势农产品区域布局

农业产业化是指农业生产单位或生产地区，根据自然条件和社会经济条件的特点，着重发展适合的多种产品或某几种产品的专业生产，生产项目趋向专一化。它是社会生产力发展到一定水平后，在农业内部形成的一种社会分工，标志着农业生产发展到了一个新的阶段。农业产业化不同于"小而全"的农业生产方式，它具有农业产品生产的商品化、社会化和区域化的特点。

资料卡

订 单 农 业

订单农业也称合同农业或契约农业，是指农户在农业生产经营过程中按照与客户签订的合同组织、安排生产的一种农业产销模式。订单农业通过合同的形式把双方的利益紧密联系起来，明确各自的权利和义务，依照合同规定完成农产品的生产和销售，其实质就是通过订单的形式把市场需求反映出来。

知识点 1 确定优势农产品的主要原则

优势农产品是指在我国的资源和生产条件较好、商品量大、市场前景广阔的农产品；在国内市场上与国外产品竞争有优势，能够抵御进口冲击的农产品；在国际市场上具有竞争优势，能够进一步扩大出口的农产品。

根据当前形势的需要，选择若干优势农产品和优势产区，采取"一种产品确定一个发展思路、明确主要目标市场、选择一批龙头企业、推广一套实用技术、制定一套扶持措施、实施项目带动"的办法，集中力量进行重点培育，尽快形成一批具有国际竞争力的优势产业带（区），辐射和带动全国农业整体竞争力的提高。

按照"全面规划、分步实施、总体布局、重点建设"的思路，近期选择一批优势农产品，优先规划布局，进行重点扶持。确定的原则主要有以下几点。

（1）国内消费需求量大、生产有潜力、通过扶持和发展能够有效抵御进口产品冲击的农产品，主要包括专用小麦、专用玉米、高油大豆、棉花、"双低"油菜、甘蔗和牛奶等。这类农产品要实施数量与质量同步扩张、稳住国内存量市场、抢占增量市场的发展战略，立足国内市场需求，提高产品质量，降低生产和交易成本，做好产销衔接，尽快占领国内市场。

（2）在国际市场上具有明显价格竞争优势、扩大出口潜力较大的农产品，主要包括苹果、柑橘、牛羊肉和水产品等。这类农产品要实施增强竞争优势、开拓多元化国际市场、积极扩大出口的发展战略，主攻产品质量安全、产后商品化处理和市场营销服务等关键环节，打造知名品牌，提高规模化生产和现代化管理水平，进一步扩大国际市场份额。

知识点 2　确定优势产区的主要依据

（1）资源条件好：自然生态条件为该种农产品生长的最适宜区或适宜区，具有生产传统、生产基础和技术条件。

（2）生产规模大：能够集中连片生产，农产品商品率较高，区域内商品总量在全国占有重要份额。

（3）市场区位优：市场目标明确，流通渠道畅通，运销便捷，对产业发展带动力强。

（4）产业化基础强：科研、生产、人才、技术和市场等方面基础条件较好，有带动能力强的农业产业化龙头企业，具备创建农产品知名品牌的基础。

（5）环境质量佳：具有保障农产品质量安全和生产可持续发展的良好生态环境。

议一议

1. 你所在的地区都出产哪些名特优农产品？
2. 你所在的地区发展名特优农产品有哪些优势条件？

知识点 3　优势农产品及其优势区域布局

根据上述主要原则和依据，我国确定了专用小麦、专用玉米、高油大豆、棉花、"双低"油菜、"双高"甘蔗、柑橘、苹果、牛羊肉、牛奶和水产品11种优势农产品，优先规划优势区域，重点予以扶持建设，尽快提高这些农产品的国际竞争力，实现抵御进口冲击、扩大出口的目标。

1. 专用小麦

我国的小麦总量基本能够满足国内消费需求，但随着我国城镇居民生活水平的提高，对优质加工专用小麦的需求将逐步增长；同时，东亚和东南亚地区是世界小麦主销区之一，每年都有大量专用小麦输入。因此，专用小麦的市场需求潜力很大。

为实现基本满足国内需求，力争向东亚和东南亚国家或地区出口的目标，我国将重点建设黄淮海、长江下游和大兴安岭沿麓三个专用小麦带，如图2-7所示。黄淮海优质强筋小麦带主要布局在河北、山东、河南、陕西、山西、江苏和安徽7个省的39个地市82个县市。长江下游优质弱筋小麦带主要布局在江苏、安徽、河南和湖北4个省的10个地市20个县市。大兴安岭沿麓优质强筋小麦带主要布局在黑龙江和内蒙古2个省区的3个地市11个县旗（农场）及黑龙江垦区2个管理局。

中国地图

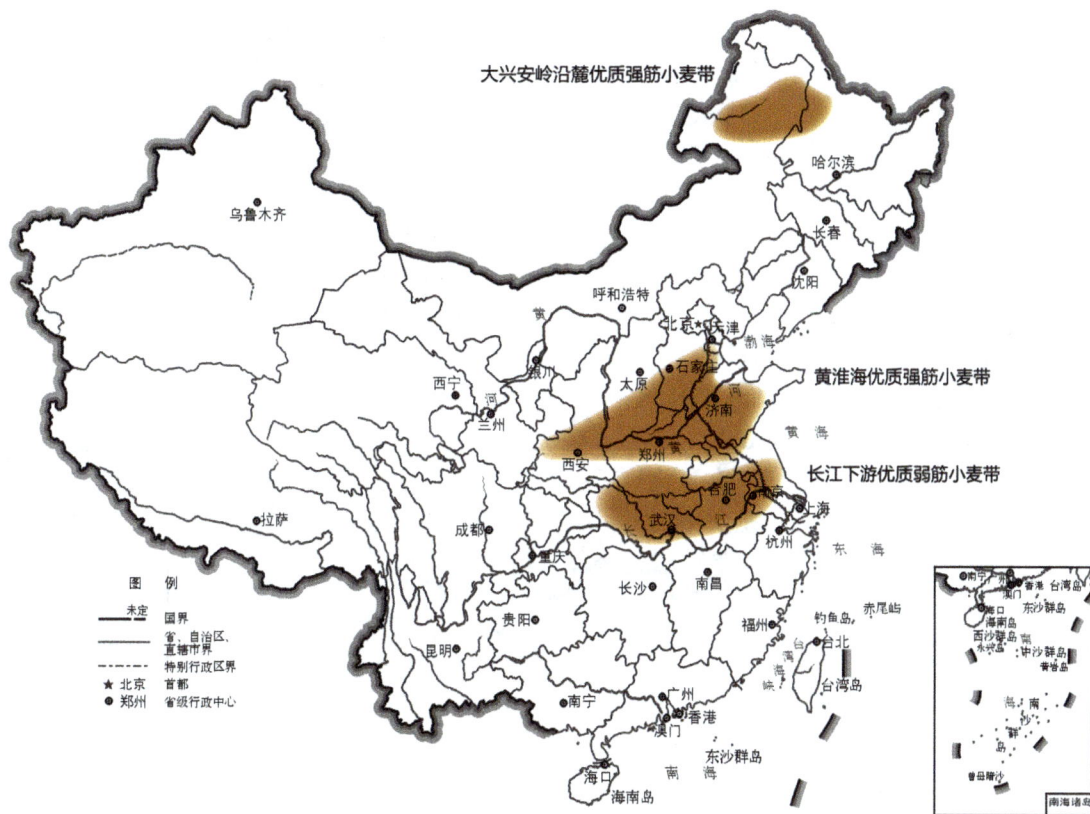

图2-7 专用小麦优势区域布局示意图

2. 专用玉米

我国是世界玉米的产销大国，总产量仅次于美国。随着畜牧业的发展和玉米精深加工新技术的开发应用，我国玉米的需求量大幅度增加；同时，东亚地区是世界玉米的主销区，占全球玉米贸易量的50%左右。我国有临近国际主要玉米消费市场的区位优势和非转基因的品种优势，主产区是世界三大黄金玉米带之一，有发展专用玉米的良好基础。

23

为了降低生产成本，增强主产区玉米的转化加工能力，延长产业链条，提高综合效益，我国将重点建设东北－内蒙古专用玉米优势区和黄淮海专用玉米优势区，如图2-8所示。东北－内蒙古专用玉米优势区主要布局在黑龙江、内蒙古、吉林和辽宁4个省区的26个地市102个县市（旗）；黄淮海专用玉米优势区主要布局在河北、山东和河南3个省的33个地市98个县市。

中国地图

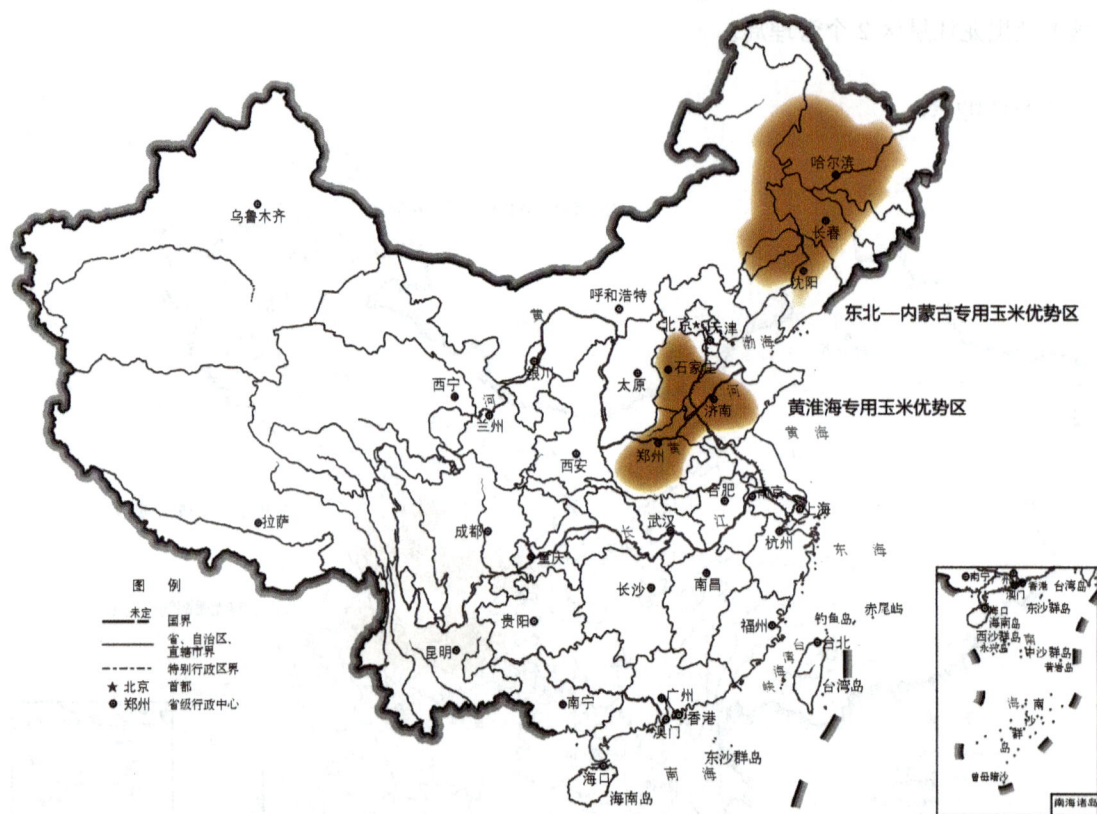

图2-8 专用玉米优势区域布局示意图

3. 高油大豆

我国是大豆的原产地，是目前全球大豆最主要的需求国。近年来，随着人们生活水平的提高和养殖业的发展，高油大豆的需求呈上升趋势。今后我国以提高高油大豆单产和含油率为重点，将重点建设东北高油大豆带，主要抓好松嫩平原、三江平原、吉林中部、辽河平原和内蒙古东四盟市五个优势产区，把东北地区建设成为世界上最大的非转基因高油大豆生产区，主要布局在黑龙江、吉林、辽宁和内蒙古4个省区的30个地市（盟）127个县市（旗）。高油大豆优势区域布局如图2-9所示。

中国地图

图 2-9　高油大豆优势区域布局示意图

4. 棉花

我国是世界上最大的棉花生产国和消费国，也是最大的纺织品和服装生产国和出口国。2018 年，我国棉花总产量 610 万 t，新疆棉花产量 511.1 万 t，占全国总产量的 83.79%。随着我国人口的不断增加和消费水平的不断提高，加入世界贸易组织（WTO）后，纺织品和服装出口形势更加看好，今后将在黄河流域优势棉区、长江流域优势棉区、西北内陆优势棉区重点建设 120 个棉花生产基地，如图 2-10 所示。其中，黄河流域棉区主要布局于河北、山东、河南、江苏和安徽 5 个省的 50 个县市，长江流域棉区主要布局于江汉平原、洞庭湖、鄱阳湖和南阳盆地等地的 40 个县市，西北内陆棉区主要布局于新疆维吾尔自治区、新疆生产建设兵团和甘肃河西走廊地区的 30 个县、团场。

5. "双低"油菜

目前，我国是全球最大的菜籽油生产国，2018 年菜籽油产量近 700 万 t，占全球菜籽油产量的 1/4。近几年我国菜籽油进出口呈现波动趋势，主要从加拿大进口菜籽油。随着我国人口不断增加、人民生活水平提高以及养殖业的迅速发展，国内植物油和饼粕的消费量将大幅度增加。我国将以提高"双低"油菜的含油率和单产水平、降低芥酸和硫苷含量为重点，重点建设长江上游区、中游区和下游区三个"双低"油菜优势区，如图 2-11 所示。长江上游优势区主要布局在四川、贵州、重庆和云南 4 个省市的 36 个县（市、区）。长江中游优势区主要布局在湖北、湖南、江西、安徽和河南 5 个省的 92 个县（市、区）。长江下游优势区主要布局在江苏、浙江 2 个省的 22 个县（市、区）。

中国地图

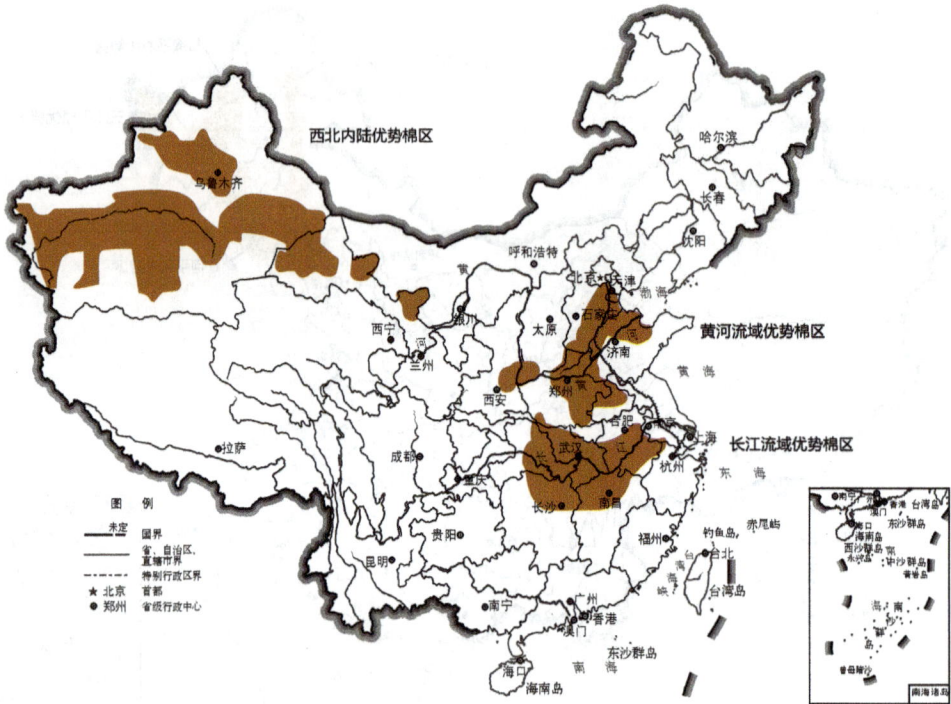

图 2-10 棉花优势区域布局示意图

中国地图

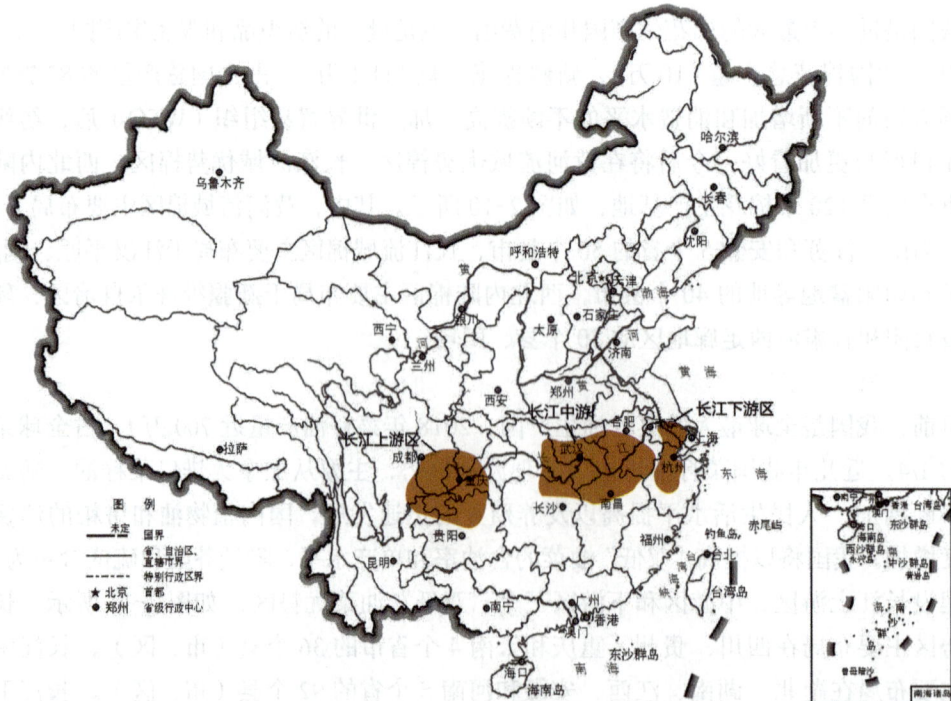

图 2-11 "双低"油菜优势区域布局示意图

6. "双高" 甘蔗

我国是世界上主要的糖料生产国和消费国。我国蔗糖产量占我国食糖总产量的 90% 左右。我国将以引进、培育和推广高产、高糖甘蔗良种为重点，大力提高甘蔗单产和含糖率，重点建设桂中南、滇西南、粤西三个"双高"甘蔗优势产区，主要布局在广西、云南和广东 3 个省区的 18 个地市 48 个县市，如图 2-12 所示。

中国地图

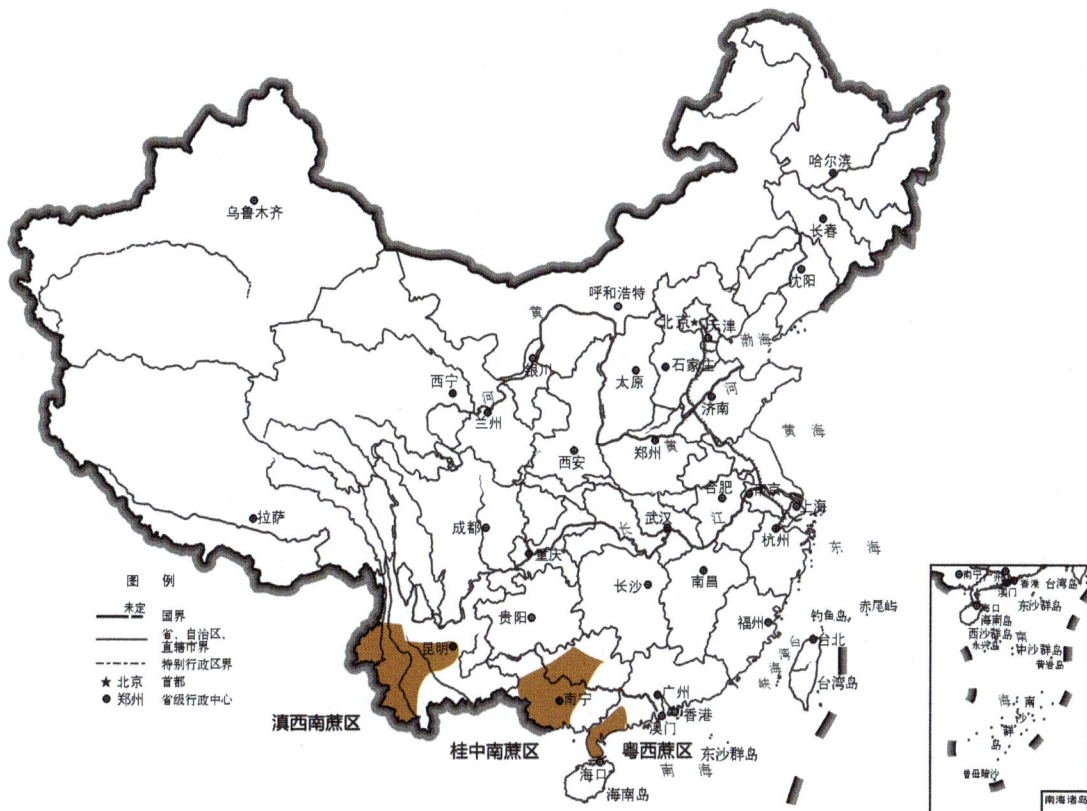

图 2-12 "双高" 甘蔗优势区域布局示意图

7. 柑橘

柑橘，是橘、柑、橙、柚、枳等的总称。柑橘气味芬芳、味道鲜美且营养丰富，是我国栽培面积最大、产量最高和消费量最大的水果。

根据柑橘主产区的生产特点和气候特征，我国柑橘产业可划分为四个优势产业带和两个特色基地。四个优势产业带包括：①浙南、闽西、广东的东宽皮柑橘带；②赣南、湘南、桂北的脐橙带；③鄂西、湘西的宽皮柑橘带；④长江上中游的甜橙带。两个特色基地是指陕西汉中和云贵两个特色优势柑橘基地。

8. 苹果

多年来，我国积极推进特色农业产业发展，实施优势特色农产品布局规划，推动特色农产品优势区创建，目前取得了明显成效。经过多年发展，我国已成为世界最大的苹果生产国，苹果种植面积和产量均占世界 50% 以上。我国苹果生产集中度逐年提高，陕西、山东等 7 省的苹果种植面积、产量已占全国 4/5 以上。

9. 牛羊肉

我国是牛羊肉生产大国，羊肉产量居世界第一位，牛肉产量仅次于美国和巴西，居世界第三位。随着我国人民生活水平的提高，牛羊肉的国内消费需求将逐步增长，今后我国按照饲养"上水平、上规模"，质量"上档次、保安全"的要求，将重点建设中原、东北两个肉牛优势产区，建设中原、内蒙古中东部及河北北部、西北和西南四个肉羊优势产区。中原肉牛优势产区主要布局在河南、山东、河北和安徽 4 个省的 7 个地市 38 个县市。东北肉牛优势产区主要布局在辽宁、吉林、黑龙江和内蒙古 4 个省区的 7 个地市 24 个县市（旗）。中原肉羊优势产区主要布局在河南、山东、河北、江苏和安徽 5 个省的 6 个地市 20 个县市。内蒙古中东部及河北北部肉羊优势产区主要布局在内蒙古和河北 2 个省区的 2 个地市 10 个县市。西北肉羊优势产区主要布局在宁夏、甘肃、青海和新疆 4 个省区的 5 个地市（州）15 个县市。西南肉羊优势产区主要布局在四川、重庆、云南、贵州和广西 5 个省（区、市）的 5 个地市 16 个县市。我国将要把中原和东北等地建成牛羊肉主要出口基地。

10. 牛奶

我国奶业正处在加快发展阶段。我国农作物秸秆、饲草及粮食等饲料资源丰富，劳动力资源充足，鲜奶在生产成本等方面具有明显的优势。今后我国将突出发展鲜奶，加强良种奶牛繁育，提高奶制品质量，重点发展东北、华北及京津沪三个牛奶优势产区。东北优势产区主要布局在黑龙江和内蒙古 2 个省区的 12 个地市（盟）37 个县市（旗）。华北优势产区主要布局在河北和山西 2 个省的 10 个地市 29 个县区。京津沪优势产区主要布局在 13 个郊区县和 25 个农场。

11. 水产品

我国是世界渔业大国，更是水产养殖大国，养殖产量居世界首位。目前，水产品出口在我国农产品出口中居首位，形成了以欧美和东亚地区为主的、比较稳定的国际市场。今后，我国将重点抓好水产品质量安全、种苗繁育和精深加工三个关键环节，

> **想一想**
>
> 你在日常生活中购买过哪些名特优农产品？它们都出产于什么地方？

加快建设出口水产品养殖区，优先发展东南沿海、黄渤海出口水产品优势养殖带和长江中下游出口河蟹优势养殖区。东南沿海养殖带主要布局在浙江、福建、广东、广西和海南 5 个省区的 28 个地市 43 个县市，重点发展鳗鱼、对虾、罗非鱼和大黄鱼等品类的养殖。黄渤海养殖带主要布局在山东、河北和辽宁 3 个省的 9 个地市 23 个县市，重点发展对虾、贝类等的养殖。长江中下游养殖区主要布局在江苏、安徽和江西 3 个省的 11 个地市 12 个县市，

重点发展河蟹等的养殖。

✏ 活动建议

在 Internet 上查询你所在的地区主要生产哪些优势农产品以及主要销往何地。

拓展知识链接

如何种出 14 亿人份的水果？

——我们的祖国是果园

星球研究所出品

综合知识模块三 ▶ 都市农业生产布局

知识点 1 农业圈层

未来农业的发展方向包括：①高度集约化的农业，是生产经营方式高度企业化、规模化和市场化的农业；②以农业产业化为依托，为城市的发展提供服务，以实现农业增效、农民增收的目标。

📁 资料卡

广州农业的"三个圈层"

广州市政府明确提出：要建设具有广州特色的现代都市型农业，在区域布局上逐步形成"三个圈层"的合理结构。"第一圈层"是城区（含有农业的 5 个城区），侧重蔬菜、花卉、林果和草坪等绿色园艺产业，适当发展健身、休闲和体验型农业，限制发展畜牧水产业；"第二圈层"是郊区，实行种养加多种经营的模式，因地制宜地选择发展谷类、蔬菜业、林果业、花卉园艺业和观光休闲农业，以及农产品加工业和流通业等七大主导产业；"第三圈层"是远郊农村，要建成广州市名特优稀有特产、反季节农业、特色农业、生态农业和休闲度假农业的重要基地。

为推进农业产业化经营，在农业区域布局上形成了以城市为中心、辐射带动周边近郊区域的都市农业发展的良好态势，即以地区枢纽城市为中心，呈放射状圈层分布的都市型农业圈层、近郊型农业圈层和远郊型农业圈层，形成了现代农业示范带的基本布局。

知识点 2　都市型农业

都市农业（Agriculture in City Countryside）本意是都市圈中的农地作业，是指在都市化地区，利用田园景观、自然生态及环境资源，结合农林牧渔生产、农业经营活动、农村文化及农家生活，为人们休闲旅游、体验农业和了解农村提供场所。换言之，都市农业是将农业的生产、生活和生态等"三生"功能结合于一体的产业。

💡 想一想

中心城市周围三个农业圈层的农业生产各有何特色？

目前，我国都市型农业一般是指大城市地区内的中心市区、卫星城、小城镇同间歇地带及城市化地区周围的农业，是依托城市、服务城市和适应城市建设发展战略的农业。

都市型农业在整体上具有多元化功能的同时，近郊远郊、平原山区发展的侧重点有所不同。近郊的都市型农业更加侧重于社会性功能和生态性功能，远郊平原地区的都市型农业则以经济性功能为主，山区的都市型农业特别强调生态性功能。

都市型农业一般结合城市的实际情况，创建城市需求的特色农业，包括蔬菜、园艺花卉以及畜禽、特种水产品生产以及微生物生产。由于都市具备发达的信息、交通和完备的基础设备，加之都市庞大的消费需求，未来的智能型农业工厂必将云集在都市周边，成为都市经济的重要支柱。

知识点 3　智能型农业工厂

用现代科技装备的工厂化农业，集成了生物技术、信息技术、新材料技术、自动化控制技术和现代先进农艺等，其间作物的播种、生长、施肥、灌溉和环控等全过程都可实现自动化。

智能型农业工厂可以通过对生物和环境的控制，使农业生产中的多种潜力得到充分发挥。首先，在自然或开放的条件下，水、肥、土、热等很难控制，智能型农业工厂则可以充分发挥农业环境的有关潜能。其次，良好的"工厂环境"为生物潜力的发挥创造了条件，使农作物的有机物合成、转化和储存等效率大大提高，形状、味道和颜色良好。此外，智能型农业工厂还能够在很大程度上发掘作物生产的时空潜力：一方面作物可种植时间得以延长，复种指数得以提高，部分或完全摆脱季节的限制，一些农作物可做到常年均衡供应；另一方面对温度、光照、供水和营养的有效控制，使作物平面、垂直的生产空间得以拓展，如立柱栽培技术可增加数倍的产量。

北京锦绣大地农业观光园

北京锦绣大地农业观光园（见图 2-13）位于北京市海淀区，占地 $120hm^2$，以"高科技、高起点、高效益"为宗旨，将现代科学技术运用到农牧业领域，以生物技术、信息技术、农业工程、植物生理和动物营养五大专业领域为技术支撑，形成以畜牧业、种植业和观光农业为三大支柱，规模化、产业化和商品化为一体的现代化农业。

图 2-13　北京锦绣大地农业观光园

活动建议

（1）在 Internet 上查询你所在地区的农业生产布局状况。

（2）参观一个农业生产观光基地，了解其工厂化农业的布局、农业技术、主要物产及供销状况。

综合知识模块四　农产品物流

农产品物流包括农产品生产、收购、运输、储存、装卸、搬运、包装、配送、流通加工、分销和信息活动等一系列环节，并且在这一过程中实现了农产品的价值增值。大力发展现代农产品物流不仅能够降低农产品生产与流通的成本，还可以使农产品在物流过程中增值，提高农业的整体效益。

农产品物流量大、范围广。农产品生产的地域性与消费的普遍性、生产的季节性与消费的全年性之间的矛盾，造成了农产品供给与消费之间的矛盾。农产品不仅直接满足人民的生活需要，还向食品工业、轻纺工业和化工工业提供原料。因此，农产品在储运过程中，需要设立专门的仓库、输送设备、专用码头、专用运输工具和装卸设备等。

近年来，消费者十分重视农产品的新鲜程度，对农产品储藏与运输的保鲜技术要求越来越高，由此形成了冷链物流体系。农产品冷链物流是指使肉、禽、水产、蔬菜、水果、蛋等生鲜农产品从产地采收（或屠宰、捕捞）后，在产品加工、贮藏、运输、分销、零售等环节始终处于适宜的低温控制环境下，最大限度地保证产品品质和质量安全、减少损耗、防止污染的特殊供应链系统。

知识点 1　粮食物流

我国将重点建设东北、黄淮海地区、长江中下游地区（含四川）、东南沿海以及京津地区五大粮食物流通道。

按照有关规划，我国发展粮食现代物流的主要通道为：东北地区粮食流出通道、黄淮海地区小麦流出通道、长江中下游地区（含四川）稻谷流出和玉米流入通道、东南沿海粮食流入通道和京津地区粮食流入通道。

知识点 2　全国农产品市场集群

1. 全国农产品八大骨干市场集群

随着我国城镇化的推进，农产品消费逐渐向经济发达地区集聚，城镇农产品大规模、跨区域、反季节和长距离流通需求快速增长。近年来，随着互联网技术在农产品流通领域的广泛应用和发展，"互联网+"已经成为新型农产品流通模式，产销衔接更加简洁高效。

为满足我国农产品消费结构的持续升级和多样性的变化，考虑人口分布、交通条件、产业布局等因素，结合"一带一路"的发展规划、经济区和经济带的协同发展，以及全国主要商业功能区、农产品优势产销区的分布，2015年，商务部等10部门联合发布《全国农产品市场体系发展规划》，在全国农产品生产、集散和消费集中区域确定全国性农产品流通骨干市场和市场集群，形成以全国骨干农产品批发市场为节点，连接东西、贯穿南北、辐射内外的全国农产品流通骨干网络。

按照整体布局规划，我国农产品市场体系形成了八大骨干市场集群。

（1）京津冀市场集群：以北京、天津、河北为中心，辐射内蒙古中部、山西、山东。依托京津冀，向北衔接东北市场集群，对促进京津冀协同发展具有重要意义。

（2）东北市场集群：以辽宁、吉林为中心，辐射黑龙江、内蒙古东部。该集群向南连接京津冀，向北面向东北亚市场，是连接国内外市场、促进东北地区农产品流通的主要市场集群。

（3）长三角市场集群：以长三角经济区为中心，包括上海、江苏和浙江。该集群位于长江经济带东端，向北连接京津冀、向西沿长江经济带连接成渝经济区，向南连接珠三角经济区，在全国农产品流通中发挥重要作用。

（4）珠三角市场集群：以珠三角为中心，辐射广东、福建、广西和海南。该集群与长江经济带相衔接，面向港澳台和东南亚地区，是通江达海、连接国内外市场的重要枢纽。

（5）中原市场集群：以河南为中心，辐射安徽、山东、山西、陕西。该集群向北连接京津冀，向南连接长江经济带，向东连接长三角，向西连接陕甘宁市场集群，是连接东西、贯穿南北的市场集群。

（6）长江中游市场集群：以湖北、湖南、江西为中心，辐射安徽、福建、广西和贵州。该集群向东连接长三角、向北连接中原市场集群，向西沿长江经济带连接成渝经济区，向南连接珠三角，在全国农产品流通中处于枢纽地位。

（7）成渝市场集群：以重庆和四川为中心，辐射贵州、云南和西藏。该集群依托成渝经济区，北连陕甘宁市场集群，向东衔接长江经济带，是促进西南地区农产品流通的重要市场集群。

（8）陕甘宁市场集群：以陕西、甘肃、宁夏为中心，辐射青海、新疆、西藏和内蒙古西部盟市。该集群向南与长江经济带相连，向东与中原经济区衔接，是连接国内外市场、促进西北部农产品流通的市场集群。

2. 全国农产品流通骨干网络

依托市场集群，形成了"三纵三横"的全国农产品流通骨干网络，如图 2-14 所示。

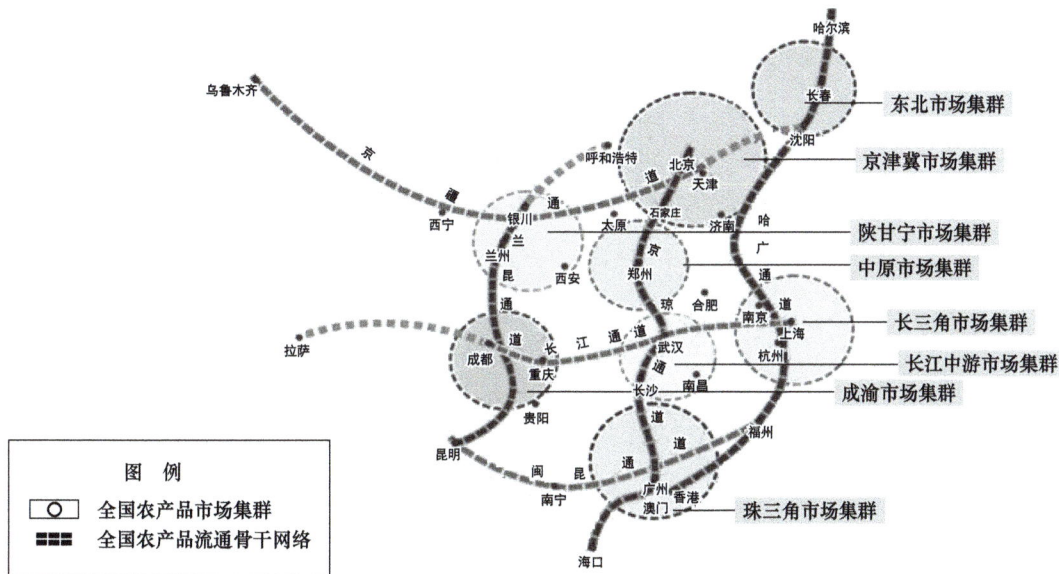

图 2-14 全国农产品流通骨干网络规划布局图

（1）"三纵"通道。

1）哈广通道。北起黑龙江，南至广东，贯穿东北、京津冀、长三角、珠三角四大市场集群，形成贯穿南北、辐射全国的农产品流通大通道。

2）京琼通道。北起北京，南至海南，连接京津冀、中原、长江中游和珠三角四大市场集群，是贯穿南北、连接东西、辐射全国的重要流通大通道。

3）兰昆通道。北起兰州，南至昆明，连接陕甘宁、成渝两大市场集群，是西部纵贯南北的重要通道。

（2）"三横"通道。

1）京疆通道。东起北京，西至新疆，连接京津冀和陕甘宁两大市场集群，是丝绸之路经济带的流通大通道。

2）长江通道。东起上海，西至成都，连接长三角、长江中游和成渝三大市场集群，依托长江水道，成为承东启西、通江达海的农产品流通大通道。

3）闽昆通道。东起福建，西至昆明，连接珠三角和成渝两大市场集群，成为我国南部农产品流通的重要通道。

活动建议

（1）在 Internet 上查询你所在的地区属于哪个农产品市场集群，有哪些农产品流通通道。

（2）农产品市场集群有哪些功能？

轻工业物流地理

本单元学习导引图

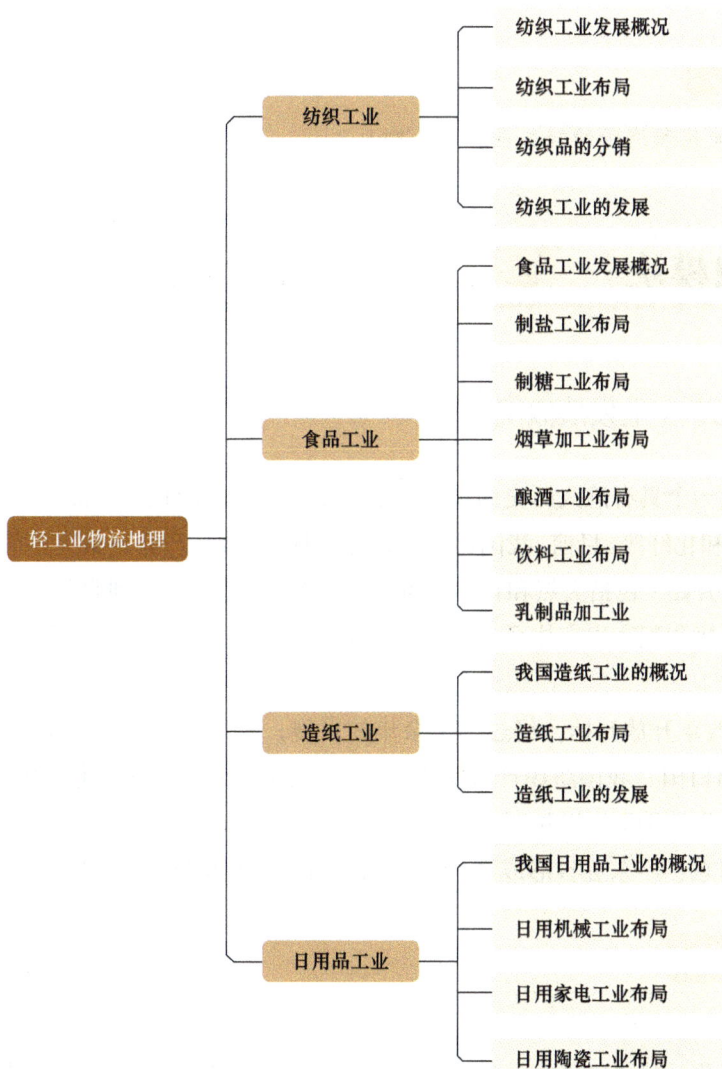

- 轻工业物流地理
  - 纺织工业
    - 纺织工业发展概况
    - 纺织工业布局
    - 纺织品的分销
    - 纺织工业的发展
  - 食品工业
    - 食品工业发展概况
    - 制盐工业布局
    - 制糖工业布局
    - 烟草加工业布局
    - 酿酒工业布局
    - 饮料工业布局
    - 乳制品加工业
  - 造纸工业
    - 我国造纸工业的概况
    - 造纸工业布局
    - 造纸工业的发展
  - 日用品工业
    - 我国日用品工业的概况
    - 日用机械工业布局
    - 日用家电工业布局
    - 日用陶瓷工业布局

学习目标

→ 了解轻工业的发展、特点和布局原则。

→ 了解纺织工业的发展；重点掌握纺织工业的布局特点。

→ 了解食品工业的发展；重点掌握食品工业的布局特点。

→ 了解造纸工业的发展；重点掌握造纸工业的布局特点。

轻工业是生产消费资料的各工业部门的总称。轻工业产品包括制浆造纸、轻工机械、家具、塑料制品、衡器、家用电器、日用化学品、食品饮料、文教体育用品、金属制品、日用杂品、工艺美术品、日用硅酸盐、照明器具和皮革毛皮制品等类产品。大部分轻工业产品是生活消费品，但也有小部分产品用于生产方面，如工业用的织物和纸张等。

💡 想一想

日常家庭使用和消费的轻工业产品有哪些？

综合知识模块一 ▶ 纺织工业

知识点 1　纺织工业发展概况

纺织工业是一个具有悠久历史的传统工业，是我国最大的轻工业部门，纺织工业的原料有棉、毛、丝、麻和化纤等。目前，我国已具有世界上规模最大、产业链最完整的纺织工业体系，从纺织原料生产开始（包括天然和化学纤维），纺纱、织布、染整到服装及其他纺织品加工，形成了上下游衔接和配套生产体系，棉纱、棉布、呢绒、丝织品、化纤和服装产量均居世界第一位。

从 1978 年改革开放开始，经过四十余年的发展，我国已经成为世界最大的纺织品生产国、消费国和出口国。我国纺织产业集群呈现"东高西低"的两极化特征，纺织产业主要集中在沿海经济发达地区，以长三角、珠三角、海西地区和环渤海地区为主，特别是江苏、浙江、福建、山东、广东五省形成了各具特色的纺织产业集群。

📚 小知识

无 纺 布

无纺布是一种非织造布，通过将纺织短纤维或者长丝进行定向或随机排列，形成纤网结构，然后采用机械、热粘或化学等方法加固而成。无纺布具有质轻、透气、无毒、抗菌、环保、色彩丰富、价格低廉、可循环再利用等优点。无纺布广泛应用于医疗、卫生、家庭装饰、服装、包装、工业、农业等各领域。

知识点 2　纺织工业布局

自改革开放以来，我国东部沿海地区涌现出一批纺织产业集群。目前，全国95%的纺织产业集群分布在浙江、江苏、广东、山东、福建和上海等省市，这些地区技术装备水平高，拥有成本较低、素质较高、数量丰富的劳动力资源，形成了集群规模效应和比较完整的产业链。

我国棉纺织工业在纺织工业中占有重要地位，棉纺织业纤维加工量占全国纺织纤维加工量的一半以上，并为针织、印染、家纺和服装等行业提供了大量适合各种需求的纱布产品。近年来，我国棉纺生产力布局具有向沿海集中、向民营企业集中、向产棉区集中的特点。石家庄、邯郸、郑州、西安、武汉、成都和乌鲁木齐等地都是我国重要的棉纺织工业基地。另外，在我国西部的新疆和陕西等省区的棉产地，建成了全国优质纱、布的生产基地。棉纺厂生产如图3-1所示。

图 3-1　棉纺厂生产

我国的毛纺织工业基地主要分布于我国羊毛集中产区的乌鲁木齐、银川、西宁、呼和浩特和西藏林芝等地。内蒙古、宁夏、甘肃、青海和新疆拥有丰富的羊毛、羊绒和驼绒等动物纤维资源，这些地区以加工羊绒、驼绒、牦牛绒及毛纺为依托，已建成颇具特色的毛纺织生产基地。

我国丝纺织工业以蚕丝为主。丝绸工业主要分布在我国的长江三角洲、珠江三角洲和四川盆地。我国四川、重庆、云南和广西等地具有种桑养蚕和茧丝绸加工的传统优势，这些地区已建成全国蚕茧及茧丝绸生产基地。

麻纺织工业是我国具有资源、生产和国际贸易比较优势的天然纤维特色产业。我国苎麻纺织、亚麻纺织的生产和出口居世界首位，已成为世界麻纺织大国。我国亚麻纺织加工能力较大的地区是黑龙江、浙江、江苏、山东、安徽、山西、吉林和辽宁等省份。亚麻纺织加工业布局过去一直集中分布于原料产区。目前，因我国东部经济发达地区和纺织服装加工业的区域移动，新增的亚麻纺织加工能力主要集中于浙江、江苏等经济发达地区。苎麻俗称"中国草"，是我国的特色资源，栽培面积和总产量均居世界首位。我国的苎麻加工主要集中在湖南、湖北、四川、重庆、江西、安徽和江苏等省市。

近年来，我国化纤工业的强国地位初步显现。2018年，我国化纤产量达5 000万t，占世界化纤总量的70%以上。其中纤维新材料，特别是高新技术纤维的研究技术水平取得了很大进展，与发达国家先进水平的差距大幅缩小。我国化纤工业生产主要聚集在东部沿海地区。浙江、江苏、福建三省是我国化纤生产的主要省份。浙江省的化纤产量位居全国之首，2018 年产量高达 2 282.3 万 t，约占全国总产量的 45.6%；其次是江苏省和福建省，分别占比 27.3% 和 13.9%。这三大省份合计占比 86.8%。

目前，我国共有 198 个纺织服装产业集群地区，包括纺织产业基地市（县）29 个，纺织产业特色名城 73 个，纺织产业特色名镇 96 个。这些纺织服装产业集群有效地推动了纺织服装工业的发展，带动了地方经济的增长。服装厂生产如图 3-2 所示。

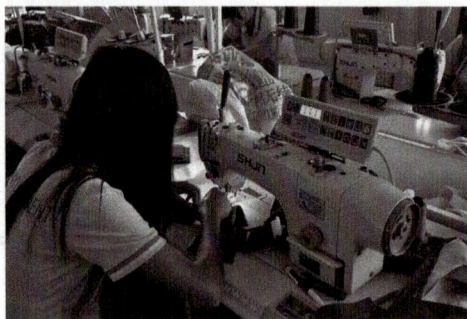

图 3-2 服装厂生产

议一议

我国纺织工业的布局有何规律？

知识点 3　纺织品的分销

华北地区主要的服装批发市场在北京、山东和河北。北京主要面向华北、东北和西北地区。山东主要面向东亚。

华中地区主要的服装批发市场分布在湖北的武汉、湖南的长沙和株洲。

西南地区主要的服装批发市场在重庆和成都。重庆和成都是通向西南的第一站，重庆和成都的服装批发市场担负着向四川、云南、贵州、陕西甚至西藏等地众多市县分销纺织服装商品的任务。

华南地区主要的服装批发市场分布在广东和福建。广东的服装制造业有明显的地区性专业分工。例如，深圳、东莞主要是以生产女装为主，中山以生产休闲装为主，佛山的盐步偏重内衣生产。此外，普宁的衬衫、潮州的婚纱晚装、佛山的童装、汕头的西服及东莞大朗的毛织品等，都有各自的特色。而福建的服装加工基地主要集中在石狮、泉州和晋江等地。

资料卡

福建石狮的服装批发业

福建石狮是我国主要的服装生产基地和集散中心之一，石狮的服装批发业以西服、童装、牛仔服装、T恤为主。石狮拥有近 20 条服装批发街（包括大仑街、跃进路、城隍街等）、6座商业城（中信时装城、侨乡商业城、中侨商厦、耀中大厦、环球商场等）和8个不同类别的成衣专业市场（如华南童服城等），共拥有8 000多家服装店。鸳鸯池布料市场是石狮现有5个布料批发市场中规模最大的。

目前，我国服装零售业正处在变革之中。一方面，我国服装零售行业整体发展态势起伏不定；另一方面，数字化时代消费者的购物方式、交流方式的转变也加剧了服装零售业的变革，服装零售线上线下融合趋势愈加明显。目前，购物中心、电商等渠道快速增长，而百货、街铺的销售规模在逐年减少。

人们个性化、细分化、差异化的生活形态导致品牌诉求无法统一，众多服装品牌相继推出年轻化、风格化的副线品牌，更多小而美的小众品牌受到青睐，年轻化、高端化逐渐成为服装行业转型升级的主流趋势。这意味着新一轮的消费升级将更加多变、多元和多维。

知识点4　纺织工业的发展

纺织工业原料来源多样且分散，纺织品消费对象十分普遍，为使工业布局接近原料地和消费地，纺织工业布局在相对集中的前提下，需要在全国铺开。较多发展中小型企业，对于实现纺织工业布局合理化，促进各地区经济的综合发展有重要的意义。

东部沿海地区纺织工业布局以靠近消费市场为主，重点建设面向国际市场的纺织工业基地。东部是我国纺织工业最集中的地区，实力雄厚，技术水平和管理水平都比较高，且有多年发展外向型经济的经验。为此，今后纺织工业的发展应以市场为导向，以扩大出口创汇和提高经济效益为中心，适当压缩纺织初加工能力，集中力量发展精加工、深加工、高附加值产品和高新技术产品，形成优势产品、名牌产品和出口产品的生产基地，成为产品开发、技术创新中心和信息网络中心。

西部地区应加强与东部沿海地区的联合，积极引进资金、技术和人才，使资源优势、劳动力优势发展成为具有地方特色的加工优势和产品优势，如以西部地区的麻类资源为依托，建立麻纺织品加工基地；以西部地区的中心城市商贸市场为依托，发展服装加工，建立西部服装生产基地和集散市场；以西部的石油天然气资源为依托，配套发展化纤工业。

活动建议

（1）在超市商场进行纺织工业品的调查，看看纺织工业品一般使用哪些原料，其产地在何处。

（2）在网上搜集资料，了解你所在的省、市有无纺织工业企业，其主要生产哪些产品。

（3）任选一个商场，了解各种服装的出产地。

综合知识模块二 ▶ 食品工业

知识点 1 食品工业发展概况

食品是人类赖以生存的最主要的生活资料，在国民经济中一直具有巨大的发展潜力。食品工业主要包括粮食加工、食油加工、制糖、制盐、制茶、卷烟、酿酒以及罐头、糖果、糕点、肉类、乳类、蛋类、水果和蔬菜的加工等。随着我国经济的发展和社会生活水平的提高，人们对食品的要求从数量型向质量型转变，方便化、安全化、功能化、工程化、全球化和专用化将是今后食品工业发展的趋势。

食品工业原料来源广，产品销售普遍，因此食品工业布局具有点多面广的特点。食品工业布局类型有三类：①趋向原料产地的部门，如制糖、制茶、榨油、罐头和乳制品加工工业；②趋向消费区的部门，如面粉、碾米和糕点加工工业等；③同时受原料和消费因素影响的部门，如肉制品、制盐工业等。

💡 想一想

你在生鲜超市中都看到过哪些类型的加工食品？一般产自何地？

知识点 2 制盐工业布局

我国食盐的产地分布很广，出产着种类繁多的食盐，包括海盐、井盐、岩盐、池盐等。海盐的主产区主要分布在东部沿海各省市。

（1）长芦盐区：长芦盐区南起黄骅，北至山海关，包括塘沽、汉沽、大沽、南堡、大清河等盐田在内，全长 370km，共有盐田 1 500km²，产量占全国海盐总产量的 1/4。这里风多雨少，日照充足，蒸发旺盛，有利于海水浓缩。其中长芦盐场所产之盐，数量大，质量好，颗粒均匀，色泽洁白，驰名中外。

（2）辽东湾盐区：辽东湾盐区有复州湾、营口、金州、锦州和旅顺五大盐场，其盐田面积和原盐生产能力占辽宁盐区的 70% 以上。

（3）莱州湾盐区：该区是山东省海盐的主要产地，包括烟台、潍坊、东营、惠民的 17 个盐场，盐田总面积约 400km²。目前，山东省盐产量占全国 1/3，海盐产量占全国七成以上。

（4）江苏盐场：江苏盐场分布在北起苏鲁交界的绣针河口、南至长江口这一斜形狭长的海岸带上，跨越连云港、盐城、淮阴、南通 4 市的 13 个县、区，占地 653km²。江苏海岸带拥有全国最为广阔的沿海滩涂，加之四季分明的气候条件，适宜于海盐生产。

（5）布袋盐场是台湾省最大的盐场。布袋盐场在嘉义县西部布袋镇附近，被人们誉为"东南盐仓"，所产之盐成本低、色泽纯白，堪称上品。

（6）莺歌海盐场是海南省最大的海盐场，在华南地区首屈一指，主要产品有粗盐、日晒细盐、日晒优质盐和粉洗精盐等，如图 3-3 所示。

图 3-3　莺歌海盐场

📁 小知识

"化学工业之母"——盐

　　盐是化学工业的重要原料，它可制成氯气、金属钠、纯碱（碳酸钠，Na_2CO_3）、重碱（碳酸氢钠、小苏打，$NaHCO_3$）、烧碱（苛性钠、氢氧化钠，$NaOH$）和盐酸（HCl）。液氯主要用于制造农药、漂白剂、消毒剂、溶剂、塑料、合成纤维以及其他氯化物。纯碱主要用于制造玻璃；用作染料、有机合成的原料；冶炼钢铁、铝和其他有色金属；生产 TNT 及胶质炸药；在化肥、农药、造纸、印染、搪瓷和医药等各部门也是必不可少的。烧碱主要用于化工、冶金、石油、染色、造纸以及人造丝和肥皂的加工。总之，它们涉及国民经济各个部门和人们的衣、食、住、行的各个方面。

　　我国的井矿盐产区主要分布于湖南省的湘衡盐矿；湖北省的盐矿资源极为丰富，已成为我国盐和盐化工的主要生产基地之一，在云梦、应城、天门和潜江分布有第三系特大型岩盐矿床和地下卤水矿床。应城享有"盐海"的盛誉，其生产的原盐除销往广西、贵州、黑龙江、吉林、辽宁、河南、安徽、江西和上海等省市区外，还远销日本、马来西亚等国家。河南省有桐柏县吴城盐碱矿、叶县盐矿，并在濮城、文留一带发现第三系特大型岩盐矿床——濮阳盐矿。江西省有清江盐矿和会昌县周田盐矿等，已成为我国新兴的盐生产基地之一。

　　运城盐池是全国有名的产盐地之一。池盐颗粒大，色洁白，质地纯净，含芒硝和镁元素较多，不但可供人食用，而且是化学工业、轻工业和制药工业的重要原料。用池盐腌制的酱菜，色正味美，久存不腐。

　　我国已发现大小盐湖 1 000 多个，主要分布在青海、新疆、内蒙古和西藏等西部省区，全国已探明的食盐储量近 1 000 亿 t。青海省柴达木盆地东部的茶卡盐湖（储量 4.4 亿 t）、柯柯盐湖（储量 10 亿 t）闻名遐迩，盛产大青盐，氯化钠含量均在 90% 以上，是化工用盐、食用盐的理想生产基地。

拓展知识链接

　　中国西部，何止天空之镜！
　　　　——内流湖的一生

星球研究所出品

知识点 3　制糖工业布局

　　食糖既是日常生活的必需品，又是食品工业的基础原料。目前，我国的糖产区主要分布在广东、广西、云南、海南和内蒙古 5 省区，其糖产量占全国总产量的 95% 以上。我国的制糖原料主要有甘蔗（见图 3-4）和甜菜（见图 3-5）两种。近年来，甘蔗糖的产量已占到食糖总产量的 90% 以上，主要产地有广东、广西、云南、福建、海南和四川等省区。大型制糖中心分布在广东省的中山、顺德、番禺、江门和东莞；广西壮族自治区的桂平、南宁和邕宁；四川的内江县和资中县。

图 3-4　甘蔗林

图 3-5　甜菜

　　我国甜菜糖主产于内蒙古、新疆、黑龙江、吉林等省区。2018—2019 榨季，内蒙古甜菜糖产量占国内甜菜糖总产量的 49.04%，新疆占比 41.68%。从全国范围看，内蒙古糖产量占全国食糖总产量的 6%，位列第四。大型的制糖中心分布在黑龙江省的哈尔滨、佳木斯、阿城区和齐齐哈尔；内蒙古的呼和浩特和包头；吉林省的吉林市和范家屯；新疆的石河子和呼图壁（芳草湖）和伊宁等地。

知识点 4　烟草加工业布局

　　卷烟是我国食品工业的重要部门之一。通过推行"良种化、区域化、规范化"的生产技术，以及吸收国外先进的烟叶生产技术，我国烟叶的质量不断得到提高。2018 年，我国上等烟比例提到 66.36%，我国烟叶质量和生产技术水平达到或接近世界先进水平。

　　卷烟按制法不同，分烤烟、晒烟和晾烟三种。卷烟按生产过程不同，分复烤和制烟两个阶段。我国烤烟种植面积和总产量均居世界首位，主要分布于云南、贵州、河南、湖南、四川、湖北、福建、重庆等省市。云南、贵州、河南为我国烤烟产量大省。

　　我国的卷烟厂主要分布在一些邻近烟叶产地和消费集中的城市，如云南的昆明和玉溪；贵州的贵阳和贵定县；河南的许昌和郑州；安徽的芜湖和蚌埠；湖北的武汉；东北的沈阳、营口、长春和哈尔滨等。目前，我国著名的卷烟产地和品牌有上海中华烟、熊猫烟，云南玉溪市红塔山烟、玉溪烟、红梅烟，云南昆明云烟，云南弥勒红河烟，湖南长沙白沙烟，湖南常德芙蓉王烟，浙江杭州利群烟等。随着国民健康意识的提升以及控烟力度的加强，近几年卷烟产销量均出现下滑。

知识点 5　酿酒工业布局

酿酒业是一个古老而富有生命力的行业，酿酒工业遍布全国。随着经济的发展和生活水平的提高，人们对酒类饮料的需求也日益增加。酿酒工业一般以粮食、薯类和水果为原料，原料来源广泛，同时还要考虑水质因素。

我国的白酒生产历史悠久、工艺独特。贵州仁怀市茅台镇茅台酒、山西汾阳市杏花村汾酒、四川泸州老窖特曲酒、陕西西凤酒、四川五粮液、四川成都全兴大曲酒、安徽亳州古井贡酒和贵州遵义董酒等为我国八大名白酒。另外，江苏双沟大曲酒、湖南德山大曲酒、广西全州湘山酒、桂林三花酒和锦州凌川白酒等也是我国的优质白酒。

我国的酿酒葡萄生产正在朝着区域化、基地化和良种化的方向发展，全国形成了吉林通化、环渤海湾产区、怀涿盆地、山西清徐、宁夏银川、甘肃武威、新疆吐鲁番、新疆石河子、云南弥勒以及黄河故道等著名产区。环渤海湾的河北昌黎、卢龙、抚宁和唐山，天津的滨海新区、蓟州区和山东半岛的烟台、大泽山等地是我国的优质酿酒葡萄产地，我国著名的张裕、长城和王朝等葡萄酒厂都在这个产区，环渤海湾产区的葡萄酒约占我国葡萄酒产量的 2/3。

啤酒中含有人体需要的丰富的氨基酸和多种维生素，可助消化。目前，我国啤酒业集中度逐步提升，销售规模持续增长，市场呈现出华润和青啤、燕京"三足鼎立"的局面。

今后，我国酿酒业生产将以市场需求为导向，以节粮和满足消费为目标，要积极实施"四个转变"，即普通酒向优质酒转变，高度酒向低度酒转变，蒸馏酒向酿造酒转变，粮食酒向水果酒转变。我国将重点发展葡萄酒和水果酒，积极发展黄酒，稳步发展啤酒，控制白酒总量。

知识点 6　饮料工业布局

按照国民经济统计分类标准，我国饮料行业分为：碳酸饮料、瓶（罐）装饮用水、茶饮料、果汁及果菜汁饮料、功能饮料、含乳饮料、凉茶和植物蛋白饮料等。随着人们健康意识的逐渐增强，消费者对于高含糖量、高热量饮料的偏好度持续走低，低糖、低添加剂、更天然是未来饮料消费的主流趋势。2018 年全国饮料产量前十的省份分别是广东省、四川省、湖北省、浙江省、河南省、陕西省、福建省、贵州省、江苏省和吉林省。其中，广东省饮料产量位居全国第一，占全国饮料总产量的 19.14%。

知识点 7　乳制品加工业

乳制品包括液体乳、乳粉、干乳制品和其他乳制品等。我国液体乳主产省区有河北、内蒙古、黑龙江、江苏、安徽、山东、河南、四川、陕西和宁夏等。此外，天津、河北、内蒙古、黑龙江、山东、湖北、广东和陕西等地区为我国主要干乳制品产区。

（1）全班同学分组在超市进行粮食制品、盐、茶、烟、酒以及罐头、糖果、糕点、肉类和乳类产品的调查，了解其产地在何处，有何分布规律。

（2）在网上搜集资料，了解你所在的省、市有哪些食品工业企业以及主要生产哪些产品。

综合知识模块三 ▶ 造纸工业

知识点 1　我国造纸工业的概况

造纸工业是资金、技术和能源较密集的基础原材料工业，在国际上被公认为是"永不衰竭"的工业，在一些经济发达的国家，造纸工业已成为其国民经济的支柱产业之一。造纸工业主要分制浆和造纸两大部分，制浆是造纸的原料工业，其中纤维原料是造纸纸浆的重要组成部分。我国造纸行业通过引进先进技术装备并与国内自主创新相结合，部分造纸企业已成为现代化的造纸企业，步入世界先进造纸企业行列。目前我国已成为全球纸制品产销大国，造纸总产量和消费量已经跃居世界首位。自 2013 年以来，我国已成为全球生活用纸产量最大的国家。

作为全球最大的废纸进口国与纸浆进口国，我国造纸行业需要的废纸、纸（木）浆等原材料一直处于供不应求的状态。虽然我国纸浆制造业中木浆的产量逐年上升，但目前仍然是废纸浆占主导地位。2018 年，全国木浆消耗量占纸浆消耗总量的 35%，进口木浆占纸浆消耗总量的 23%，国产木浆占纸浆消耗总量的 12%；废纸浆占纸浆消耗总量的 58%，其中进口废纸制浆占 16%、国产废纸制浆占 42%；非木浆占纸浆消耗总量的 7%。

我国纸产品的种类有生活用纸、包装用纸、工业用纸、办公用纸、新闻用纸、印刷用纸、箱板纸、特种纸、纸板和纸品等。

📁 **资料卡**

广东的造纸工业

2019 年，广东省纸及纸板产量为 2 223 万 t，占全国纸及纸板产量的 17.76%，连续 3 年居全国首位；广东是全国造纸及纸制品业进出口贸易的最大窗口；广东造纸及纸制品产业集群已形成优势区域。广东造纸工业发展的战略定位是：巩固国内市场及出口的领先地位，进一步促进产业升级，实现规模化、功能化和多样化，继而成为品种齐全的全球性及国内最大的生产基地和出口基地。

知识点 2　造纸工业布局

21世纪以来，随着我国国民经济持续、快速发展，人们对物质文化需求水平的日益提高，特别是国内出版、印刷、包装、装潢等行业的巨大变化，带动了我国造纸行业的快速发展。造纸行业按产品用途的不同可分为新闻纸、文化用纸、包装用纸、生活用纸和特种纸行业。造纸行业分类见表3-1。

表 3-1　造纸行业分类

分　类	概　　述
新闻纸	主要用于报业
文化用纸	主要用于印刷出版业，包括涂布纸和未涂布纸两类，涂布纸又包括铜版纸、涂布白纸板等
生活用纸	指为照顾个人居家、外出等所使用的各类卫生擦拭用纸
包装用纸	主要用于包装业，通常有白纸板、箱纸板和瓦楞原纸等品种
特种纸	常见的主要有电容器纸、卷烟纸等

目前我国造纸行业生产集中度已越来越高，初步形成了环渤海地区、珠江三角洲和长江三角洲三大造纸区域，东部地区已成为我国造纸工业生产的主要基地。根据我国造纸协会调查资料，2018年，我国东部地区11个省（区、市）的纸及纸板产量占全国纸及纸板产量的74.2%；中部地区8个省区占比16.3%；西部地区12个省（区、市）占比9.5%。

从省份上看，广东、山东以及浙江为主要产区。2018年，广东、山东、浙江、江苏、福建、河南、湖北、安徽、重庆、四川、广西、湖南、天津、河北、江西、海南和辽宁17个省（区、市）纸及纸板产量均超过100万t，产量合计10 047万t，占全国纸及纸板总产量的96.28%。

随着数字时代的到来，报业受到了前所未有的冲击，导致新闻纸的需求量持续下降，部分新闻纸生产企业转产、停产，新闻纸产量大幅缩减，目前全国仅有华泰纸业、广州造纸集团、山东金海洋纸业、山鹰纸业四家新闻纸生产厂家。新闻纸主产于广东、河北、山东和安徽等地。受制于国内木材资源稀缺和巨大的环保压力，近十年来，我国新闻纸生产原料主要是从国外进口的废纸。

生活用纸是指为照顾个人居家、外出等所使用的各类卫生擦拭用纸，包括卷筒卫生纸、抽取式卫生纸、盒装面巾纸、手帕纸、餐巾纸、擦手纸、湿纸巾、厨房纸巾等。我国生活用纸行业使用的纸浆主要为木浆、竹浆、草浆和再生纸浆，其中生产高档生活用纸所使用的纸浆为木浆（包括针叶浆和阔叶浆）。目前，我国生活用纸市场继续稳步增长，金红叶、恒安、维达、中顺洁柔等领先企业仍稳步扩产。我国四大生活用纸企业及生产基地见表3-2。

表 3-2　我国四大生活用纸企业及生产基地

造纸企业	生产基地
金红叶纸业	在天津、沈阳、成都、武汉、福州、广东、海南、青岛等地建有加工基地，并设有遍布全国的营运销售网络，目前年产生活用纸原纸 80 万 t，成品加工年产 60 万 t。旗下品牌主要有清风、唯洁雅、真真等
恒安纸业	在湖南常德、山东潍坊和福建晋江成立了三大造纸基地，在重庆、辽宁抚顺、山东潍坊、福建晋江、湖南安乡成立了五大纸品加工基地，在新疆昌吉市建有西北地区最大造纸基地。使用进口原生木浆为原材料，主要生产经营心相印和柔影品牌的中高档系列生活用纸，如卷筒纸、面巾纸、手帕纸、湿纸巾、印花餐巾纸、成品原纸、宾馆酒店的各类卫生用纸等
维达纸业	在国内主要城市建有十大先进生产基地，在马来西亚建有两大生产基地，在澳大利亚建有一间后期加工工厂。销售网络遍布国内、东南亚、欧洲及大洋洲等地，拥有维达、得宝、多康等主要品牌
中顺洁柔纸业	在广东江门和云浮、四川成都、浙江嘉兴、湖北孝感、河北唐山建有六大生产基地，销售网络辐射华南、西南、西北、华东、华中、华北、东北和港澳等区域。在全国拥有 1 500 多个经销商，产品覆盖全国，并远销东南亚、中东、澳大利亚、非洲等海外市场

纸包装是目前市场上应用最为广泛的包装，主要用于食品、烟酒、快递、电子电器、日化用品等终端消费行业，应用领域广泛。根据下游客户的需求，包装纸产品又可以被细分为三类：第一类是易携带、较轻薄，主要应用于日化用品与快消食品等领域的轻型包装；第二类是强度高、缓冲性能好，主要应用于家电等工业领域的重型包装；第三类是做工精致、图案精美，针对高端客户群，主要用于礼盒、奢侈品、高档烟酒等产品的精品包装。包装用纸如图 3-6 所示。2018 年，我国包装用纸行业产能排名前四位的造纸公司分别是玖龙纸业、理文造纸、博汇纸业和山鹰纸业。

图 3-6　包装用纸

📚 小知识

纸 质 包 装

在现代包装的四大材料（纸、塑料、玻璃和金属）中，纸是比较具有发展前景的绿色包装材料。目前，越来越多的食品包装一般都采用纸盒、纸袋、纸筒和纸罐等各类纸质容器。纸质包装具有多功能性，如具有防潮、保鲜、保温、杀菌和防腐等各种功能，能更好地保护和保存食品。我国包装纸的发展方向是高强度、低克重和多功能，以满足包装使用高强度的需要；发展中、高档纸箱产品，重点是彩色瓦楞纸箱，以适应国内外对纸箱的需要；发展蜂窝制品包装新技术、新产品，以逐步替代木制品包装。

知识点 3　造纸工业的发展

我国的纸制品总量中，80% 以上作为生产资料用于新闻、出版、印刷、商品包装和其他工业领域，不足 20% 用于人们直接消费。造纸产业关联度强，市场容量大。造纸行业的产业链从上游到下游依次可划分为制浆、造纸和纸制品应用，造纸行业已成为我国国民经济发展的新的增长点。

从 2008 年开始，我国实现了纸张生产总量与消费总量的基本平衡，彻底告别了纸张长期依靠"洋纸"的时代。目前，我国生产的纸张品种已达数百种，基本满足国内市场需求。近十年来，我国现代的造纸工业已经发展成技术密集型产业，正向信息化、数据化、智能化方向发展。

我国是纸浆消费大国，纸浆制造行业发展有较为悠久的历史，产业技术较为成熟。自 2010 年开始，我国造纸行业一直处于产能过剩状态。近几年造纸行业通过供给侧改革，初步化解了产能过剩危机。

活动建议

（1）在超市进行生活用纸的调查，看看生活用纸有哪些种类，有哪些品牌，出产于何地，是哪些企业的产品。

（2）在网上搜集资料，了解你所在的省、市有无造纸企业，有哪些主要的纸制品消费企业。

（3）若你所在的省、市有造纸企业，了解其造纸原料来源、主要纸制品品种和生产状况。

综合知识模块四　日用品工业

知识点 1　我国日用品工业的概况

日用品工业涉及领域庞杂，关系到人们生活的各个方面，目前我国已经形成完善的日用品工业生产体系。日用品工业主要包括日用机械、小家电、塑料制品、家居用品、餐具、厨具、玩具、箱包、小五金、日化和卫浴用具等产品。随着我国经济的发展，人民生活水平的提高，大力开发日用品的新品种和新功能，不断满足人们对日用品的花色品种、功能的需求是日用品工业发展的主要方向。

> **💡 想一想**
>
> 日常生活中，我们每天都使用哪些日用品？都产于何地？

知识点 2　日用机械工业布局

近年来，我国自行车行业发展迅速。目前，我国可以生产全球市场需求的各种规模、型号、档次、材质和款式的自行车，已成为世界自行车的生产和输出基地。我国自行车生产分布呈广东和深圳，江苏、浙江和上海，天津和河北三足鼎立之势，其中以广东和深圳的出口能力最强。目前，天津、广东、浙江、江苏和上海是我国自行车生产、出口五大产业基地。我国不仅是自行车生产大国，也是自行车出口大国。2016 年，我国自行车出口量占生产总量的 87.03%，为近五年最高。近年来，我国自行车产量一直在 5 000 万～ 6 000 万辆左右波动，起伏不大，其中约 2/3 的自行车都用于出口。我国自行车主要出口市场为美国、日本、印度尼西亚、韩国等国家。

> **议一议** ▶
>
> （1）日用机械工业生产有何特点？日用机械工业产品消费有何特点？
>
> （2）随着技术的进步、智能化的发展以及替代品的出现，人们对自行车、缝纫机和钟表等产品的需求有何变化？其生产品种及生产量的比例有何发展趋势？

电动自行车因其动力强劲、爬坡力度强、载物空间大等特点也受到了消费者的青睐。目前，我国已经成为电动自行车生产大国，天津、无锡、台州以及广东部分地区依托区位优势和制造优势已经成为我国电动自行车产业最为集中之地。电动自行车主要出口市场为荷兰、德国、意大利、越南等国家。

2016—2018 年，共享单车迎合了人们对短途出行的需求，使处于"夕阳期"的自行车产业重新振作。目前，全国共享单车的生产工厂主要集中在以天津为中心的渤海湾、以上海和江苏为中心的长三角、以深圳和广州为中心的珠三角地区。随着共享单车热潮的消退，近年来我国运动自行车的销量激增，自行车消费高端化趋势明显，产品附加值提升，不断满足消费升级的需求。

到 21 世纪初，全球 70% 以上的缝纫机出自我国。目前，我国缝制机械行业已经形成了完整的产业链，规模和产值都位列全球第一，产品出口到全球 170 多个国家和地区。普通家用缝纫机生产主要集中在浙江缙云。多功能家用缝纫机生产随着兄弟、重机、伸兴、积家等企业近年来不断向越南等国家转移，使得国内多功能家用缝纫机的生产规模急速下降，2017 年国内的总产量仅为越南产量的 1/3。江苏是全国最大的中厚料缝纫机生产基地、最大的台板生产基地、最大的机针生产基地，已初步形成了一个以扬州、靖江和南通为中心的旋梭产业带。浙江台州椒江区缝纫机及相关的服装机械、织布等企业集群，成为全国最大的缝纫机生产基地和出口基地。

我国钟表行业经历长期粗放式发展后，近年来产量持续下降，供给体系总体上表现为低端产能过剩、中高端产能不足。2018 年我国钟表产量为 2.7 亿只，其中，钟的产量为 1.33 亿只，表的产量为 1.37 亿只。

我国钟表行业发展至今，共形成福建、广东、山东、浙江、河北、天津 6 个主要钟类产区。其中，福建省钟类产品产量占全国总产量的 84%，并保持增长趋势；同时，我国还拥有 11 个主要表类产区，分别为广东、福建、天津、山东、河北、浙江、上海、湖南、广西、重庆、云南。其中，广东省表类产品产量占全国总产量的 85%，福建省占比 11%。同时，随着技术的进步、智能化的发展以及"互联网＋"的出现，钟表的功能也发生了变化，替代品也层出不穷。钟表的需求出现了由中低端消费向中高端消费升级、由传统消费向新型消费升级的趋向。钟表的高端奢侈品生产与销售呈增长趋势。

知识点 3　日用家电工业布局

家电产品一般分为家用电器产品和家用电子产品两大类。家用电器类产品包括电冰箱（柜）、洗衣机、空调、电风扇、微波炉、燃气具、吸尘器、电饭锅和电熨斗等；而家用电子类产品则包括电视机、电子钟、家用电子计算机、电子玩具、电子乐器、家用电子通信设备、组合音响等。家电行业是典型的组装制造业，具有规模效益显著、生产集中度高、劳动密集程度高等特点。

近年来，我国国民收入水平逐年提高，小家电产品成为高生活品质的象征，以厨房小家电为主的电饭锅、电磁炉、电压力锅、电热水壶、豆浆机等产品的需求量迅速增加。随着互联网技术的发展，家电产品在环保节能、安全健康的基础上，在产品的智能化、功能性和个性化等方面将进一步满足消费者的需求。

目前，我国形成了珠江三角洲、长江三角洲和环渤海经济圈三个家电制造集群，我国生产的电冰箱、洗衣机、空调和微波炉等家用电器类产品品种已达到 120 多种，名牌家电企业市场份额仍保持较高的市场优势，如图3-7所示。浙江慈溪、广东顺德和山东青岛为我国三大家电生产基地。据2018年四大家电生产量统计，彩电产品最大的省份是广东省，约为全国彩电总产量的48.1%；其次是安徽省，约为全国彩电总产量的8.6%；之后是江苏省，约为全国彩电总产量的8.3%。空调产量最大的省份是广东省，约为全国总产量的29.2%；其次是安徽省，约为全国总产量的14.89%；之后分别是湖北省、重庆市、浙江省、河南省等。冰箱产量最大的省份是安徽省，约为全国总产量的32.67%；其次是广东省，约为全国总产量的20.55%；之后是江苏省。洗衣机产量最大的省份是安徽省，约为全国总产量的28.6%；其次是江苏省，约为全国总产量的25.1%；之后是浙江省和广东省。

图3-7　家电市场

随着网络技术、IT技术的发展，智能控制、红外线感应、全球定位系统、射频自动识别、自动扫描、物联网等一系列新技术手段逐渐融入智能家电产品的设计和生产中，家电的智能化、高端化已成为发展的新趋势。

知识点 4　日用陶瓷工业布局

21世纪以来，我国的陶瓷制造行业进入了一个稳定发展时期，陶瓷行业企业数量和陶瓷制品的产量都有了巨大的增长，我国的陶瓷总产量位居世界第一位，已成为世界上最大的陶瓷生产国和出口国，日用陶瓷商品出口遍及160多个国家和地区。陶瓷品种包括日用瓷、建筑瓷、卫生瓷、艺术瓷和工业瓷等五大类。日用瓷包括碗盘、杯匙、锅和罐等；建筑瓷包括壁砖、地砖、马赛克面砖、窑烧花岗石面砖和琉璃瓦等；卫生瓷包括各式的马桶、便斗、浴盆、面盆和水箱等；艺术瓷则包括花瓶、雕塑品、陈设品、器皿、相框、壁画等；工业瓷包括电阻、电容器、陶瓷基板和结构陶瓷等。传统的陶瓷制品以天然矿物为原料，具有规模数量大、资源消耗大和市场大等特点；高新陶瓷制品以化工原料为原料，使用传统陶瓷生产工艺技术制作陶瓷产品，具有高性能、高技术和高附加值等特点。

　　我国的陶瓷产业历史悠久、基地众多，生产规模较大的有河北唐山、广东佛山和潮州、福建德化、山东淄博、湖南醴陵、江西景德镇、浙江龙泉和江苏宜兴等陶瓷名城。我国各个陶瓷产区的产品各具特色，如唐山生产的骨质瓷和卫生洁具水平最高、规模最大；佛山墙地砖产销量约占全国总量的一半；潮州生产的日用瓷（见图3-8）、艺术陈设瓷的出口量居全国前列；福建德化的白瓷，莹白而带透明感，生产的佛像相当有名；山东淄博的黑瓷，风格朴实，是北方一带的生活用瓷；景德镇生产的艺术瓷工艺精良、历史悠久，其瓷器一直以"薄如纸，声如磬"而闻名于世。

图3-8　日用陶瓷出口生产园区

　　我国是建筑陶瓷的最大生产国，但产业集中度较低，建筑陶瓷整体呈现"大市场，小企业"的竞争格局。我国建筑陶瓷工业主要集中在"三山"地区，即河北的唐山、山东的博山和广东的佛山。

活动建议

　　在附近商场调查各类家用日用机械、家用电器都是什么品牌的，都出产于何地，写出调查报告。

第四单元

重工业物流地理

本单元学习导引图

我国重工业发展概述
- 我国重工业的发展
- 我国重工业的布局
- 影响重工业布局的因素

能源工业
- 能源概述
- 我国能源概况
- 煤炭工业
- 石油工业
- 电力工业

冶金工业
- 钢铁工业
- 有色金属工业

化学工业
- 我国化学工业的特点和布局要求
- 我国化学工业的布局

建材工业
- 建材工业的布局特点
- 我国建材工业的布局

机械工业
- 机械工业的特点和布局要求
- 我国主要机械工业部门的布局

电子工业
- 我国电子信息产业概况
- 电子工业的生产特点和布局要求
- 我国电子工业的主要布局

重工业物流
- 物流与重工业的关系
- 煤炭物流
- 水泥物流
- 化工物流

（重工业物流地理）

学习目标

→ 了解我国重工业的发展和布局情况。

→ 了解各类重工业，如能源工业、冶金工业、化学工业、建材工业、机械工业和电子工业的发展现状，重点掌握布局要求和分布情况。

→ 理解重工业与物流业发展的关系。

→ 了解我国目前重工业物流的现状和前景，重点掌握主要重工业产品物流的特点。

重工业是以生产生产资料为主的工业部门，虽然它不像农业和轻工业那样贴近人们的日常生活，但它同社会各类产业密不可分。没有了重工业，也就没有了煤、电、钢铁、车辆、建筑物、公路和桥梁等。这样的社会是不可想象的。重工业为整个社会提供能源、原材料和技术装备等资料，是社会生产的重要支持，也是农业、轻工业发展的基础和前提。因此，重工业在国民经济中占据举足轻重的地位。一个国家重工业的发展规模、部门结构和技术水平等往往代表着这个国家的生产力发展水平和发达程度。

与第一产业的单一性、第三产业和轻工业的复杂多样性不同的是，重工业是由汽车、机械和钢铁等有限的几个大行业构成的，与之形成密切的前向和后向联系的还有煤炭、电力等几个大行业。总的来说，重工业主要包括：能源工业、冶金工业、化学工业、建材工业和机械制造业等，如开采石油、开采矿石、冶金、炼焦、化工、水泥、电力、金属结构、农用化肥和农药等产业。

议一议

全社会包括哪些类型的产业？重工业和轻工业之间存在什么样的联系？

综合知识模块一 我国重工业发展概述

知识点 1 我国重工业的发展

我国重工业在新中国成立前极为薄弱，分布也极不平衡。新中国成立后，为了尽快增强我国的经济实力和国防实力，在很长的时间内，我国推行"以重工业为主"的工业发展方针。在不到半个世纪的时间内，建立起了总量巨大、部门齐全、布局平衡的重工业体系，它们基本上保证了我国国民经济、社会发展以及国防现代化的需要，成为了日益强大的综合国力的坚实基础。

目前，我国已成为世界重工业生产大国，特别是能源和主要原材料工业的生产规模已位居世界前列。我国生产的工业品已经大量出口到亚、美、欧、非以及大洋洲等众多国家和地区。

近年来，在市场机制起主导作用的背景下，我国重工业在轻工业发展的基础上开始了新的大发展。有关政府机构提出：我国正处于重工业加速发展的工业化中期阶段。汽车、机械、钢铁、煤炭、电力、建材和化学工业发展兴旺，对经济增长的带动作用逐步加强。目前我国工业对经济增长的贡献率有近 3/4 来自重工业。

📁 资料卡

我国能源发展面临的主要问题

（1）能源非绿色开发利用的环境负外部性。传统粗放式的能源开发和未清洁化、未优质化利用引起的生态环境问题（负外部性）突出，如煤炭开发引发的地表沉陷、水资源流失、固体废弃物堆存等问题。万吨煤开采损伤土地 $0.2hm^2$ 左右，煤炭开发每年破坏地下水资源约 70 亿 t；陆上石油开发一定程度上降低地下水位，存在影响水质的风险；化石能源未优质化利用带来的大气污染问题突出。

（2）温室气体减排面临巨大压力。目前我国的能源结构仍然以化石能源为主，碳排放量较大，必须加快构建以低碳能源为主的能源供应体系，节能减排，努力争取 2060 年前实现碳中和。

（3）能源利用效率总体偏低。我国单位 GDP 能耗是世界平均水平的 1.4 倍，提升能源利用效率更为迫切。

（4）能源安全形势依然严峻。2018 年我国石油对外依存度达 69.8%，天然气对外依存度达 45.3%，成为最大天然气进口国。

当前推动我国重工业发展的主要动力如下。

（1）经济全球化和国际化的发展，使我国重工业逐步扩大了对世界资源和国际市场的利用。我国重工业产品在国际市场上的份额日益增加。加入 WTO 后，我国重工业加快了对外开放的步伐，外商投资越来越多地流向重工业。

（2）市场机制在我国重工业的发展方向、发展结构和宏观布局中开始发挥主导作用。改革开放前，重工业发展主要靠政府计划强制推动，随着改革开放和社会主义市场经济的逐步确立，这种状况已大大改变。虽然还存在着一些地方政府热衷于以政府计划的方式发展主导产业和调整产业结构的现象，但市场机制已逐步成为产业结构调整的主导力量。

（3）我国正成为世界制造业中心，这为重工业的发展提供了支持。与英国、美国和日本等世界制造业强国相比，我国还有很长的路要走，但我国的工业竞争力已显著增强。由于制造业大部分为重工业，因此向世界制造业中心迈进的过程也就是重工业大发展的过程。

（4）生活水平的提高改变了居民的消费结构，住宅、汽车等产品进入大众消费时期，由此引发了钢铁、水泥和电解铝等基础原材料的投资热潮；城市化进程为重工业的发展提供了空间集聚条件；同时，轨道交通、机场、港口、高速公路和城市其他基础设施的跟进对重工业的发展形成了巨大的拉动作用；正在发生的新技术革命也为我国重工业的发展增加了科技含量。

能源和其他重要资源的供给约束日渐成为重工业发展的"瓶颈"。重工业具有高耗能、高耗材、污染大的特点，其高增长率使我国原油、铁矿石等重要资源只能依赖进口，造成了很大的资源供给压力和环境问题。目前，我国面临的挑战是能否尽快转变原有粗放型的增长模式，形成节约资源的体制和机制。今后，我国重工业在发展中必须更加重视资源因素和环境保护，注重改进工艺技术，改善管理，提高资源利用效率，实现节能降耗、循环利用的节约型重工业模式，努力走出一条资源节约、技术推动、内外结合、效率提高和环境美好的新型重工业发展道路。

知识点 2　我国重工业的布局

针对重工业发展地区布局的不平衡问题，我国政府付出了巨大的努力，也取得了一些成效。如在 20 世纪 70 年代前期，在重工业的布局上，有意识地将建设重点向内地倾斜。70 年代中期，随着政策的放开，我国开始对外引进项目，东部地区以其在地理位置、自然资源和交通等方面的优势，使得我国重工业布局逐渐由内地向东部特别是沿海发达区域转移。70 年代末，在十一届三中全会精神的指引下，我国的经济发展发生了重大转折，重工业布局迎来巨变：东部沿海地带的投资比重不断增加，经济持续高速增长；中部则成为能源、原材料建设的重点地区，西部地区也得到了开发，但在总体上，沿海地区与中西部地区经济发展的差距进一步扩大。沿海地区发展的重点是经济特区、开放城市和经济开发区。目前，我国现代工业特别是加工工业和高新技术工业仍然在朝沿海地区和内地少数城市聚集。

虽然国家采取了许多措施来改变重工业布局的不平衡局面，但由于我国客观上存在着三大自然区、地势的三大阶梯以及各地区千差万别的自然资源、自然条件和地理区位，重工业发展的地域差异仍然很大。如何协调发展效率和地区布局的关系，从而达到各地共同发展的目的，也是我国现阶段面临的一大战略问题。

当前，我国重工业的宏观格局和地区分工大致呈现以下态势。

（1）全国范围内的重工业布局更趋于合理。重工业增长的框架结构大体上是"T"字形的格局，即沿海和长江沿岸两个大的地带。以长江三角洲、珠江三角洲、环渤海经济带和东北老工业基地为代表的区域经济日渐成型。

（2）沿海地区在加强能源、钢铁、石油化工、机械制造、汽车和造船等重工业的同时，大力发展了电子、家电和通信等新的工业部门和行业，在出口重工业品的生产方面有了大幅度的增加。

（3）长江沿岸地带重点加强了钢铁、汽车、石油化工以及轻型加工制造的生产。长江将全国三个工业、城市和人口聚集地区，即以上海为中心的长江三角洲地区、武汉地区和重庆地区连接在一起，促进了我国东中西三个地带之间社会经济的合作和协调发展。

（4）各种类型的经济技术开发区、高新技术园区以及沿海地区的经济特区等，成为各地区经济的主要增长点，也是技术创新的主要基地。

（5）西北和西南的广大地区，特别是能源富集地区，重点发展的是能源开发。主要是陕甘宁地区的天然气，晋陕蒙地区的煤炭，黄河上游、长江上游主要支流和红水河的水能。其次是发展了一批基础原材料的生产，其中包括武钢和攀钢等钢铁厂的扩建。在水能比较丰富的地区新建和扩建了一批有色金属的冶炼和加工厂等。

💡 想一想

我国东、中、西部地区的重工业发展各自有哪些特色？这些特色是怎样形成的？

知识点 3　影响重工业布局的因素

影响我国重工业布局的因素是非常复杂的，大致可以总结为以下五个方面。

1. 自然因素

自然因素包括矿产资源、能源资源、水资源、地势、土地、天然航道与港湾、气候等。它们是重工业生产赖以生存的基础，是进行重工业布局时首要考虑的因素。

自然因素对人类重工业生产和布局的影响程度，一般情况下随着社会经济的发展而有所变化。在社会经济和技术还不发达的情况下，重工业布局较多地受自然因素的影响；随着技术水平的提高，人们可以在一定程度上摆脱自然因素的局限。

2. 经济与技术因素

经济与技术因素包括经济技术水平、协作条件、基础设施能力、市场条件以及金融环境等。经济技术因素对工业发展和布局的影响往往是通过集聚效果和规模经济的原理而发挥作用的。例如，高速公路、巨型运输机械和集装箱运输的出现，在很大程度上改变了重工业的发展和布局；市场条件对重工业布局的作用也不可忽视，在建立企业时，往往先要调查市场、分析市场。

3. 社会发展要求与决策者的意识

这方面因素包括促进地区的平衡发展，特别是边远穷地区经济的繁荣，以及保护生态环境和国防军事等方面的要求。作为决策者，常常面临如何处理经济效益和社会效益之间的关系问题。在今后的一段时期内，在重工业的宏观布局中，更要重视落后地区的开发以及人口密集区环境的保护。

4. 运输因素

寻找较小的运费方案是工业布局合理化的重要目标之一。只有运输才能把企业与原料地、燃料地、消费市场和修理基地等联系起来。我国幅员辽阔，资源、人口、经济基础及城市在空间分布不均衡，重工业的发展需要更多的运输支持。但不同行业对运输的依赖程度有很大的差异，一些新型的运量较小、运费成本比重较低的电子工业、精细化工，其布点则会更多地取决于市场、技术、信息及投资来源。

5. 地理区位因素

地理位置，包括自然地理和经济地理位置两个范畴。前者指气候、地形、天然港湾和航道、矿产资源和生物资源分布等自然要素；后者指地区与经济发达区、港口和交通线、大城市和商贸中心的空间关系。我国重工业的宏观布局主要受自然地理位置的影响，但经济地理的作用正在上升。

以上诸多因素交织在一起，共同决定着国家、区域和具体地点工业的发展和布局。在决策实践中，往往只有一两个因素起着主导作用，其他因素则起着辅助和平衡的作用。

在具体布局时，要根据各工业部门产品的生产流通和消费的不同特点，以及各地自然资源及其组合特点而采取不同的布局方式。例如，京津唐地区水资源缺乏，就不宜布局高耗水工业部门。具体布局时一般可采用以下两种布局模式。

（1）采掘、冶炼和金属加工在地区分布上的结合。冶炼工业原料来自采掘工业，产品又供往金属加工工业，运输量都比较大，所以最好将这些部门在一个地区成组布局。

（2）接近三地，即产地、燃料动力供应地和产品消费地。供应燃料或动力的部门，应接近产品消费地；使用燃料和动力的部门应接近燃料和动力的产地。在实际进行工业布局时，往往很难同时做到"三接近"，这就要求考虑实际情况，有所侧重。

活动建议

查阅有关资料，了解某一地区重工业布局的条件并对其进行分析（例如，北京布局电子工业条件分析，沪宁杭工业区形成条件分析和武汉布局钢铁工业条件分析等）。

综合知识模块二　能源工业

知识点 1　能源概述

人们无时无刻不在耗费着能源，比如照明用的光能、取暖用的热能、发动机器的动力能和驱动汽车用的汽油等。这些能源很多是从电能、火力转化而来的，而电能、火力又常常来自于煤炭、石油和天然气这些天然物质，或水力、风力这些天然动力。这些能为人们提供大量能量的物质或自然过程称为能源。目前，人类已开发利用的能源类型有：煤炭、石油、天然气、水力、风力、核能、潮汐能、地热和太阳能等。能源是发展国民经济和保障人民生活的物质基础。能源的总消耗量和人均消耗量是衡量一个国家和地区经济发展水平的重要标志。

📁 资料卡

《中华人民共和国可再生能源法》

2005年2月28日，在第十届全国人大常委会第十四次会议上通过《中华人民共和国可再生能源法》。该法将通过鼓励包括风能、太阳能、水能、生物质能、地热能和海洋能等非化石能源的开发和利用，来改善我国目前的能源结构。2019年，我国非化石能源占一次能源消费总量的比重已达15.3%，为实现2030年该指标达到25%的目标奠定了坚实的基础。

以现成形式存在于自然界的天然能源，如煤炭和石油等，称为"一次能源"；由"一次能源"直接或间接转化为其他种类和形式的人工能源，如电、汽油和沼气等称为"二次能源"。人们当前普遍应用的煤炭、石油、天然气和水力等称为"常规能源"，而应用不久的核能和太阳能等称为"新能源"。此外，能源还可分为清洁能源和可再生能源。清洁能源是指排放物少，对环境影响小的能源，如水能、核能、太阳能和风能等；可再生能源是指原材料可再生，不会枯竭的能源，除了核能之外的清洁能源几乎都是可再生能源。今后，能源的发展利用方向是新能源、清洁能源和可再生能源。

💡 想一想

列举一些你日常接触到的能源类型。

可再生能源是最理想的能源，不会面临能源短缺问题，但受自然条件影响较大，如需要有水能、风能和太阳能资源（见图4-1和图4-2），而且投资和维护费用高、效率低、发电成本高。目前我国正在积极研究新技术，提高可再生能源的利用效率，使其在未来发挥越来越大的作用。

图4-1 风能：取之不尽的能源

图4-2 太阳能：前景广阔的绿色能源

知识点 2　我国能源概况

我国是世界能源大国，各类能源资源储量丰富。同时，作为世界人口最多的国家，我国又是最大的能源消费国。煤炭、石油和水能是我国的三大支柱能源，其他类型能源也都较为丰富。

我国能源的主要特点有：①总储量丰富；②质量较好，如拥有大量清洁可再生的水能资源，优质煤炭在总储量中所占比例较高；③勘探程度不高，我国的水能资源虽蕴藏量丰富，但利用率不高；④人均拥有能源较少，仅达到世界平均值的1/3。

我国能源在分布和消费上十分不均衡。我国有80%已证实的煤炭储量集中在华北和西北地区，70%的可开发水能资源集中在西南地区，85%的石油探明储量集中在长江以北的东部地区，而我国能源主要的消费地区在东部沿海一带。

近年来，我国大力推进清洁低碳、安全高效的能源消费体系建设。我国能源结构正由煤炭为主向多元化转变，能源发展动力正由传统能源增长向新能源增长转变，煤炭消费比重下降，天然气、电力等清洁能源消费比重逐步提高。清洁能源开发逐步形成从资源集中地区向负荷集中地区推进，集中与分散发展并举的格局。2018年我国能源生产结构如图4-3所示。

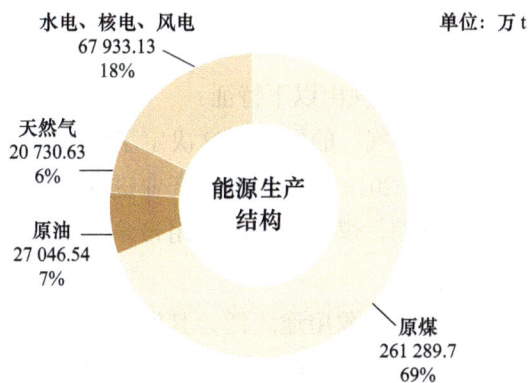

水电、核电、风电
67 933.13
18%

单位：万t

天然气
20 730.63
6%

原油
27 046.54
7%

能源生产结构

原煤
261 289.7
69%

图 4-3　2018 年我国能源生产结构

随着经济的发展，我国仍然是世界上最大的能源消费国，能源消费量在全球能源消费总量中占比24%，能源消费增长量在全球能源消费增长总量中占比34%。

我国是世界上少数几个以煤为主要能源的国家之一。近年来，石油、天然气和水电的比重有所增加，但煤炭仍占据主体地位。我国规划出的能源重点发展区域见表4-1，同时，我国还制定了能源的战略发展方向，主要包括以下几个方面。

表 4-1　我国能源重点发展区域规划

能 源 类 型	重点发展区域
煤　炭	山西、陕西、内蒙古、黑龙江和贵州
石　油	大庆油田、胜利油田、海上油田和新疆油田
天然气	四川、陕甘宁地区和新疆
水　电	主要分布在西南地区，以长江水系为最多，其次是雅鲁藏布江水系；然后是黄河、珠江水系

（1）以电力为中心，以煤炭为基础，加强油、气的勘探开发，充分利用水能，积极发展核电、地热、风能、太阳能和潮汐能等其他新能源和可再生能源。

（2）全面提高能源的利用效率，致力于提高能源开采、运输与加工各环节的效率。

（3）大量进口能源。例如，东南沿海等能耗大的地区，从国外输入油气比从北方远距离输送煤炭更为经济。

（4）完善能源输送体系。今后，我国北煤南运与西煤东运运输网线会更加完善，而石油、天然气的战略接替基地将在大西北对能源的运输要求进一步提高。

（5）加强能源科技研究，推行洁净煤计划，减轻环境压力。

💡 想一想

随着经济技术的发展，今后我国能源消费结构会有什么变化？

知识点 3 煤炭工业

一、我国煤炭资源概况

我国煤炭资源在生产和消费上呈现出以下特征：

（1）我国是"富煤、贫油、少气"的国家，这决定了煤炭将在一次性能源生产和消费中占据主导地位。据统计，2002—2013 年我国煤炭产业进入快速增长期，产量逐年提高；2014—2018 年煤炭产业进入调整期，煤炭能源的使用带来一系列环境问题，产量整体处于波动下降趋势。

（2）煤炭作为国民经济基础性能源用途广泛，其消费主要集中在火电、钢铁、建材、化工四大行业，四大行业煤炭的消费量占消费总量的比重分别为 54%、16%、13% 和 7%，合计占比高达 90%。

（3）整体来看，未来煤炭消费需求将持续受到抑制。2018 年以来，我国环保政策继续从严，以及近年来国家稳步推动清洁能源的发展，2019 年风电、核电等清洁电力消费增速保持较高水平，未来全国煤炭消费量将会持平或减少。

（4）我国煤炭供需逆向分布格局更加凸显。我国煤炭的供需将从分散型向区块化转变，而且这种逆向分布格局会越来越突出。未来，山西、陕西、内蒙古将成为我国煤炭货源的主要供应地，晋陕蒙变为主力煤炭生产区。

二、我国煤炭资源分布及煤炭工业布局

1. 煤炭资源分布

煤是我国目前分布最广、数量最多的一种矿产（见图 4-4）。我国煤炭资源总量丰富、分布广泛、品种齐全，大致分布趋势为"西多东少、北富南贫"。

自然资源部发布的《中国矿产资源报告 2018》显示，截至 2017 年年底，我国煤炭查明资源储量为 16 666.73 亿 t，若按照每年 50 亿 t 的使用量计算，煤炭储量足够使用 300 年。昆仑山—秦岭—大别山以北的地区，地理范围包括新疆、内蒙古、山西、陕西、宁夏、甘肃、河南的全部或大部，是我国煤炭资源集中分布的地区。我国南方地区的煤炭资源主要集中在贵州、云南、四川三省。

图 4-4 被称为"乌金"的煤炭

近年来，我国煤炭生产进一步向主产区集中。国家统计局数据显示，2019 年全国原煤产量（规模以上口径，下同）37.5 亿 t。在全国 25 个产煤省区中，内蒙古、山西、陕西、新疆、贵州、山东、安徽和河南 8 个省区年产量超过 1 亿 t。其中内蒙古产量为 10.35 亿 t，成为我国首个年产量过 10 亿 t 大关的省区。山西、陕西分列二、三位，产量分别为 9.71 亿 t 和 6.34 亿 t。福建、江西、广西、湖北和北京等五省（市、区）年产量不足 1 000 万 t。2019 年，晋陕蒙三省区原煤产量合计达到 26.4 亿 t，占全国原煤总产量的 70.5%。

2. 煤炭资源种类

我国煤炭资源的种类较多，至 2019 年，在现有探明储量中烟煤占 75%、无烟煤占 12%、褐煤占 13%。其中，原料煤占 27%，动力煤占 73%。

我国动力煤主要分布在华北和西北，分别占全国的 46% 和 38%。其中，内蒙古的储量最多，占全国动力煤储量的 32.52%，其次是陕西、新疆、山西和贵州，分别占比 18.42%、17.23%、12.61% 和 5.23%。炼焦煤主要集中在华北，我国主要炼焦煤矿区大约有 16 个，分布于山西的矿区有五个，包括西山古交、离（石）柳（林）、乡宁、霍东和霍州矿区。我国无烟煤主要分布在山西、贵州、河南和四川。

3. 煤炭工业布局

《全国矿产资源规划（2016—2020 年）》中提出重点建设 14 个大型煤炭能源基地，包括神东、晋北、晋中、晋东、蒙东（东北）、云贵、河南、鲁西、两淮、黄陇、冀中、宁东、陕北和新疆。

（1）神东亿吨级煤炭生产基地：神东基地以神府、东胜两大矿区为主。神府煤田位于陕西榆林，与内蒙古东胜煤田连为一体，是我国规模较大的优质造气动力煤田。东胜煤田位于内蒙古自治区鄂尔多斯市境内。神东煤田是我国已探明储量最大的整装煤田，占全国已探明储量的 1/4，属世界八大煤田之一。神东煤田的煤为世界少见的优质动力煤，尤以煤田南部为最佳。

（2）晋北亿吨级动力煤生产基地：晋北基地是我国特大型动力煤基地，位于山西省会太原以北地区，包括大同市、朔州市、忻州市、太原市、娄烦县、吕梁市和岚县，由大同、平朔、朔南、轩岗、河（曲）保（德）偏（关）和岚县六大矿区组成。这里动力煤资源丰富，又位于"西电东送"北通道中枢位置,且正在推进由动力煤基地向煤电基地转变。平朔矿区主要生产优质动力煤,拥有煤炭资源总量近95亿t。大同是我国著名的"煤乡",是我国重要的优质动力煤生产基地。

(3)晋中亿吨级煤炭基地:晋中基地地处山西省中部及中西部,跨太原、吕梁、晋中、临汾、长治、运城6个市的31个县(市),包括太原西山、东山、汾西、霍州、离柳、乡宁、霍东、石隰(xí)矿区,煤炭可采储量192亿t。

(4)晋东亿吨级无烟煤生产基地:晋东基地是我国最大和最重要的优质无烟煤生产基地,位于山西阳泉、长治、晋城和晋中等市县境内,由晋城、潞安、阳泉等矿区组成。这里地理位置优越,煤层气资源丰富,水资源充沛,化工用无烟煤质量优良,适合发展清洁能源,以煤、电、气、化为一体的晋东基地也正在形成。

(5)蒙东亿吨级煤炭生产基地:蒙东地区主要包括内蒙古东部的呼伦贝尔市、通辽市、赤峰市、兴安盟和锡林郭勒盟,该地区煤炭资源丰富,探明储量为909.6亿t。在全国五大露天煤矿中,伊敏、霍林河、元宝山三大露天煤矿处于蒙东地区,仅呼伦贝尔市煤炭探明储量就是东三省总和的1.8倍。

(6)云贵亿吨级煤炭生产基地:云贵两省是我国南方重要的煤炭生产基地,包括三个煤电基地(滇东、滇东北和滇中南)和五个煤炭生产基地(白龙山煤矿、小龙潭矿务局、昭通褐煤露天矿、镇雄矿区、恩洪矿区),特别是贵州,为担起"西电东送"的重任,建设大型煤炭基地是必备条件。

(7)河南亿吨级煤炭基地:河南是我国的产煤大省,全省2 000米以上已探明的煤炭资源储量为1 130亿t,保有储量为245亿t,煤炭产量一直居全国前列。河南基地主要由鹤壁、焦作、义马、郑州、平顶山、永夏六个矿区组成。

(8)鲁西亿吨级煤炭基地:鲁西基地范围覆盖兖州、济宁、新汶、枣滕、龙口、淄博、肥城、巨野、黄河北等九个矿区,探明煤炭储量为160多亿t。兖州矿区拥有兖州和济宁东部两块煤田,截至2007年年末,资源储量为36.6亿t,可采储量17.7亿t。巨野矿区包括巨野煤田和梁宝寺煤田,总地质储量55.7亿t。

(9)两淮亿吨级大型煤电基地:两淮基地包括淮南、淮北矿区,探明煤炭储量近300亿t。其中,淮南探明储量153亿t(远景储量444亿t)。淮北矿区位于安徽省北部,探明储量98亿t。两淮地区未来将成为华东地区最大的能源供应基地。

(10)黄陇亿吨级煤炭基地:黄陇基地包括彬长(含永陇)、黄陵、华亭等矿区,探明储量近150亿。华亭矿区作为黄陇基地的重要组成部分,已形成了2 000万t/年的煤炭生产能力。

(11)冀中亿吨级煤炭基地:冀中地区探明能源煤炭储量150亿t,可采储量20亿t以上,包括开滦、峰峰和蔚县等矿区。峰峰煤矿是我国重要的主焦煤和动力煤生产基地,也是我国重要的冶炼焦精煤生产基地。

(12)宁东能源重化工基地:宁东能源重化工基地位于银川东部的灵武,该区域优质无烟煤储量达 273 亿 t，主要包括鸳鸯湖、灵武、横城三个矿区。宁东煤田已探明储量超过 270 亿 t，居全国第六位，拥有优良的动力和气化用煤。

（13）陕北亿吨级煤炭基地：位于黄土高原的陕北地区是我国重要的煤炭基地，主要包括榆神、榆横等大型矿区。榆神矿区位于神府矿区南部，探明储量 301 亿 t，是国内外罕见的可建设特大型现代化矿区的、条件优越的地区之一。

（14）新疆亿吨级煤炭基地：煤炭是新疆最具优势的矿产资源之一，资源总量预测约为 2.2 万亿 t，占全国的 40%，居全国之冠。主要分布在准格尔地区、哈土—巴里坤地区、西天山地区和塔里木北缘地区。新疆区内重点建设准东、伊犁、吐哈、库拜四大煤电、煤化工、煤焦化基地和乌鲁木齐、三道岭等十三个重点矿区。

📁 **资料卡**

世界煤炭资源分布与消费状况

（1）世界煤炭资源非常丰富，煤炭是世界储量最丰富的化石燃料。截至 2018 年年底，世界煤炭探明储量为 1.055 万亿 t，其中大部分储量为无烟煤和烟煤（占比 70%）。世界各地的煤炭资源分布并不平衡，煤炭主要集中在北半球，世界煤炭资源的 70% 分布在北半球北纬 30°～70° 之间。全球煤炭储量主要集中在少数几个国家：美国（24%）、俄罗斯（15%）、澳大利亚（14%）和中国（13%）。

（2）2018 年，全球煤炭消费量为 37.72 亿 t 油当量，较 2017 年的 37.18 亿 t 油当量增长 1.44%。从消费区域来看，亚太地区的煤炭产量和消费量均居于全球首位，2018 年亚太地区煤炭产量占全球总产量的 72.84%，消费量占全球总消费量的 75.33%。

三、我国煤炭资源的主要流向

我国煤炭资源分布呈现"西多东少、北富南贫"的特点，与地区经济发展不协调，这就决定了我国整体范围内"北煤南运、西煤东运"的长期格局。

近年来，我国煤炭生产格局进一步向资源禀赋好、竞争能力强的晋陕蒙甘宁地区集中，中东部地区一些开采条件差、煤质差、资源枯竭的煤矿基本退出，煤炭生产集中在 14 个大型煤炭基地。煤炭去产能集中在中东部，新增产能集中在西部，这也导致了煤炭供需区域矛盾日益突出。自 2015 年以来，东北、华东、华南等去产能地区煤炭调入量明显增长；受煤炭消费总量下降的影响，晋陕蒙甘宁的调出量有所下降；新青区由调出区变为调入区。

随着我国煤炭产能格局的变化，我国煤炭供应地由过去的分散型向区块集中化转变，大体可划分为三大产煤区块：

（1）第一个产煤区块是山西、陕西、内蒙古、宁夏、新疆，2018 年该区块煤炭总产量 26.14 亿 t，约占全国的 71%。

（2）第二个产煤区块是山东、河南、河北、安徽、江苏、东北三省，2018 年该区块煤炭总产量5.3亿t，占全国的14.27%。

（3）第三个产煤区块是四川、重庆、云南、贵州、甘肃、湖南、湖北、福建、广西、江西、青海等地，2018年该区块煤炭总产量3.05亿t，占全国的8.3%。

未来第二、第三个产煤区块的煤炭产量将呈递减趋势，而第一个产煤区块的煤炭产量则将逐渐增加。由此我国煤炭供需区块化和逆向分布状况已成定局。虽然河北、江苏、辽宁、山东、浙江仍是前五大煤炭调入省份，但是由于特高压输电与核电的发展，河北、上海、山东、广东、河南、辽宁等中东部及沿海省份煤炭调入量呈逐年下降态势。

想一想

你居住的省区有无煤矿？如果有，主要供应哪些地区？如果没有，所使用的煤炭是从哪里调入的？

我国煤炭运输主要依靠铁路、公路和水路运输，尤以铁路运输为主。西煤东运、铁海联运通道主要分为北、中、南三个铁路外运通道，通过这些通道将煤炭运往东南沿海各地。"北煤南运"线路如图4-5所示。

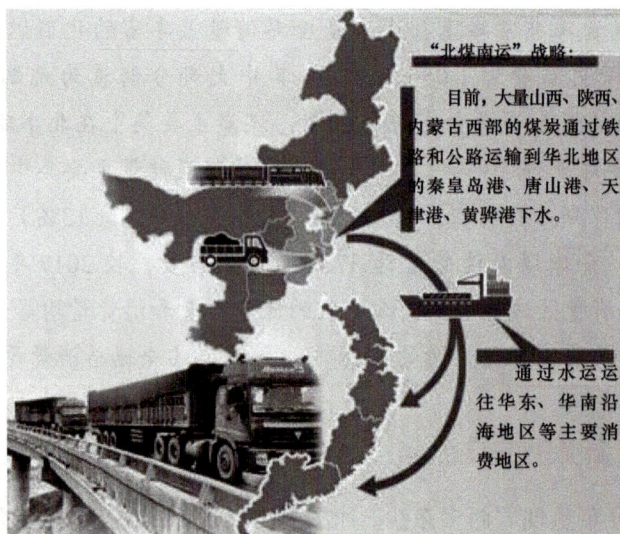

"北煤南运"战略：

目前，大量山西、陕西、内蒙古西部的煤炭通过铁路和公路运输到华北地区的秦皇岛港、唐山港、天津港、黄骅港下水。

通过水运运往华东、华南沿海地区等主要消费地区。

图4-5　"北煤南运"线路示意图

北路运输通道以动力煤外运为主，主要运输晋北、陕北和神东生产基地至京津晋、东北、华东地区及秦皇岛、京唐、天津和黄骅等港口的煤炭，是"三西"煤炭外运的重要通路，占三大运输通道运量的90%以上。北运通道主要有两路：一是由铁路丰沙大、大秦、京原线，至秦皇岛港和天津港转海运南下或出口海外；二是神木至黄骅的铁路线。大秦铁路是我国第一条双线重载电气化运煤专线，上游连接着占全国煤炭储量约60%的山西、陕西、内蒙古西部，下游连接着中国最大的煤炭外运港口秦皇岛港，担负着全国五大电网、380多家主要电厂、十大钢铁公司和6000多家工矿企业的生产用煤和出口煤炭运输任务。

中路运输通道以焦煤和无烟煤为主，主要运输晋东、晋中生产基地的煤炭至华中、中南地区，主要是石太、邯长铁路，中运通道煤炭主要经青岛港下海。

南路运输通道以焦煤、肥煤和无烟煤为主，主要运输陕北、晋中、神东、黄陇和宁东生产基地的煤炭至中南、华东，煤炭运输主要有三路：太原—德州，长治—济南—青岛，侯马—月山—新乡—兖州—日照，南运通道煤炭主要经日照港和连云港港下海。

在北煤南运、西煤东运的过程中，水路运输能力仅次于铁路。在煤运体系中，我国北方煤运港口有：秦皇岛港、天津港、黄骅港、日照港、唐山港、青岛港、连云港港七大煤炭装船港。从地域上看，山西、内蒙古、陕西的煤炭主要通过天津港、秦皇岛港、黄骅港装船。其中山西和内蒙古的煤炭主要通过天津港和秦皇岛港装船，陕西的煤炭主要通过天津港和黄骅港装船，再运往上海、江苏、浙江等沿海省市。山东的煤炭主要通过日照港下水转运。

拓展知识链接

中国 60% 的能源，从哪里来？
——被嫌弃的煤炭

星球研究所出品

知识点 4　石油工业

一、石油概述

石油是一种可燃的有机液体矿物，是现代工业、农业、国防及日常生活不可缺少的物资。石油和天然气都是高效能源，发热量比煤炭高 1.5 倍，而且装运方便、烟少易燃、无灰烬，是现代内燃机的主要燃料和重要的化工原料，也是重要的战略物资，历来是发达国家激烈争夺的对象。世界上有许多油气资源丰富与集中的地区，如中东、北非和中亚等，局部军事冲突时有发生，充分说明了石油与经济、政治的密切联系。

我国石油储量 35 亿 t，占全球 1.5%，位居全球第 13 位，是亚太地区最大的石油资源国。自 2005 年以来国内石油消费占一次能源比例稳定在 17% ～ 20%。我国经济快速增长推动了我国石油消费量的大幅提升。2018 年，我国成为全球第一大油气进口国，其中天然气对外依存度为 43%；石油对外依存度高达 72%，为近五十年来最高水平。

二、我国油气资源的分布与生产布局

1. 我国油气资源的分布

根据自然资源部发布的数据，截至 2018 年年底，全国累计石油探明地质储量为 398.77 亿 t，全国累计天然气探明地质储量为 14.92 万亿 m³。

（1）陆上油气资源的分布与生产布局。2018 年，自然资源部发布的数据表明，我国陆域石油天然气资源主要分布在松辽盆地、塔里木盆地、渤海湾盆地、鄂尔多斯盆地、准噶

尔盆地、柴达木盆地、珠江口盆地、四川盆地和东海陆架盆地。2018 年全国石油产量为 1.89 亿 t，鄂尔多斯、松辽、渤海湾、塔里木、准噶尔和珠江口盆地的年产量均大于 1 000 万 t，占全国总量的 90% 左右。2018 年全国天然气产量为 1 602.65 亿 m³，主要产于鄂尔多斯、四川、塔里木、柴达木、松辽和珠江口盆地，占全国总量的 80% 以上。

2019 年，我国陆上油气田产量排行前四位的油田如下：

1）长庆油田：勘探区域主要在鄂尔多斯盆地，勘探总面积约 37 万 km²。2019 年长庆油田年产油气量首次问鼎 5 700 万 t。目前长庆油田在鄂尔多斯盆地已发现和成功开发 33 个油田、12 个气田，其中年产油气当量百万吨级的整装油气田 15 个，已成为我国重要的原油生产基地和最大的天然气生产基地。

2）大庆油田：位于松辽盆地，于 1960 年投入开发，是我国最大的油田，也是世界上为数不多的特大型陆相砂岩油田之一（见图 4-6）。2019 年大庆油田完成油气当量 4362.82 万 t。

3）塔里木油田：位于新疆南部的塔里木盆地，目前已探明 9 个大中型油气田、26 个含油气构造，累计探明油气地质储量 3.78 亿 t，油气产量连续三年超百万吨增长，

图 4-6 大庆油田

突破 2 850 万 t/年，已成为我国陆上第三大油气田和西气东输主力气源地。

4）胜利油田：地处山东东北部渤海之滨的黄河三角洲地带，主要分布在东营、滨州、德州、济南、潍坊、淄博、聊城、烟台 8 个城市的 28 个县（区）境内。2019 年，胜利油田实现稳产约 2 400 万 t 目标，新增石油探明地质储量 4 644.29 万 t、控制地质储量 6 696.39 万 t、新增预测石油地质储量 8 258.53 万 t。

（2）海洋油气资源的分布与生产布局。我国的海洋油气资源十分丰富，在近海海域发现了一系列沉积盆地，拥有丰富的含油气远景。这些沉积盆地自北向南包括：渤海盆地、北黄海盆地、南黄海盆地、东海盆地、冲绳海槽盆地、台西盆地、台西南盆地、台东盆地、珠江口盆地、北部湾盆地、莺歌海—琼东南盆地、南海南部诸盆地等。我国海上油气勘探主要集中于渤海、黄海、东海及南海北部大陆架。

截至 2017 年，渤海湾地区已发现 21 个油田，其中包括 7 个亿吨级油田，渤海中部的蓬莱 19-3 油田是目前我国最大的海上油田，也是我国第二大整装油田。

南海海域更是石油宝库。我国对南海勘探的海域面积仅为 16 万 km²，发现的石油储量高达 52.2 亿 t，仅在南海的曾母盆地、沙巴盆地、万安盆地的石油总储量就将近 200 亿 t，是世界上尚待开发的大型油藏。经初步估计，整个南海的石油地质储量大致在 230 亿 t 至 300 亿 t 之间，约占我国油气总资源量的 1/3，属于世界四大海洋油气聚集中心之一，有"第二个波斯湾"之称。

按照 2019 年油气当量排名，我国前十名的油田依次为长庆油田、大庆油田、渤海油田、塔里木油田、胜利油田、西南油气田、新疆油田、陕西延长石油、南海东部油气田和辽河油田。

📁 **资料卡**

能 源 安 全

能源安全是指保障能源（主要是石油和天然气）可靠和合理的供应。能源是国民经济发展的重要支撑，能源安全直接影响到国家安全、可持续发展以及社会稳定。

近年来，我国石油和天然气的对外依存度持续扩大。2018 年，我国成为全球第一大天然气进口国，天然气进口量为 1 254 亿 m^3，增速 31.7%；石油进口对外依存度超过 70%，这表明我国已经成为一个国际石油消费、进口大国，中国石油消费对进口的依赖日益加深。

从当前全球能源供需市场看，进口来源、通道地缘安全等始终作为能源地缘政治要件影响着我国的能源进口市场，因此，如何保障国家能源安全的同时兼顾低碳发展是一个重要的挑战。

2. 我国石化工业的布局

石化工业是国民经济的支柱行业，2019 年我国炼油能力增至 8.6 亿 t/ 年，乙烯产能增至 2 865 万 t/ 年，成为仅次于美国的炼化大国。我国炼厂规模正在向大型化、集中化发展，炼油行业正在从炼油向炼化一体化转型。

2015 年，国家发改委提出了发展七大石化产业基地的规划，包括大连长兴岛、河北曹妃甸、江苏连云港、浙江宁波、上海漕泾、广东惠州和福建古雷。七大石化产业基地全部布局于沿海重点开发地区，正在形成渤海湾大湾区、长江三角洲和珠江三角洲三大以大炼化为龙头、以高端制造业为核心、区域经济协同发展的世界级产业集群。

大连长兴岛、河北曹妃甸两大基地位于环渤海地区，是国家实施京津冀协同战略的集中辐射区域；江苏连云港、浙江宁波、上海漕泾三大基地位于长三角地区，该区域经济活力强劲、发展潜力巨大，是石化下游产品消费中心，也是当前国家实施"一带一路"倡议与长江经济带战略的关键交汇区域；广东惠州、福建古雷两大基地位于泛珠三角地区，面向港澳台，区位独特，是国家实施"一带一路"的核心承载腹地。

目前，我国炼油能力呈现出东部为主、中西部为辅的梯次分布结构。华北、东北、华南和华东地区为我国炼油能力的集中分布区，山东、辽宁、广东是我国炼油工业的产能大省。

截至 2017 年年中，我国已建成舟山、舟山扩建、镇海、大连、黄岛、独山子、兰州、天津及黄岛国家石油储备洞库共 9 个国家石油储备基地。

💡 **想一想**

1. 为什么说油气资源是重要的战略资源？
2. 我国油气资源的生产与加工在分布上有何特点？

知识点 5　电力工业

电力工业是指将煤炭、石油和水能等转化为电力的工业生产部门，包括电能的生产、输送和分配等部门。电力具有传递快、易输送、使用方便、效率高和污染少等特点，极易转化为光能、热能、机械能和化学能等，与我们的日常生活最密切，在各生产和消费部门的应用也最为广泛。

我国的电力工业已实现了水电、火电、核电、气电、风电和太阳能"六电并举"的发展，可再生能源装机规模持续扩大。我国的煤电、水电、风电、光伏发电的装机容量都位居世界首位，其中火电是我国发电装机容量和发电量的构成主体；核电装机容量位居世界第三，在建规模位居世界第一；清洁能源发电装机占我国总装机量的 40% 左右。

1. 火力发电站的布局

火力发电是目前国内外最重要的一种发电形式。进行火力发电站的布局时要考虑如下几个方面的基本要素。

（1）接近燃料基地：我国的火力发电站 80% 以上都是以煤作为主要燃料的，耗煤量大，为节省煤炭运输成本，一般应建在接近煤炭基地的地方。这种电站称为坑口电站，多分布于北方的产煤基地。

（2）接近负荷中心：可以减少输送损失，节约输送设备，保证城市供电。这种电站称为热电站，多分布于南方经济发达的地区。

（3）同时接近燃料基地和负荷中心：我国现有的许多工业基地附近都有煤矿，如北京、唐山、太原、包头和抚顺等地的电站就属于这种类型。

此外，建设火力发电站还必须具有便利的交通条件和充足的水源，因为要有大量的燃料和灰渣运输，以及需要大量的电力生产用水。

我国的大型火电厂主要分布在北方重要的煤炭基地和大城市。我国坑口电站的主要布局和输送方向为：内蒙古东部、黑龙江东部送电哈尔滨、长春和沈阳等地；晋陕蒙煤炭基地送电京津冀、山东及江苏等地；在鲁西南、两淮扩建大电站，送电华东及胶东地区；黔西、滇北区送电四川及两广等地。

2. 水力发电站的布局

在常规能源中，水力资源清洁、可再生，占明显优势。水力发电站建设周期长、投资大，但发电成本低。目前，我国水电资源的开发利用率与工业发达国家相比还有很大的差距。

影响水力发电站布局的因素主要有以下几种。

（1）水力资源。水力发电的首要条件是要有充足的水力资源。

（2）水文特征。河流水文条件的不同涉及修坝蓄水、调节流量、排泄泥沙和集中落差等。水文条件的变化也会影响到水电站的发电能力。

（3）水电站建设还要考虑到防洪、灌溉、航运、供水、渔业、环保和旅游等项目的综合开发问题。

我国水力资源虽然储量丰富，但在空间上和时间上都分布不均。2018年统计数据显示，我国西部12个省（市、区）水力资源约占全国总量的80%，尤其集中在西南地区的云、贵、川、渝、藏5个省（市、区）。金沙江中下游、长江上游（宜宾至宜昌）干流、雅砻江、大渡河、黄河上游、澜沧江、怒江、乌江、南盘江红水河等河流河段水力资源集中，有利于实现流域梯级滚动开发，易于建成大型的水电能源基地，以充分发挥水力资源的规模效益。

经过改革开放后四十余年的发展，我国水电资源开发已超六成。至2019年年底，我国常规水电在建装机容量约为5 200万kW，常规水电已建、在建装机总容量为3.78亿kW，技术开发比例约为55%。其中，已建水电站装机规模占技术可开发量的47.5%。目前，我国规划并已建成十三大水电基地：金沙江水电基地、雅砻江水电基地、大渡河水电基地、乌江水电基地、长江上游水电基地、南盘江和红水河水电基地、澜沧江干流水电基地、黄河上游水电基地、黄河中游水电基地、湘西水电基地、闽浙赣水电基地、东北水电基地、怒江水电基地。

拓展知识链接

10万座大坝的诞生！

星球研究所出品

3. 其他类型发电站的布局

（1）核电站：核电是优质高效的清洁能源，一个100万kW的核电站，与同等规模的火电站相比，每年可减排二氧化碳600万t。据统计，2019年我国运行核电机组累计发电量为3 481亿kW·h，约占全国累计发电量的4.88%。作为清洁低碳、发电量稳定的能源，我国核电仍具有较大的发展空间。

核电站应布局于地形地势条件好、地质稳定、取排水方便、大气扩散条件好、区域人口密度低、淡水资源丰富、交通便捷、距供电负荷中心较近的区域。我国现有的核电站主要布局于煤炭资源和水力资源短缺，但是电力消耗量大的东南部地区。

截至2019年10月22日，我国大陆已经建成的核电厂包括：红沿河核电厂、海阳核电厂、田湾核电厂、秦山核电厂、秦山第二核电厂、秦山第三核电厂、方家山核电厂、三门核电厂、宁德核电厂、福清核电厂、大亚湾核电厂、岭澳核电厂、台山核电厂、阳江核电厂、防城港核电厂、昌江核电厂，如图4-7所示。

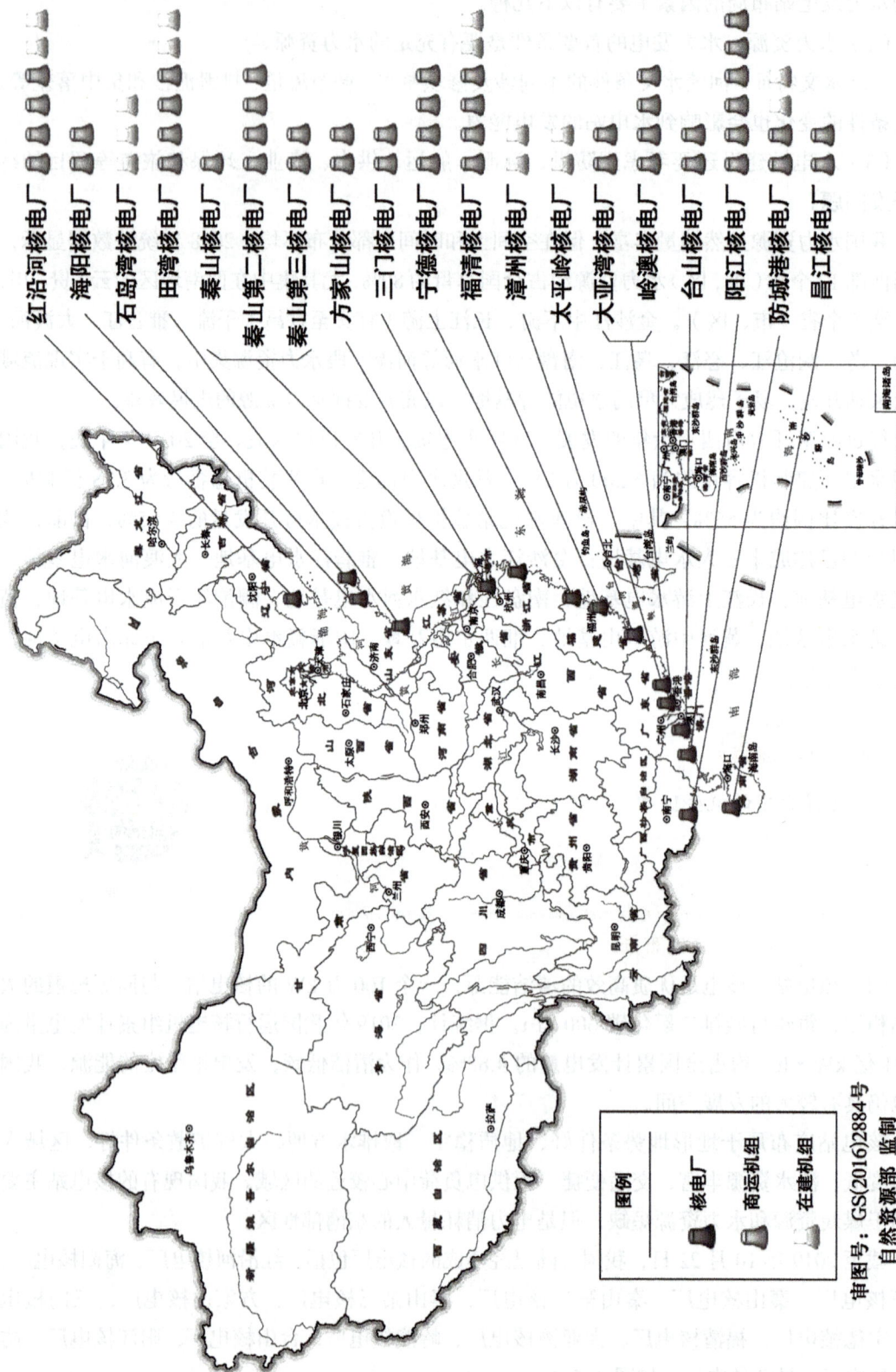

图 4-7 我国大陆核电站分布

审图号：GS(2016)2884号 自然资源部 监制

（2）风力和光能发电站：截至2018年，中国风力发电量与10年前相比增长22倍，光伏发电量增长近700倍。2018年全国风电、光电发电量占全部发电量的5.2%和2.5%，风电、光电在电力结构中占比较小。目前，我国风电站主要分布于新疆、内蒙古、青藏高原及东部沿海一带，风电装机建设呈现出向中部和东部地区转移的趋势，特别是山东和江苏现已成为风电装机量增速最快的省区。同时，光电的发展也逐步从西北部地区向中东部地区转移，光电布局得到持续优化。2018年，全国新增光伏装机量排名前十的省区分别是江苏、河北、浙江、山东、河南、山西、安徽、内蒙古、广东、宁夏。

（3）潮汐能发电站：主要分布于浙江、江苏和山东沿海一带。

（4）地热能发电站：地热能是蕴藏在地球内部的热能，是一种清洁低碳、分布广泛、安全优质的可再生能源。地热发电潜力巨大、利用率高、CO_2减排效果好、初期开发成本较高但总成本较低等特点。

我国已在西藏、川西等高温地热资源区建设了高温地热发电工程；在华北、江苏、福建、广东等地区建设了若干中低温地热发电工程。我国地热发电开发的重点区域是西藏。目前，西藏羊八井是我国规模最大的商业化地热电站。

（5）其他：我国太阳能、生物能和海洋能等的储量也居世界领先地位。

📁 **资料卡**

认 识 三 峡

长江三峡水利工程位于湖北省宜昌市三斗坪，距下游葛洲坝水利枢纽工程38km，是当今世界最大的水力发电工程。三峡水利工程总投资为954.6亿元，于1994年12月14日正式动工修建，2006年5月20日全线修建成功。三峡水电站2018年发电量突破1 000亿kW·h，创单座电站年发电量世界新纪录，年发电量约占全国年发电总量的3%，占全国水力发电总量的20%（见图4-8）。

图4-8　三峡水电站

4. 我国电网的布局和主要输送情况

由两个以上的发电厂与变电所、高压输电线、配电线、低压配电站及用户组成的发、供、用电的一个整体，称为电力网。它可以在网内调节电力负荷、备用容量及其使用，以更经济、更合理地利用电力资源。目前，我国电网的主要布局包括以下几个方面。

（1）东北电网：跨东北三省和内蒙古东部，在全国建设最早、规模最大，以火电为主，也有部分水电站。现有电站主要分布在辽中南、长春—吉林和哈尔滨等负荷中心区，部分煤矿区也有一些坑口电厂。辽宁、吉林和黑龙江三省电力相互支援，内蒙古东部的坑口电厂也供应辽宁省。

（2）华北电网：跨冀南、晋、京津唐地区，煤炭资源丰富，水力资源贫乏；以火电为主，是全国第二大电网。除去京津唐等地的大型火电厂外，还有山西大同和神头的火电厂向该地区送电。今后，主要是在内蒙古西部、晋北煤炭基地和张家口地区新建、扩建坑口电厂及路口电厂，提供更多的电力。山西、内蒙古将加快坑口电厂的建设，不仅供应本区，还可向京津唐、河北、华北、华东和山东等地送电。

（3）华东电网：跨上海、江苏、安徽和浙江三省一市。该地区经济发达，人口众多，电力缺口较大，现正在投入建设一些大型电站。火电站主要使用来自北方海运供应的煤炭，山西煤炭基地的电力也由超高压输电线输送本地，将来还可利用三峡和四川的水电，核电和风力发电也在发展中。

（4）华中电网：包括河南、湖北、湖南和江西电网。区内资源基本平衡，主要是"南水北煤"的格局。其中，河南以火电为主，湖北、湖南以水电为主，水电火电并举。葛洲坝是长江上第一座水力发电站，主要供应长江中下游各省。三峡水电站将和华中、华东地区的已建、在建、将建的火电站群和水电站群相结合，将使"西电东送"和"北煤南运"相结合，有力地解决华中、华东和华南地区快速增长的电力需求问题，极大地提高电网运行的可靠性和经济性。

（5）西北电网：包括陕西、甘肃、宁夏、青海和新疆五省区，煤和水力资源都很丰富，以黄河上游水电为主，火电分布在关中、兰州一带及渭北、靖远和贺兰山等矿区。目前，该地区的水电和火电均在发展中，可互补调剂。

（6）南方四省区电网：包括广东、广西、云南和贵州四省区，广东耗电量大，装机容量和发电量居全国前列，但仍难以满足自身需要，目前正积极开发西南的云南、贵州和广西三省区丰富的水能资源，以实现西电东送。

此外，还有川渝电网、山东电网、福建电网、海南电网、新疆电网和西藏电网等。

随着我国国民经济的发展和人民生活消费水平的不断提高，电能的消费比重正逐步提高，未来绿色、低碳、循环发展将是电力行业推动我国经济高质量发展和生态环保建设的必由之路。

西电东送工程

西电东送工程是指开发贵州、云南、广西、四川、内蒙古、山西和陕西等地的电力资源，输送至广东、上海、江苏、浙江和京津唐等电力紧缺地区。西电东送将形成以下三大通道（见图4-9）：

中国地图

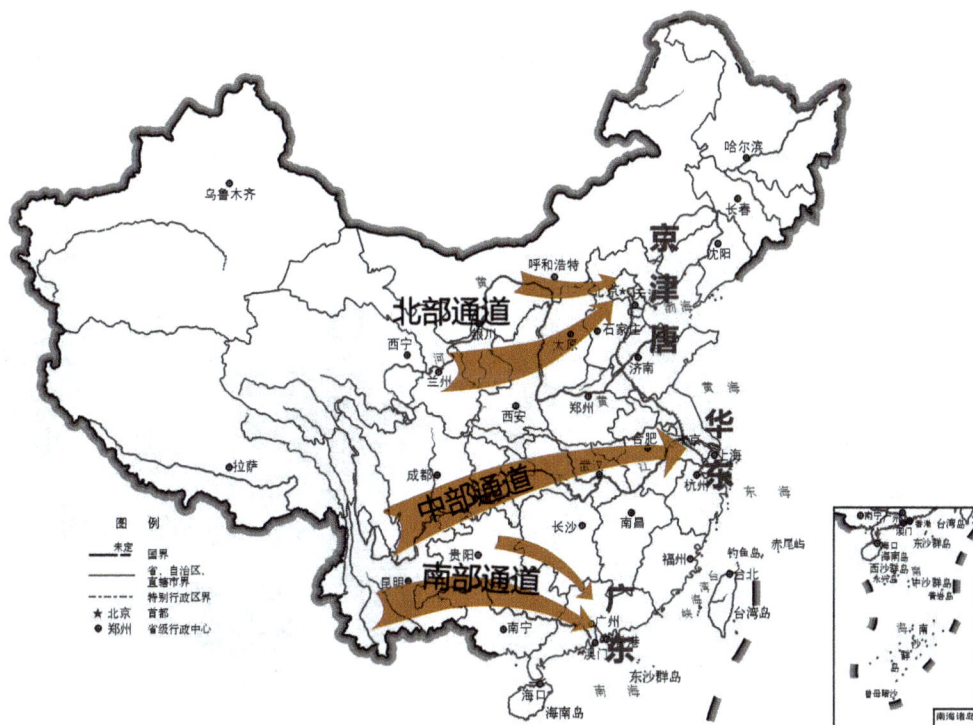

图4-9 "西电东送"的三大通道

（1）北部通道：将黄河中上游水电和山西、内蒙古坑口火电站的电能送往京津唐地区。

（2）中部通道：将三峡、金沙江的水电送往华东地区。

（3）南部通道：将乌江、澜沧江、南盘江、北盘江、红水河的水电和贵州、云南坑口火电站的电能送往广东。

活动建议

查阅有关资料，了解你所在城市（地区）的发电结构、发电机组与周边地区的电力供应关系等情况，试拟一份简短的调研报告。

拓展知识链接

14 亿人全民通电，中国如何做到的？
——电力奇迹

星球研究所出品

综合知识模块三 ▶ 冶金工业

冶金工业是指开采、精选、烧结金属矿石以及冶炼、轧制成材的工业部门，包括黑色冶金工业和有色冶金工业。黑色冶金工业又称钢铁工业，包括铁（见图 4-10）、锰（见图 4-11）、铬及其合金的勘探开采、冶炼和加工等。我国的冶金工业以黑色冶金工业为主。

图 4-10 黄铁矿石

图 4-11 锰矿石

知识点 1 钢铁工业

钢铁工业是国民经济中重要的基础产业。钢铁材料仍是目前世界上使用量最大、使用面最广、有较好性价比、可循环使用的功能结构材料。没有钢铁就没有工业化和现代化。钢铁工业有很强的产业关联性，上游影响交通运输、采矿和耐火材料等产业，下游影响建筑、汽车、造船、金属制品和机械电子等行业。

钢铁工业又是高能耗、高排放、对环境影响大的行业，社会发展对钢铁工业提出了日益严格的资源与环保要求。同时，我国近一半的钢铁产能位于北方缺水地区，对环境和资源的影响很大。我国的钢铁工业今后要以调整品种结构、降低原料消耗和提高产品质量为发展目标，同时更加注重走可持续发展道路，以节约资源、保护环境。

1. 我国钢铁工业的布局要求

（1）布局特点。

钢铁工业的原料有铁矿石、炼焦煤、锰矿、熔剂和耐火黏土等，原料和燃料的消耗量大，对电、水、土地和劳动力都有大量的需求，产生的废水、废气和废料也较多，因此在布局上必须充分考虑这些特点。

1）原料和燃料因素：选择钢铁工业布局地区，首先要分析原料和燃料数量的可供应程度。

2）消费因素：工业大城市一般消费钢铁较多，在布局上宜接近大城市。

3）水、电、土地和交通等因素：如土地面积大、承压好、靠近水源、有电力供应保障、有地区技术协作条件和社会服务设施等。

4）技术因素：现代化的钢铁工业朝大型化、自动化和高速化发展，需要相当数量的科技人员和具有一定技术水平的人力资源。

（2）布局类型。

在以上因素的不同组合下，我国钢铁工业的布局可大致分为以下四种类型。

1）靠铁近煤。这是最理想的布局类型，如鞍山、本溪、包头、京津唐等钢铁基地。

2）移煤就铁。靠近铁矿，需大量调入煤炭，如武汉、攀枝花和马鞍山等钢铁基地。

3）移铁就煤。靠近煤矿，需大量调入铁矿，如太原、抚顺、乌鲁木齐和石嘴山等钢铁基地。

4）近消费地，如上海、广州、重庆、杭州和齐齐哈尔等。

2. 我国钢铁工业的资源分布情况

（1）铁矿石资源：我国铁矿石基础储量列澳大利亚、巴西和俄罗斯之后，居世界第四位。根据国土资源部数据，2017年我国铁矿石整体资源储量848.88亿t，主要分布在辽宁、四川、河北、山东、内蒙古、安徽、云南、山西和湖北等省区，其中辽宁、河北、四川三省的储量占全国总储量的48%。从区域上看，环渤海地区是我国铁矿石资源的主要分布地区，铁矿石储量占全国总储量的56.5%；其次是西南地区，占比16.5%；其他地区铁矿石储量较低，比重均低于10%。

我国铁矿石资源呈现贫矿多、杂质多的特点，平均品位约30%，低于世界平均品位，资源质量较差；且多为地下矿，开采难度大、成本高。铁矿石资源分布较为分散，中小型矿山较多，产业集中度较低。随着我国经济的高速发展，国内铁矿石资源不能满足冶炼需求，自2003年起我国已成为世界第一大铁矿石进口国，主要进口国家为澳大利亚、巴西、南非和印度等国家。

（2）炼焦煤资源：炼焦煤是世界范围内最珍贵稀缺的资源之一，占煤炭总储量的10%，其中主焦煤仅占整个煤种的2.4%。与我国丰富的煤炭资源相比，我国的炼焦煤资源相对稀缺，炼焦煤储量仅占我国煤炭总储量7.65%，且优质炼焦煤储量更少。

从炼焦煤分布情况来看，我国炼焦煤资源主要集中在华北地区，西南地区和东北地区产量次之。其中，山西省的储量最大，约占全国总储量的 54.2%，其炼焦煤的核定生产能力接近全国核定生产能力的 1/3，主要分布在河东煤田、霍西煤田和西山煤田；其次为河北、河南、安徽和山东等省；南方地区炼焦煤资源较少，主要集中在贵州、四川、重庆和滇东等地。

（3）辅助材料资源：辅助材料资源包括锰矿、石灰石、白云石、莹灰石和耐火材料等。锰矿主要分布在南方；石灰石、白云石和莹灰石等集中分布在中南地区；耐火材料则在各地均有分布。

3. 我国钢铁基地布局

2018 年，我国的钢产量突破 9 亿 t，占世界钢产量的 50%，今后仍将保持较快的增长态势。目前，在全国范围内已形成了 9 个大型钢铁联合企业基地，46 个中型钢铁基地，小型钢铁厂则更多。我国的钢铁生产基地主要有以下几个。

（1）鞍本地区：鞍本地区是我国最重要的钢铁基地。该地区铁矿资源丰富，又有抚顺等地的焦煤、朝阳等地的锰矿、营口的优质耐火材料等，交通便利，靠近沈阳、大连等大工业城市，布局条件得天独厚。鞍山钢铁公司是我国特大型钢材生产企业，被称为"钢都"。本溪是我国优质生铁的主要产地。

（2）京津唐地区：以首都钢铁公司为中心，包括天津和唐山钢铁厂，是我国重要的钢铁生产基地。冀东、开滦等地有丰富的铁矿、煤矿，电力供应充足，交通便利，靠近京津唐工业基地，布局条件也十分优越。

（3）上海地区：该地区拥有十多个钢铁企业，品种齐全。上海地区无煤、无矿、无辅助材料，完全依托较高的工业化程度、优越的生产协作条件以及便利的水陆交通。宝钢是成套引进国外先进设备的现代化大型钢铁联合企业，是我国最大的优质钢材生产基地，其铁矿石主要从澳大利亚和巴西进口，其他原料和燃料从外地运进。

（4）武汉钢铁公司：其铁矿石主要来自鄂东地区，煤炭资源来自平顶山及鹤壁，锰矿来自湘潭，水陆交通便利。

（5）包头钢铁公司：包头钢铁公司不仅是我国大型钢铁基地之一，也是我国重要的稀土生产基地。因其靠近铁路干线，原料和燃料都是就近供应，对内蒙古和华北地区的经济发展具有重要意义。

（6）攀枝花钢铁公司：攀枝花钢铁公司是我国西部最大的钢铁生产基地，其附近的资源也很丰富。攀枝花钢铁公司的建设对促进四川和西南地区的经济发展、巩固国防都有重要意义。

（7）太原钢铁公司：太原钢铁公司是我国大型的特种钢生产基地，附近有丰富的原料和燃料。

（8）马鞍山钢铁公司：附近资源丰富，濒临长江，水陆交通便利。生铁产量大于钢产量，主要供应上海，是江南重要的生铁基地。

（9）重庆钢铁：附近有较丰富的煤炭和綦江的铁矿，但尚需从外地调入。该地区水陆交通便利，技术基础雄厚，销售市场广阔。

知识点 2　有色金属工业

有色金属是指铁、锰和铬等黑色金属以外所有金属的总和，大体上可分为轻有色金属、稀有金属和贵金属，其中以铜、铝、铅和锌为主。有色金属是重要的基础原材料，具有许多优良特性，在现代化工业和高科技发展中应用广泛。

在有色金属中，铜消费的主要领域有电器、电子、轻工和交通运输；铝消费的主要领域有建筑、机械、汽车、包装和能源；铅消费的主要领域有蓄电池、玻璃、电缆和制造业；锌消费的主要领域有轻工、冶金、颜料和铜合金。

我国有色金属资源丰富、品种齐全，我国的有色金属工业经过多年的建设和发展，已经形成了包括矿山、冶炼、加工、地质勘探、工程勘察设计和建筑施工等部门构成的完整的工业体系。改革开放以来，我国有色金属产业规模大幅提升，我国10种有色金属（包括铜、铝、铅、锌、镍、锡、锑、镁、钛、汞）产量已连续十七年居世界第一，部分有色金属产量已经接近或者超过全球一半的供应者，如原铝、铜、锌、锡、钒、稀土等。据国家统计局数据显示，2019年我国10种有色金属产量为5 841.6万 t。

目前，我国经济已由高速增长阶段转向高质量发展，有色金属工业也由粗放式经营向高品质方向发展，概括起来就是"一优一降四化"："一优"即坚持扩大应用水平和淘汰落后产能并举，优化供需结构；"一降"即通过深化改革降低有色金属企业融资、用能、交易等成本，扶持实体经济发展；"四化"即高端化、信息化、绿色化、国际化。

1.　有色金属工业的布局要求

有色金属工业体系庞杂、种类繁多，一般包括采矿、选矿、粗炼、精炼和轧制五个生产环节，其生产特点是：①有色金属矿一般品位低，冶炼时需要大量的矿石，原料需求量大；②在生产中多采用电热、电解工艺，水、电消耗量大；③伴生矿多，设备复杂，机械化程度要求高，生产的综合性和连续性强；④"三废"排放量大，环境污染严重。因此，有色金属工业的布局必须因地制宜，充分考虑其生产特点，如原料及水电供应、环境保护等。

有色金属工业的布局要求是：①采选结合，接近原料产地；②分散粗炼，集中精炼，消费地加工；③特别注意资源综合开发利用时的环境保护。

2.　我国主要有色金属业的布局

（1）铜工业：铜矿资源广泛分布于全国，但主要集中在长江中下游的江西、湖北和安徽等地。著名的铜矿基地有：江西德兴、湖北大冶、安徽铜陵、云南东川和易门、四川西昌、山西中条山、甘肃白银、黑龙江多宝山、内蒙古白乃庙、青海德尔尼和西藏玉龙地区等。铜矿精炼厂多靠近电力中心和大中城市。我国铜加工中心主要分布在上海、沈阳和洛阳。

（2）铝工业：我国的铝矿主要分布在山西、河南、贵州、四川、广西和山东等地，炼铝基地主要有山东张店、辽宁抚顺、甘肃连城、宁夏青铜峡、河南郑州、贵州贵阳、内蒙古包头、山西河津和广西平果等地。

（3）铅锌工业：铅锌矿常与银伴生，主要分布在南岭、西南和甘肃等地。铅锌工业精炼中心有沈阳、株洲和韶关等地。

（4）锡工业：我国锡矿很丰富，分布在全国15个省区，主要集中在广西、云南、湖南和广东。云南个旧是全国最大的锡矿基地，被称为"锡都"。

（5）钨工业：我国钨矿的储量、产量和出口量均居世界第一，主要分布在南岭山地及其两侧的赣南、湘南和粤北地区。

（6）钼工业：我国钼矿储量居世界前列，储量最多的是中南地区，其次是东北、西北、华北等地。就各省区来看，河南储量最多，占全国钼矿总储量的30%以上，其次为陕西和吉林。

（7）镍工业：我国硫化物型镍矿资源较为丰富，主要分布在西北、西南和东北等地。就各省区来看，甘肃储量最多，占全国镍矿总储量的62%（其中金昌的镍产提炼规模居全球第二位，被誉为"中国镍都"），其次是新疆、云南、吉林、湖北和四川。

（8）黄金工业：我国的金矿（见图4-12）查明资源储量居世界第二，但产量及消费量位居全球第一，主要集中在山东半岛、黑龙江北部、吉林东部、湖南西部、河北北部、内蒙古中部、新疆北部、陕西南部、河南西部以及台湾北部等地。

图4-12 露天金矿

此外，湖南冷水江市的锡矿山是世界上储量最大的锑矿；辽宁海城、营口地区有巨型菱镁矿；贵州的万山、铜仁和丹寨是著名的汞矿开采和冶炼地；四川攀枝花的钒钛磁铁矿、内蒙古包头的稀土矿都是新兴的多种有色金属生产基地。

3. 我国有色金属业的发展方向

近年来，我国有色金属工业在发展中重点解决污染防治问题，在推动节能减排、实现绿色发展的道路上采取了一系列措施。

（1）坚持源头减量、过程控制，推动节能减排和低碳技术的推广和应用。

（2）加大"三废"治理力度。对有色金属生产过

议一议

进行有色金属工业布局时应注意什么问题？

程产生的废渣、废水和废气等进行有效治理。对废渣的治理包括将大量废石加封于采场内的采空区，进行平整或造田；将废石与水泥浆均匀混合后胶结充填于采场。对废水的治理包括适当处理后返回复用；净化后作冷却水用或达标排放。对废气的治理包括水喷淋降尘；选用通风装置系统进行排风收尘后返回利用；排风收尘后经无害化处理，达标排放。

（3）大力发展循环经济，提高尾矿砂、熔炼渣、废水、余热等的资源化利用水平。

活动建议

（1）请在 Internet 上查询你所在城市或地区有哪些冶金工业，并绘制一张冶金工业分布示意图。

（2）重点分析 2～3 个冶金工业部门的布局条件，说明其布局的合理性。

综合知识模块四　化学工业

化学工业是国民经济的基础产业之一，与国民经济各领域及人民生活密切相关。化学工业包括以石化基础原材料为加工对象的延伸化工、煤化工、盐化工、生物化工及精细化工等领域，主要有酸碱盐工业、化肥工业、煤化工工业及石油化工工业等。化学工业为工农业生产提供重要的原料保障，对农业生产的稳定与发展至关重要；为国防生产配套高技术材料，并提供常规战略物资。

目前，我国已建立起门类较齐全，品种大致配套的化学工业体系，包括化学矿山、化肥、无机化学品、纯碱、氯碱、基本有机原料、农药、染料、涂料、新领域精细化工、橡胶加工和新材料等十二个主要行业，基本上可以满足国内的需要。一些大型生产装置也达到和接近国际先进水平。我国化学工业的生产能力和产量都比较大。有十余种主要化工产品的产量居世界前列。

知识点 1　我国化学工业的特点和布局要求

经济的高速增长使得我国对化工产品的需求持续增加，特别是建材、房地产、电子电信、汽车和包装等行业的快速发展，拉动了基本化学原料、合成材料等产品生产的稳定增长，而化肥、农药行业在国家农业政策的促进下也继续看好。

今后，我国化学工业的发展方向是抓好产品结构调整，大力发展农用化学品、石油化工等产业，积极开拓高新技术和新兴化工产业领域。同时，要特别注重环境保护，解决化工发展中产生的种种环境问题，实施可持续发展战略。

（1）原料和能源因素：化学工业所用到的矿物资源主要有煤、石油、天然气和原盐等，还有硫化矿物、磷矿石及其他化工矿物。化学工业所使用的原料来源较广，同一种原料可生产不同的化工产品，但化学工业耗能大，因此在进行化学工业布局时可将原料和能源因素作为主要的考虑因素，尽量减少其运输量。

（2）产品因素：许多化工产品、化工中间产品具有易燃、易爆、易腐蚀的特性，不宜长途运输，所以在布局时应尽可能接近消费地。

（3）生产技术与管理因素：通常化学工业对生产技术和管理水平要求较高，生产设备也比较贵重，所以化学工业布局一般应考虑地区的技术、经济条件和其他协作条件。

（4）环境因素：化学工业属高污染行业，而且生产环境特殊，需要高温、高压、真空条件，容易引致燃烧、爆炸和毒气泄漏等事故，所以其布局要特别注意保护环境，远离人口集中地区，避免设在城市上风或河流上游地区等。

💡 想一想

你对哪些化工产品比较熟悉？它们各自有什么特性？对运输、环境等有无特别要求？

知识点 2　我国化学工业的布局

1. 酸碱盐工业

酸碱盐工业主要是指生产硫酸、硝酸、盐酸、磷酸、烧碱和纯碱的工业部门。酸产品腐蚀性强，应靠近消费区布局；纯碱工业一般应设在原盐产地布局；烧碱工业一般应设在电力充足、交通方便、水质良好的消费区布局。

硫酸具有强烈的腐蚀性和氧化性，是一种重要的工业原料，可用于制造肥料、药物、炸药、颜料、洗涤剂、蓄电池等，也广泛应用于净化石油、金属冶炼以及染料等工业中。2019年，我国硫酸产量超过500万t的省份有六个，分别是云南、湖北、贵州、四川、安徽和山东，合计产量占全国总产量的53.5%。

硝酸是一种重要的化工原料，在工业上可用于制作化肥、农药、炸药、染料、盐类等。我国硝酸的消费主要用于化学工业，其次用于冶金工业和医药工业。目前我国硝酸产量主要集中在华东地区，占到全国浓硝酸产量一半以上。华东地区浓硝酸产量集中在江苏、安徽、浙江、山东等地；西南地区浓硝酸产量主要来川渝地区。

我国盐酸工业一直以副产品盐酸为主，盐酸生产企业主要集中在氯碱和化肥行业。作为重要的无机化工原料，盐酸被广泛应用于医药、染料、食品、冶金、印染和皮革等行业。我国盐酸生产主要集中在华东、华中及华北地区，2018年华东地区盐酸产量占我国盐酸总产量的40.13%，华中地区占比15.14%。2018年山东、江苏、浙江、河北四大产区年产量均维持在50万t以上，河南、上海、湖北、内蒙古四省区年产量也均超过40万t。

我国磷化工产业布局极不均衡，西南地区主要为原材料生产地，东部、南部沿海地区则为深加工区，形成了"南磷北运，西磷东调"的格局。磷酸产区主要分布在广西、广东、云南、湖北、江苏等地，其次是贵州、四川、河南、山东等地区。

烧碱是一种具有强腐蚀性的强碱，主要用于生产染料、纸、肥皂、人造丝以及石油精制、冶炼金属、木材加工、食品加工及机械工业等方面。山东省是我国烧碱生产第一大省，2019年烧碱产量为960.96万t，产量占全国总产量的27.74%，其次是内蒙古自治区和江苏省。

纯碱主要用于平板玻璃、玻璃制品和陶瓷釉的生产以及生活洗涤、酸类中和、食品加工等。我国纯碱产量排名前四的省份分别是江苏、青海、山东和河南。2019年，江苏纯碱产量排名第一，累计产量为513.03万t，占全国总产量的17.8%；其次是青海，产量为453.23万t，占全国总产量的15.7%。

2. 化肥工业

我国是世界上化肥第一生产大国和消费大国。目前，我国主要使用的化肥为钾肥、氮肥、磷肥以及复合肥。

我国钾肥原料主要来自卤水、固体矿、海水、难溶钾。据2018年统计数据显示，大约86%的资源型钾肥产能分布在青海，约13%的产能分布在新疆，其余约1%分布在云南、山东和江苏。加工型钾肥分布比较广泛，其中硫酸钾生产主要分布在山东、广东、河北、重庆、吉林、辽宁等省市，硝酸钾生产主要分布在山东、青海、湖南、江西、山西等省，磷酸二氢钾生产主要分布在湖北、四川、云南、重庆等省市。

氮肥的上游资源包括煤炭和天然气。我国的气头尿素企业主要分布在四川和云贵一带，基本围绕天然气资源建造；而煤头尿素企业更多以无烟煤为原料，分布在山西、河南等地。

我国磷肥的主要生产地为湖北、云南和贵州，2018年三省总产量占全国产量的70%以上。2018年，我国磷肥施用量最多的地区为河南、新疆和黑龙江。

3. 有机化学工业

有机化学工业是以石油、天然气、煤等为基础原料，生产各种有机原料的工业。有机化学工业包括石油化工、煤化工和精细化工等。

石油化工是以石油和天然气为原料，生产石油产品和石油化工产品的加工工业。石油产品又称油品，主要包括各种燃料油（汽油、煤油、柴油等）、润滑油以及液化石油气、石油焦炭、石蜡、沥青等。我国炼油工业均分布于我国经济最发达的东部及南部沿海一带。据2018年统计数据，山东是国内炼油产能最大的省份，炼油能力约占全国的26%。从成品油产量来看，山东占比高达19%；辽宁、广东、江苏、上海（仅有央企）分别以占比11%、9%、6%和5%位居成品油生产能力前五位。这五个省份成品油生产能力已占我国成品油总生产能力的51%。

煤化工是以煤为原料，经化学加工转化为气体、液体和固体以及化学品的过程。目前，我国煤化工项目主要集中在内蒙古、陕西、宁夏、山西、新疆等省区，初具规模的煤化工基地主要有鄂尔多斯煤化工基地、宁东能源化工基地、陕北煤化工基地及新疆的准东、伊犁等。煤化工产品的主要市场为我国东部经济较为发达的沿海地区，包括珠三角、长三角、环渤海经济圈等地。

精细化工是生产精细化学品工业的简称，精细化学品的品种繁多，包括无机化合物、有机化合物、聚合物以及它们的复合物。精细化工产品不仅涵盖日常生活的方方面面，如食品添加剂、饲料添加剂、医药、染料、农药、涂料、日化用品、电子材料、造纸化学品、油墨、皮革化学品等，还在航空航天、生物技术、信息技术、新材料、新能源技术、环保等高新技术领域广泛应用。我国精细化工企业主要集中在长江三角洲（江苏、浙江）、珠江三角洲（广东）和环渤海经济带（山东、辽宁）。从产值来看，山东、江苏、广东、浙江、上海、四川、辽宁、河南等省市占据了前八位，集中度已达70%。

活动建议

搜集有关资料，就某一个化工园区分析其规划依据、产业特征、一体化运作方式以及对地区经济发展的意义等。

综合知识模块五 ▶ 建材工业

无论是举世瞩目的三峡水利工程、四通八达的高速铁路、公路，还是迅速变化的城市面貌，都需要建筑材料。建材工业是提供建筑材料和各种非金属产品的原材料工业部门，如水泥、玻璃、建筑用陶瓷、石棉、石墨、金刚石和大理石等。在许多国家，建筑业已成为国民经济发展的支柱产业。

随着我国经济和城市化建设的快速发展，建材工业也在迅猛发展，已成为国民经济非常重要的基础性产业。在未来一段时期内，我国国民经济将实行中高速增长、结构优化和创新驱动的稳定发展模式，而传统建材行业作为一个资源消耗大、能源消耗大、环保问题突出的产业，其发展模式将受到巨大的挑战，增长的速度和方式会面临很大调整。总体来看，传统建材增长空间不大，着力于结构调整和增长方式的转变；而具有安全、环保、健康、节能、智能等概念的绿色建材将得到长足发展，成为行业增长的推进器。

知识点 1　建材工业的布局特点

在进行建材工业布局时，通常应考虑如下因素。

（1）接近原料产地。建材的原料通常有石灰石、石膏、石英砂和石棉等，这些材料一般体重、量大、价值低，不宜长途运输。

（2）接近能源产地。因为建材工业通常要消耗很多的能源，如电、燃料等。

（3）接近消费地。建材工业的产品常常属于长、大、重类型，布局时应考虑销售和消费因素。

（4）建材工业所产生的粉尘、噪声等对环境有较大的影响，布局时要考虑环境保护和生态平衡等因素。

综合来看，在进行建材工业布局时，要注意因地制宜，综合协调原料、能耗、产、运、销等因素，做到经济合理和环境保护。

知识点 2　我国建材工业的布局

1. 水泥工业

水泥工业是建材工业中最重要的部门。水泥、钢材和木材是建筑中使用最多的三大材料。制造水泥的主要原料有石灰石、大理石、黏土、泥板岩、石膏和矿渣等。水泥工业具有原料消耗大、能耗大、产品运输量大等特点，所以在布局上常常靠近石灰石产地、能源供应地以及使用地，做到就近取材、就近生产、就近消费。全国绝大部分地区都生产水泥，基本上形成了全国协调的布局体系。目前，我国水泥行业生产主要集中在东北、华北、西北、华东、中南以及西南六大区域。水泥消费增长呈现"南高北低"的特点。我国水泥熟料生产主要集中在华东、中南和西南地区，2018 年这几个地区的合计产能已占到全国总产能的 70%。其中，华东地区产能占全国总产能的比重最大，达到 27%，其大型企业产能占比高，市场集中度较高；其次是中南地区，占比为 24.31%。

2. 玻璃工业

玻璃在国民经济中的应用非常广泛。生产玻璃要耗用大量的原料和燃料，同时玻璃容易破损，不宜长途运输，所以玻璃工业一般要求接近燃料地和石英砂矿区，有较好的供水、供电条件，同时也要靠近消费地区，尤其是大城市。我国石英矿资源丰富，主要分布于广东、广西、海南、福建、云南、四川、江苏、黑龙江等地。平板玻璃生产主要分布于河北、广东、湖北、山东、四川、福建、辽宁、浙江、江苏、天津、安徽、湖南等省市。

3. 建筑卫生陶瓷工业

我国是世界陶瓷制造中心和陶瓷生产大国，年产量和出口量居世界首位。陶瓷按用途的不同可分为日用陶瓷、艺术（陈列）陶瓷、卫生陶瓷和建筑陶瓷四大类。

目前，我国已建成广东佛山建筑陶瓷生产基地，广东潮州日用、艺术、卫生陶瓷生产基地，河北唐山、山东淄博、湖南醴陵、广西北流、福建德化等日用陶瓷生产基地以及江西景德镇艺术陶瓷生产基地。陶瓷行业发展呈区域化、分工化、同类型产品生产聚集化的特点。我国建筑陶瓷工业既广泛分布于全国各地，又主要集中于"三山"地区，即河北的唐山、山东的博山和广东的佛山。我国卫生陶瓷主产于广东、河北、河南和福建等地。

数数看，你的身边有多少种建材产品，你能说出它们的产地是哪里吗？

综合知识模块六 机械工业

知识点 1 机械工业的特点和布局要求

机械工业是制造各种机器设备的工业部门，被称为"工业的心脏"。机械工业的发展水平是一个国家经济发展水平的重要标志。机械工业也是我国产值最高的工业部门。

机械工业是一个庞大的体系，产品供应着国民经济的各个部门。具有产品种类繁多、结构精密，对生产的工艺和专业要求十分高，消耗金属多的特点。所以机械工业的布局要求一般是：接近金属原材料地和消费地，具有良好的专业化协作条件及一定的技术基础。不同类型的机械工业在原材料使用、产品特性和面向市场等方面又有所不同，所以在布局上也各有侧重。

知识点 2 我国主要机械工业部门的布局

1. 工业设备制造业

工业设备制造业是指装备各工业本身各种机器设备的部门，主要有重型机械、通用机械、机床工具、仪器仪表、电工制造、轻纺工业设备和商业机械等。

重型机械制造业主要包括冶金、矿山、起重、运输和工程等设备制造业，其产品金属结构多、体积笨重、运输不便，一般应接近钢铁工业基地布局，主要有辽宁和上海两个重要基地。

通用机械制造业主要是指各种通用机械、石油化工设备、环保设备、空气分离设备和轻工机械等。我国主要的通用机械制造基地有上海、大连、沈阳和郑州等地。

机床工具主要是指金属切削机床、锻压设备、铸造机械、木工机械、标准紧固件、量具、刀具和磨具等。机床工具是机械工业的基本生产工具，被称为"机械工业之母"，其发展水平是衡量一个国家工业化水平的标志之一。我国的普通机床制造中心分布在上海、北京、沈阳和济南等地；精密机床制造中心主要分布在上海、北京、哈尔滨和成都等地；重型机床制造中心主要分布于武汉、上海和西宁等地。

仪器仪表包括自动化仪表、光学仪器、电工仪表、材料试验机、电影和照相机设备等，这类产品一般结构精密、生产复杂、技术要求严格，主要分布在科技中心和科技发达地区。上海是我国最大的制造中心，其次是西安、重庆、哈尔滨、南京和北京等。

电工制造业主要是指电站设备、电机、电材和工业锅炉等。最大的制造中心是上海，其次是辽宁、天津、黑龙江、江苏和陕西等地。

轻纺设备包括纺织、造纸、制糖、食品、卷烟和厨房设备等，布局上接近消费区。这类工业遍布各地，主要的制造基地有上海、榆次、天津、郑州和广州等。

2. 农业机械制造业

农业机械包括拖拉机、排灌机械、收割机、农副产品加工机械和牧林渔业机械，其中拖拉机是最常见的农业机械。农机工业布局的主要依据还是农业的区位布局，各地都有不同规模和类别的农机工厂，其制造主要分布在洛阳、上海、天津、鞍山、南昌、兖州、柳州和长春等地。

3. 运输机械制造业

运输机械制造业主要包括汽车制造业、铁路机车制造业和船舶业等。

汽车生产技术复杂，所需材料要求高，一般布局在多种工业发达的地区（见图4-13）。我国汽车制造业主要分布在江苏、重庆、湖北、山东、河北、广东、吉林、上海、湖南、浙江、北京、四川等省市。汽车制造业不同行业区域集聚差异明显：整车制造行业集聚性较高的地区是吉林、广东、湖北、重庆；汽车零部件及配件制造行业主要集聚在江苏、上海、浙江、安徽、广东。受劳动力、土地、资源等生产要素成本上升的影响，我国的汽车消费市场和汽车产业逐渐向中西部地区转移，未来中西部地区将成为我国汽车生产和消费的主力。

图4-13　全自动轿车生产线

铁路机车制造业产品种类单纯，在生产中需要耗用大量的钢材，技术要求较高，其布置必须考虑原材料、运输和技术条件。2019年，我国铁路机车产量为1 319辆，同比增长6.2%。铁路机车制造业主要分布在沈阳、大连、唐山、株洲、西安、太原、成都等地。

船舶制造业的特点是产品数量少、体积大、耗材多、生产周期长、技术要求高，一般应建立在工业和科技发达的海港、河港城市。我国的海轮制造中心有上海、大连、广州、天津和青岛等近海城市以及武汉、南京、芜湖、九江、宜昌、重庆和哈尔滨等沿河城市。

4. 航空航天工业

经过数十年的发展，我国航天工业中的许多技术已经跻身世界前列。航天工业对技术及各类配套设施要求十分高，一般分布在科技发达、交通便利、电信通畅的地区，如北京、上海、南京、西安、沈阳、重庆、昆明和哈尔滨等地。上海是我国重要的航天基地。我国现在可以制造多种飞机类型，飞机制造中心主要分布在上海、沈阳、西安、南昌、成都和哈尔滨。西昌、酒泉、太原和文昌是我国四大航天发射基地。

综合知识模块七 电子工业

知识点 1 我国电子信息产业概况

电子工业是提供各种电子信息技术和产品的部门的总称。电子信息产业是当前世界发展最快的高新技术产业。电子信息产品包括电子通信产品、广播电视产品、计算机产品、家用电子产品、电子测量仪器产品、电子雷达产品、电子专用产品、电子元器件产品和电子应用产品等（见图4-14）。信息产业的技术水平和应用程度，已成为衡量一个国家的经济、军事、科技和社会文化综合国力的重要标志之一。

图 4-14 计算机生产大型自动储机线

我国是全球最大的消费类电子产品生产国、出口国和消费国，2018年，我国手机、计算机和彩电产量分别占到全球总产量的90%、90%和70%以上，均稳居全球首位。随着平板电脑、智能手机家用电器、智能终端等消费类电子产品对社会变化影响力的日益增大，我国电子信息产业保持着较快增长。

我国的软件和计算机产业集群多依托于城市发展，主要分布在各省会城市和一些大型城市，其中北京、上海、深圳、南京、成都、济南等地的集群规模较大，发展较快。2019 年，重庆市连续第六年成为全球最大的笔记本电脑生产基地，产量约占全球的 40%。

根据国家统计局数据显示，2018 年我国手机产量第一的地区是广东，手机产量达到 8.08 亿台，占全国的手机总产量的 44.9%；第二名是重庆，占比 10.5%；第三名是四川，占比 5.2%；第四名是北京，占比 5.0%；第五名是浙江，占比 2.9%。五省的手机产量占全国总产量的 68.5%。

彩电行业是我国电子信息产业的支柱性、战略性、先导性产业。随着消费升级和大屏交互升级，对消费者来说，除了传统的收看电视节目外，用电视、玩电视逐渐成为许多家庭的日常休闲娱乐方式。智能电视机是集智能系统、网络功能、语音或手势操作功能、网购、人机互动等功能为一体的电视机。2019 年，我国在广西北海建成全球规模最大的智能电视机生产基地和西南地区最大的智能手机生产基地。

人类社会经历了机械化、电气化、数字化时代，正在向智能化时代演变，传统的生产生活方式和产业发展模式逐步被颠覆。按照党中央、国务院的统一部署，落实推进"中国制造 2025""互联网＋"等重大战略，集中力量突破核心技术瓶颈，努力打造以人工智能、智能硬件等为代表的智能信息产业。智能技术、智能产品、智能服务等正在成为电子信息产业的重要发展趋势，为电子信息产业提供了新的发展空间和发展动力。

知识点 2　电子工业的生产特点和布局要求

电子信息产业技术含量高、更新快、应用广、投资大，在布局上尽可能接近工业基础好、经济实力雄厚的科技中心或工业发达地区，并考虑以下具体条件。

（1）知识条件：知识主要是指科技开发条件，如高校、科研所、技术工作者和管理人才等；科技应用条件，如迅速将科研成果转化为产品的能力；信息情报条件，如及时的市场信息等。知识条件是电子信息产业布局的决定性因素。

（2）环境条件：电子信息产业对外在环境，尤其是气候条件的要求很高，如温度和湿度适中、空气清新、阳光充足和水源质量好等。电子信息产业对电源电压的要求严格，要求所在地区供电稳定。

（3）运输条件：电子工业产品多属于短小轻薄的类型，精密度高，运量小，但生产协作性强，要求有便利快捷的交通条件与之配合。

想一想

你日常接触到的电子工业产品有哪些？它们的生产对环境、运输等有什么要求？

知识点3 我国电子工业的主要布局

目前，我国的电子工业已形成“一线多点”的基本格局，首先是沿海省市组成的电子工业带，包括以深圳为龙头的珠江三角洲地区、以上海为龙头的长江三角洲地区和以北京为龙头的环渤海湾地区；其次是以西安、成都、武汉、长沙和绵阳等重点城市为龙头的中西部地区。各基地都已根据自身优势发展出独具特色的产业集群。

珠江三角洲地区是我国规模最大、发展最快的电子信息产品加工密集带，其产业配套能力偏重于计算机产品和通信产品。广东省是我国电子制造业最发达的地区。

长江三角洲地区是我国另一个重要的电子信息产业带，可以进行所有计算机零部件的生产，是世界IT制造业的重点投资地区之一。

环渤海湾地区是全国最大的综合性IT产业密集带。这一地带科研力量雄厚，尤其是北京集中了许多软件开发与生产的优势，全国软件企业约有1/3集中在北京，天津、大连和青岛等地的IT产业也在高速发展，形成自身特色（见图4-15）。

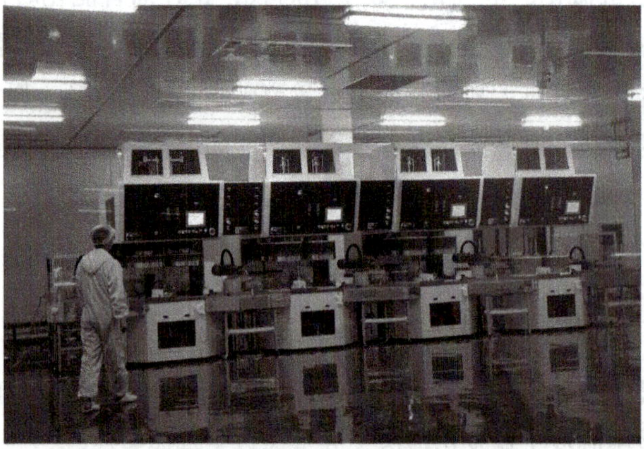

图4-15 天津现代化芯片制造车间

中西部地区的电子信息产业具有相当的技术基础，但总体上仍相对落后，其特点是军工电子比重大。从长远看该地区具备很大的发展潜力。

综合知识模块八 重工业物流

知识点1 物流与重工业的关系

物流业与重工业的关系从总体上来说是相互促进、相互支持的。

首先，重工业物流是物流体系中的重要组成部分。物流系统有两大构成部分，即生产物流和流通业物流。通常，物流需求的产生集中在以下几个环节：生产所需各种物料的供应，即供应物流——从原材料到车间的物流；生产内部各环节的衔接，即生产物流——企业内从半成品到产成品的物流（见图4-16）；产品售出运离企业，即销售物流——从产品到经销商、用户的物流；商品在社会上的流通，即流通业物流——经销商到用户的物流（见图4-17）。

图 4-16　奇瑞公司总装车间物流平台

图 4-17　出入库输送机

工业企业物流由轻工业物流和重工业物流构成，重工业产值又在工业产值中占了大半部分，所以重工业是物流业的重要载体，重工业的发展是拉动物流业发展的重要原动力。

重工业的发展也离不开物流业的支持。物流业对重工业发展的促进作用主要体现在以下几个方面。

（1）物流业为重工业企业的经营创造了良好的外部环境。重工业企业要正常运转，要保证原材料、燃料、零部件等可按生产计划及时到位，也要保证产成品的顺利流通，这些都需要物流活动提供支持。

（2）物流业可降低重工业企业的成本。企业的生产要正常运行，原材料的供应必须及时到位，但从提高经济效益的角度看，又必须控制原材料的储存量，而物流业可以利用自身在专业、规模和信息等方面的优势，使企业实现这些成本的最佳结合点。

（3）物流业可提高重工业企业的竞争力。在现代社会中，企业和企业之间竞争的焦点已经不仅仅停留在价格上，而是日益多维化，包括迅速适应市场需求、快速反馈客户、准时供货、及时售后维护等，现代化的物流技术和先进的物流管理组织可协助企业实现这些功能，从而提高企业的竞争力。

知识点 2　煤炭物流

从上游的煤矿生产企业到下游的电力、冶金等工业企业，我国煤炭物流业的分布较为分散，且流通环节众多。按照企业性质不同，大致可将煤炭物流企业分为三大类：大型煤企下属物流子公司、大型民营煤炭物流企业和中小型第三方物流公司。

我国煤炭生产与消费需求存在着巨大的空间差异，这决定了我国煤炭物流"北煤南运、西煤东运"的基本格局，大量的煤炭资源自西向东、由南向北、长距离、多次转运，且煤炭物流费用较高，这些都是我国煤炭物流的基本特点。

目前我国正逐渐形成以瓦日铁路、蒙华铁路、兰渝铁路为骨干，联结全国已有的铁路干线，辐射华东、华中、西南的东西共进、南北呼应的点对点铁路直达运输网络，形成直接连接供需双方、减少物流中间环节、减少煤炭市场的交易环节、减少对环境产生污染、使运输管理更加完善的煤炭物流体系。

知识点 3　水泥物流

近年来，全国水泥行业进入快速发展阶段，2018年全国水泥行业从产量和销量上都有不同程度的提高，同时存在着区域间产销不均衡的问题。在部分地区如西南、华东、东北等地，水泥熟料产能出现严重过剩的情况，大部分地区错峰生产已成常态。

近年来，水泥水路运输越发成熟，长江水道和东部沿海流域物流优势明显。随着大型码头的建设、船运装载能力的提升以及储存能力的改善，水泥的运输条件从传统意义上的"短腿"产品逐渐实现了长距离运输。这其中多集中在长江流域和东部沿海市场，形成了"西材东送"和"北材南下"的黄金通道。"西材东送"的主要输出区域为重庆、湖北、安徽、江西及江苏市场，因地处长江沿江市场，依托大型水泥生产企业的产能优势沿江发运至江苏、上海、浙江及福建等东部沿海地区；"北材南下"的主要输出区域为辽宁、河北、山东及江苏市场，输入上海、浙江、福建等地。

知识点 4　化工物流

近年来，随着我国化工产业的发展和物流产业的兴起，化工物流也迅速增长且急剧扩张。化学品行业的特殊性，以及国内不断扩大的市场规模，为国内化工物流提供了巨大的市场需求和发展动力。

我国化工品产销分布不均，物流运输量大。我国有5 000余种化工原料产销分布不均，以石油、天然气等为基础原材料的化工产业集群主要分布在西部地区，而化工园区更加集中在东部沿海地区，这就使得全国有95%以上的危险品货物需要异地运输。同时，化工物流设备专业化程度高，运作复杂，因此对技术和安全性的要求非常高，这也是化工物流的主要特点。例如，我国石油和化工产品品种达42 000多个，其中80%以上是危化品，具有易燃、易爆、有毒和腐蚀性等特性。

化工物流产品品种多样、运输量大、设备专业化程度高、运输区域广泛、运输方式多样等特点，促使我国化工物流业向一体化、专业化、信息化的方向发展。

活动建议

参观一家重工业企业，调研其供产销流程、内部的物流产生环节、物流特征和解决方式等，提交一份调查报告。

第五单元

运输业物流地理

本单元学习导引图

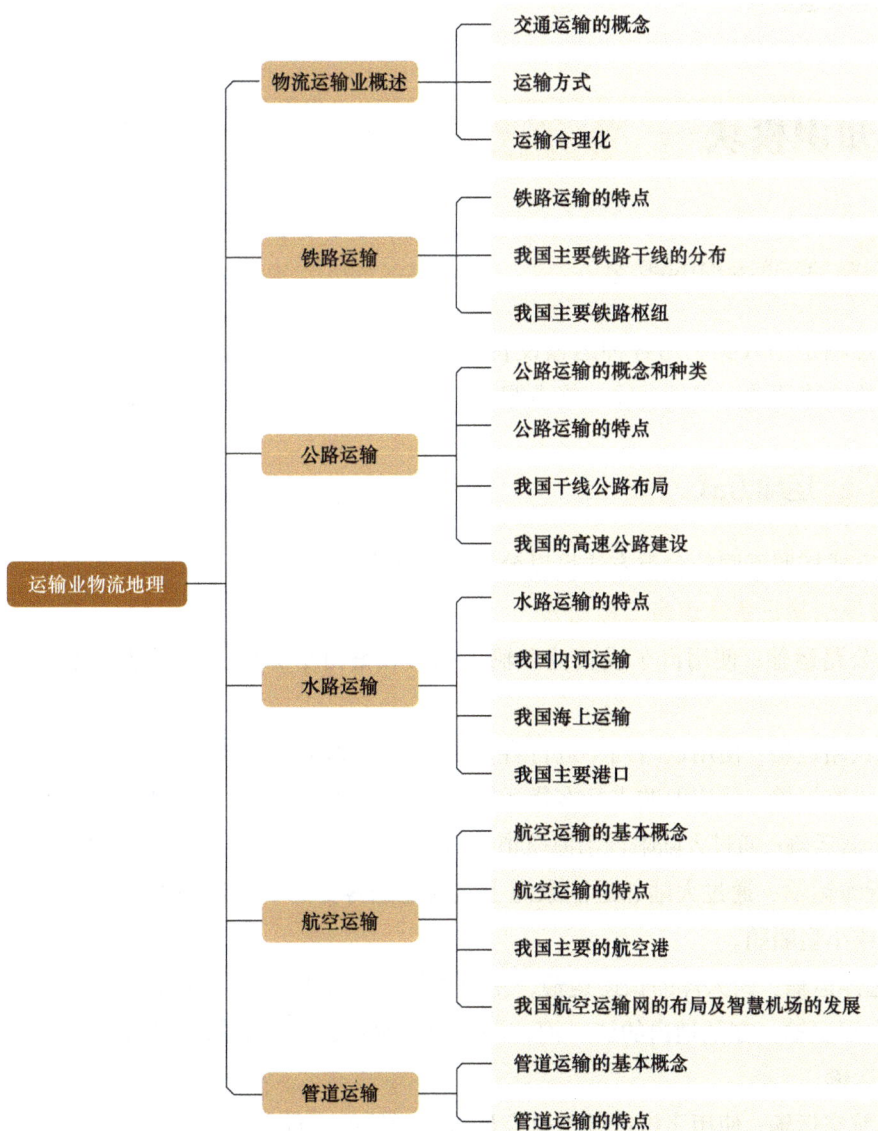

运输业物流地理
- 物流运输业概述
  - 交通运输的概念
  - 运输方式
  - 运输合理化
- 铁路运输
  - 铁路运输的特点
  - 我国主要铁路干线的分布
  - 我国主要铁路枢纽
- 公路运输
  - 公路运输的概念和种类
  - 公路运输的特点
  - 我国干线公路布局
  - 我国的高速公路建设
- 水路运输
  - 水路运输的特点
  - 我国内河运输
  - 我国海上运输
  - 我国主要港口
- 航空运输
  - 航空运输的基本概念
  - 航空运输的特点
  - 我国主要的航空港
  - 我国航空运输网的布局及智慧机场的发展
- 管道运输
  - 管道运输的基本概念
  - 管道运输的特点

➤ 理解交通运输的概念；了解现有运输方式分类。

➤ 理解运输合理化的含义；了解不合理运输的种类；了解运输合理化的影响因素及运输合理化应采取的措施。

➤ 掌握各主要运输方式的特点、主要干线运输网的布局以及重要运输枢纽布局。

运输业是物流业的主要组成部分，如同人体中的血液一样，运输将社会生产同社会生活紧密结合起来，将全球各个角落有机地连为一体。尤其是随着社会分工的逐步深入和细化，区域间经济联系不断加强，市场竞争不断加剧，使得交通运输业在社会经济发展和社会生活中的地位越来越重要。

综合知识模块一 ▶ 物流运输业概述

知识点 1 交通运输的概念

交通运输是指人类利用各种运输设备和工具，将物品沿特定线路从一个地点运送到另一个地点的位移活动，包括运输、终点服务、货物储存和装卸等一系列的业务活动。

知识点 2 运输方式

运输方式按照不同的分类方法可以分为以下几类：

1. **按照运输设备及运输工具划分**

（1）公路运输：使用汽车或其他车辆（如人和畜力车）在公路上进行客货运输的一种运输方式。

（2）铁路运输：使用铁路列车进行客货运输的一种运输方式。

（3）水路运输：使用船舶进行客货运输的一种运输方式，主要包括以下四种形式。

1）沿海运输：通过大陆附近沿海航道运送客货的一种运输方式，一般使用中、小型船舶。

2）近海运输：通过大陆邻近国家海上航道运送客货的一种运输方式，根据航程远近可使用中型或小型船舶。

3）远洋运输：跨大洋的长途运输，主要依靠运量较大的大型船舶。

4）内河运输：在陆地内的江、河、湖、川等水道进行运输的一种方式，主要使用内河船舶进行运输。

（4）航空运输：使用飞机或其他航空器进行运输的一种方式。

（5）管道运输：利用管道输送气体、液体或粉状固体的一种运输方式。与其他运输方式不同的是，管道设备是静止不动的，是依靠物体在管道内顺压力方向循序移动以实现其运输的一种方式。

2. 按照运输线路划分

（1）干线运输：干线运输是运输的主体，是利用铁路、公路的干线，大型船舶的固定航线进行的远距离、大数量运输的一种形式。干线运输的速度较同种工具的其他运输要快，成本也较低。

（2）支线运输：支线运输是在与干线相接的分支线路上的运输。支线运输是干线运输与收、发货地点之间的补充性运输形式，具有路程较短、运量较小的特点。由于支线的建设水平和运输工具水平往往低于干线，因而运输速度相对较慢。

此外，还有城市内运输和厂内运输。

3. 按照运输的协作程度划分

（1）一般运输：孤立地采用不同的运输工具或同类运输工具而没有形成有机协作关系的运输，如汽车运输、火车运输等。

（2）联合运输：联合运输简称联运，是根据同一运输计划，使用同一运输票据，由不同运输方式或不同运输企业进行有机衔接，联合实现货物或旅客的全程运输。联合运输不仅对挖掘运输潜力、发挥各种运输工具的优势、组织合理运输、提高运输效率具有重要的作用，还可以简化托运手续，方便用户，节省时间，有利于降低运费。目前，联合运输成为现代交通运输的一种重要组织形式。

根据联运的定义，联运可以有多种形式，目前常用的形式有铁海联运、公铁联运、公海联运和多式联运等。

知识点 3 运输合理化

1. 合理运输的含义

合理运输是指合理利用综合运输网中的各项运输设施，具体是指在实现社会产销联系的过程中，为选取运距短、运力省、运费低和速度快的最佳运输路线和运输方式所组织的运输。组织合理运输对于货物运输有重要的意义，不仅可以提高运输能力，充分发挥各种运输方式的优势，提高运输效率，而且可以减少货物中转环节和装卸次数，有效减少货物损失，缩短货物在途时间，加速货物周转，节省运输费用，提高社会经济效益。

2. 不合理运输的形式

不合理运输是在现有条件下可以达到的运输水平而未达到，从而造成运力浪费、运输时间增加、运费超支等问题的运输形式。目前我国存在的主要

> **💡 想一想**
>
> （1）物流运输中会出现哪些不合理的运输现象？
>
> （2）不合理运输造成的危害是什么？在实际业务中能否避免？

不合理运输形式有以下几种。

（1）空驶：空驶是指空车无货载行驶，是不合理运输中最严重的形式。

（2）对流运输：对流运输也称"相向运输"或"交错运输"，是指同一种货物在同一线路或平行线路上做相对方向的运送，而与对方运程的全部或一部分发生重叠交错的运输。

（3）迂回运输：迂回运输是舍近取远的一种运输，即可以选取短距离运输，却选择路程较长的路线进行运输的现象。

（4）重复运输：重复运输主要是指本来可以将货物运到目的地，但在未到达目的地或目的地之外的其他场所就将货物卸下，再重复装运，送达目的地；或是同品种货物在同一地点一面运进，同时又向外运出的现象。

（5）倒流运输：倒流运输是指货物从销售地或中转地向产地或启运地回流的一种运输现象。

（6）过远运输：过远运输是指调运货物舍近求远的一种运输现象。

（7）运力选择不当：运力选择不当是指未发挥各种运输工具优势、不正确选择运输工具造成的不合理现象，如弃水走陆、"小马拉大车"、用铁路或大型船舶进行过近运输等。

（8）托运方式选择不当：对于货主而言，可以选择最好的托运方式而未选择，造成运力浪费及费用支出加大的一种不合理运输。

（9）超限运输：超限运输是指超过规定的长度、宽度、高度或重量的运输，是目前表现突出的一种不合理运输现象。

📁 **资料卡**

实 载 率

实载率有两个含义：①单车实际载重与运距乘积和标定载重与行驶里程乘积的比率，这在安排单车、单船运输时，是作为判断装载合理与否的重要指标；②车船的统计指标，即一定时期内车船实际完成的货物周转量（以吨公里计）占车船载重吨位与行驶公里乘积的百分比。在计算车船行驶的公里数时，不仅包括载货行驶，也包括空驶。

---

3. 运输合理化的有效措施

影响运输合理化的因素有很多，起决定性作用的有运输距离、运输环节、运输时间和运输费用等要素。运输合理化就是尽可能地缩短运输距离、减少运输环节、节省运输时间、降低运输费用。在生产实践中，为避免不合理运输所采取的措施主要有以下几种。

（1）提高运输工具的实载率。提高实载率的意义在于充分利用运输工具的额定能力，减少空驶和不满载行驶的时间，减少浪费，从而求得运输的合理化。

目前，国内外开展的配送形式，以及在铁路运输中采用整车运输、合装整车、整车分卸及整车零卸等具体措施，都是提高实载率的有效措施。

（2）采取减少动力投入、增加运输能力的有效措施以求得合理化。运输的投入主要是能耗和基础设施的建设。在基础设施建设已定型和完成的情况下，尽量减少能源投入就能大大节约运费，降低单位货物的运输成本，从而达到运输合理化的目的。比如，我国在客货运输紧张时，采取加长列车和多挂车皮、水运拖排和拖带法（见图5-1）、内河货运的顶推法（见图5-2）、汽车列车以及选择大吨位汽车等方法来缓解运输压力。

图 5-1　长江上的拖轮

图 5-2　长江上的顶推船

（3）发展社会化的运输体系。运输社会化的含义是指发展运输的大生产优势，按实际专业进行分工，打破一家一户自成运输体系的状况。这是避免不合理运输、有效利用运力的非常重要的措施。

（4）开展中短距离铁路公路分流，以公路代替铁路。在公路运输经济里程范围内，或者经过论证公路运输比较经济，尽管超出平均经济里程范围，也尽量利用公路进行运输。目前，"以公代铁"在杂货、日用百货运输及煤炭运输中较为普遍，运距一般在 200km 以内，有时可达 700～1 000km。例如，山西煤炭运至河北、天津和北京等地就可以采用公路运输来代替铁路运输。

（5）尽量发展直达运输。减少中转换载可以提高运输速度，节省装卸费用，降低中转货损。直达运输是追求运输合理化的重要形式。

（6）配载运输。配载运输是指充分利用运输工具的载重量和容积，合理安排装载的货物及载运方法以求得合理化的一种运输方式。配载运输也是提高运输工具实载率的一种有效形式。配载运输往往是在以重质货物运输为主的情况下，同时搭载一些轻泡货物。例如，利用海运运输矿石等重质货物时，在舱面捎运木材等货物。

（7）"四就"直拨运输。"四就"直拨是指减少中转运输环节，力求以最少的中转次数完成运输任务的一种形式。首先是由管理机构预先筹划，然后就厂、就站（码头）、就库或就车（船）将货物分送给用户，省略了批量到站或到港的货物先入库再分销的程序。

（8）发展特殊运输技术和运输工具，如配备专用散装机的罐车、袋鼠式车皮、大型半挂车、滚装船和集装箱运输等。

（9）发展流通加工业，使运输合理化。该措施是指将不宜实现合理化运输的产品进行适当加工,以适合进行合理化运输。例如将轻泡货预先捆紧并包装成规定尺寸,或将水产品和肉类预先冷冻等。

✎ **活动建议**

（1）在 Internet 上查询不合理运输形成的原因和解决措施。

（2）在教师的指导下,以小组为单位调查生产企业或物流企业运输设计的原则,思考如何避免不合理运输,并写出调查报告。

综合知识模块二 铁路运输

铁路运输是 19 世纪工业革命的产物,至今在交通运输体系中仍占有重要地位,在疆域辽阔的国家,其地位尤为突出。我国幅员辽阔,资源与生产力布局错位分布,地区间经济发展不平衡,加上以煤为主的能源结构和人均 GDP 较低等因素,使铁路运输成为我国综合运输网中的骨干,承担着大部分客货中长途运输任务。

拓展知识链接

5 分钟,穿越中国铁路百年

星球研究所出品

知识点 1 铁路运输的特点

与其他运输方式相比,铁路运输具有以下几个特点。

（1）运输运载量大:铁路在各种运输方式中,运输能力一般仅次于水运,是普通卡车的数百倍甚至上千倍。

（2）运输速度快:在各种运输方式中,铁路运输的速度仅次于航空运输,其运行时速平均可达 100km/h,高速列车时速可达 300km/h。

（3）受气候影响小:铁路运输基本上不受天气和气候变化的影响,安全准时,可一年四季昼夜不停地连续工作。

（4）运输价格较低:在各种运输方式中,铁路运输成本只略高于水运,其长途运输成本远低于公路运输。

议一议 ▶

根据铁路运输的特点，举例说明铁路运输适宜运输何种货物。

知识点 2 我国主要铁路干线的分布

我国铁路行业在改革开放后取得了令人瞩目的发展，截至 2018 年年底全国铁路运营里程达到 13.1 万 km，其中高速铁路运营里程 2.9 万 km，居世界第一。

2016 年 7 月，国家发展改革委、交通运输部、中国铁路总公司联合发布了《中长期铁路网规划》，勾画了新时期我国高速铁路网的宏大蓝图，着力构建"八纵八横"高速铁路主通道。所谓高速铁路主通道是指连接区域中心或大城市间的能力强大的铁路线路，是由一条或多条功能相近的主要铁路干线构成的有机集合，是铁路运输网乃至整个综合运输网的主骨架（见图 5-3）。其基本特征包括：①运输强度大；②里程较长；③汇集和辐射范围广。

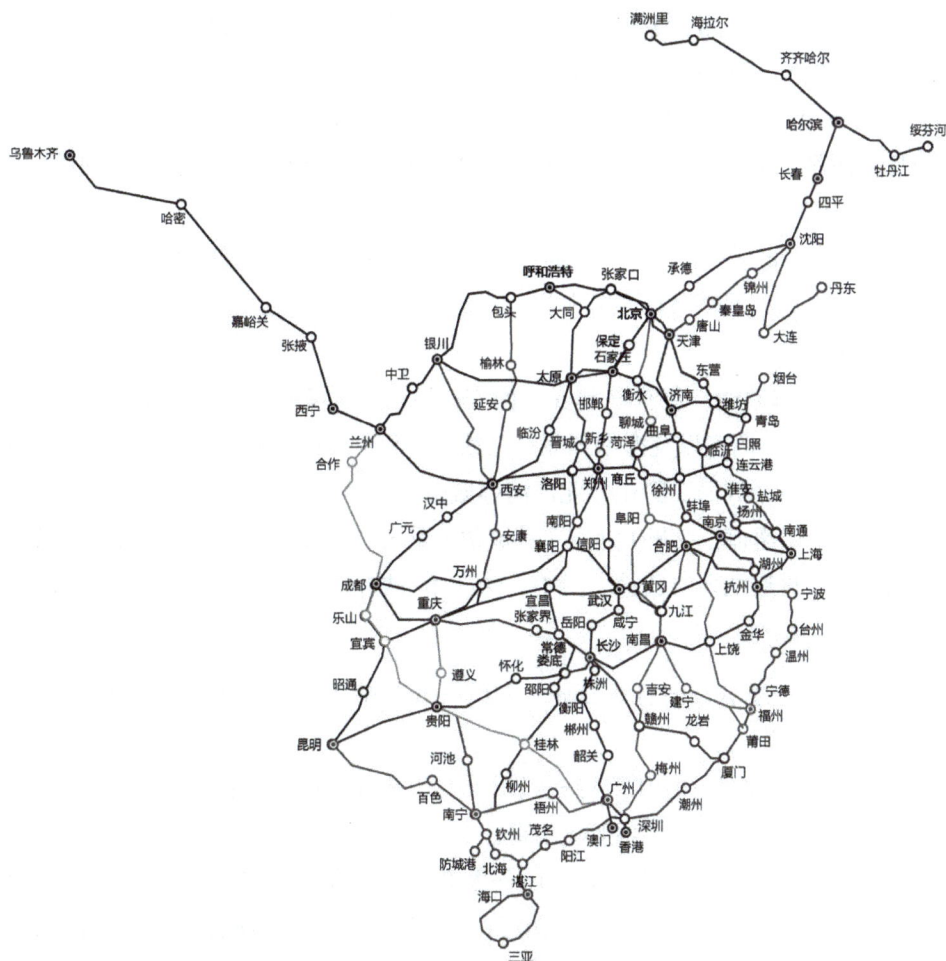

图 5-3 我国"八纵八横"高速铁路网

1. "八纵"通道

（1）沿海通道：大连（丹东）—秦皇岛—天津—东营—潍坊—青岛（烟台）—连云港—盐城—南通—上海—宁波—福州—厦门—深圳—湛江—北海（防城港）高速铁路（其中青岛至盐城段利用青连、连盐铁路，南通至上海段利用沪通铁路）。连接东部沿海地区，贯通京津冀、辽中南、山东半岛、东陇海、长三角、海峡西岸、珠三角、北部湾等城市群。

（2）京沪通道：北京—天津—济南—南京—上海（杭州）高速铁路，包括南京—杭州、蚌埠—合肥—杭州高速铁路，同时通过北京—天津—东营—潍坊—临沂—淮安—扬州—南通—上海高速铁路，连接华北、华东地区，贯通京津冀、长三角等城市群。

（3）京港（台）通道：北京—衡水—菏泽—商丘—阜阳—合肥（黄冈）—九江—南昌—赣州—深圳—香港（九龙）高速铁路；另一支线为合肥—福州—台北高速铁路（规划中），包括南昌—福州（莆田）铁路。连接华北、华中、华东、华南地区，贯通京津冀、长江中游、海峡西岸、珠三角等城市群。

（4）京哈-京港澳通道：哈尔滨—长春—沈阳—北京—石家庄—郑州—武汉—长沙—广州—深圳—香港高速铁路，包括广州—珠海—澳门高速铁路。连接东北、华北、华中、华南、港澳地区，贯通哈长、辽中南、京津冀、中原、长江中游、珠三角等城市群。

（5）呼南通道：呼和浩特—大同—太原—郑州—襄阳—常德—益阳—邵阳—永州—桂林—南宁高速铁路。连接华北、中原、华中、华南地区，贯通呼包鄂榆、山西中部、中原、长江中游、北部湾等城市群。

（6）京昆通道：北京—石家庄—太原—西安—成都（重庆）—昆明高速铁路，包括北京—张家口—大同—太原高速铁路。连接华北、西北、西南地区，贯通京津冀、太原、关中平原、成渝、滇中等城市群。

（7）包（银）海通道：包头—延安—西安—重庆—贵阳—南宁—湛江—海口（三亚）高速铁路，包括银川—西安以及海南环岛高速铁路。连接西北、西南、华南地区，贯通呼包鄂、宁夏沿黄、关中平原、成渝、黔中、北部湾等城市群。

（8）兰（西）广通道：兰州（西宁）—成都（重庆）—贵阳—广州高速铁路。连接西北、西南、华南地区，贯通兰西、成渝、黔中、珠三角等城市群。

2. "八横"通道

（1）绥满通道：绥芬河—牡丹江—哈尔滨—齐齐哈尔—海拉尔—满洲里高速铁路。连接黑龙江及蒙东地区。

（2）京兰通道：北京—呼和浩特—银川—兰州高速铁路。连接华北、西北地区，贯通京津冀、呼包鄂、宁夏沿黄、兰西等城市群。

（3）青银通道：青岛—济南—石家庄—太原—银川高速铁路（其中绥德至银川段利用太中银铁路）。连接华东、华北、西北地区，贯通山东半岛、京津冀、太原、宁夏沿黄等城市群。

（4）陆桥通道：连云港—徐州—郑州—西安—兰州—西宁—乌鲁木齐高速铁路。连接华东、华中、西北地区，贯通东陇海、中原、关中平原、兰西、天山北坡等城市群。

（5）沿江通道：上海—南京—合肥—武汉—重庆—成都高速铁路，包括南京—安庆—九江—武汉—宜昌—重庆、万州—达州—遂宁—成都高速铁路（其中成都至遂宁段利用达成铁路）。连接华东、华中、西南地区，贯通长三角、长江中游、成渝等城市群。

（6）沪昆通道：上海—杭州—南昌—长沙—贵阳—昆明高速铁路。连接华东、华中、西南地区，贯通长三角、长江中游、黔中、滇中等城市群。

（7）厦渝通道：厦门—龙岩—赣州—长沙—常德—张家界—黔江—重庆高速铁路（其中厦门至赣州段利用龙厦铁路、赣龙铁路，常德至黔江段利用黔张常铁路）。连接海峡西岸、中南、西南地区，贯通海峡西岸、长江中游、成渝等城市群。

（8）广昆通道：广州—南宁—昆明高速铁路。连接华南、西南地区，贯通珠三角、北部湾、滇中等城市群。

知识点 3 我国主要铁路枢纽

1. 铁路枢纽的概念

铁路枢纽是指多条铁路干线交汇处，是铁路运输网络中的连接中心。四通八达的铁路运输网络是由规模大小不等、性质存在差异的铁路枢纽和与其连接的铁路干线共同组成的。铁路枢纽的布局、技术装备和作业能力等对客货运量的大小及行车速度的快慢有直接影响。

2. 铁路枢纽的功能和作用

（1）衔接各条干线，使各条干线连接成一个有机整体。

（2）办理各线路间客货车辆的编组、中转和发送等技术作业。

（3）集中调配铁路运量，具有铁路运输生产中心的作用。

3. 铁路枢纽的类型

根据所在地区的经济特征，铁路枢纽可划分为如下几种类型。

（1）设置于政治、经济贸易中心城市的铁路枢纽，如北京、郑州、西安和石家庄等。

> 💡 **想一想**
>
> 你所在的省区有哪几个铁路枢纽城市？分别为哪类铁路枢纽？其特点是什么？

（2）设置于综合性工业城市的铁路枢纽，一般位于特大城市，客货运输量庞大，如上海、天津和沈阳等。

（3）设置于水陆联运中心的铁路枢纽，如哈尔滨、武汉、重庆、广州和大连等。

（4）设置在大型加工工业地区的铁路枢纽，具有大宗货物汇集和分散的作用，如包头和兰州等。

（5）设置于采掘工业地区的铁路枢纽，如大同和焦作等。

4. 我国主要铁路枢纽

我国铁路枢纽约有 500 多个，一般是全国或者省区的政治、经济、文化中心或工业基地和水陆联运中心等，具有代表性的铁路枢纽有以下几个。

（1）北京。北京是中国铁路网的中心之一，主要有京九铁路、京沪铁路、京广铁路、京哈铁路、京包铁路等。在国际铁路运输方面，去往俄罗斯各城市、蒙古乌兰巴托、朝鲜平壤以及越南河内的列车均从北京发车。主要车站有北京站、北京南站、北京西站、北京北站、北京东站、北京朝阳站、北京丰台站等。

（2）上海。上海目前拥有上海站、上海虹桥站、上海南站三大主干火车站。其中上海虹桥站是上海最大、最现代化的铁路客运站，是综合交通枢纽，也在全球范围首开高铁与机场融合之先河。其他火车站有金山北站、上海西站、松江南站等。

（3）广州。广州的主要铁道线路有广深港高速铁路、武广高速铁路、南广高速铁路、广东西部沿海高速铁路、贵广高速铁路、京广铁路、广珠城际铁路、广深城际铁路、广梅汕铁路等。主要车站有广州站、广州东站、广州南站、广州西站、广州北站、庆盛站、新塘站等。

（4）武汉。武汉是中国高铁客运专线网的重要枢纽，是中国四大铁路枢纽、六大铁路客运中心、四大机车检修基地之一，是京广铁路、沪汉蓉高速铁路两条国家级高速铁路大动脉的交会地。主要车站有武昌站、汉口站、武汉站、武汉西站、武汉北站、天河机场站、新洲站等。

（5）成都。成都是西部地区重要的交通枢纽，近些年来，其交通体系愈发完善。现拥有成灌快速铁路、成绵乐客运专线、成渝高速铁路、沪汉蓉高速铁路、西成高速铁路等。主要车站有成都东站、成都站、成都南站、成都西站等。

（6）郑州。郑州是中国公路、铁路、航空、通信兼具的综合交通枢纽，是中国商品集散中心地之一，拥有亚洲最大的列车编组站和中国最大的零担货物转运站。郑州被称作"火车拉来的城市"，境内有陇海铁路、京广铁路、京港高速铁路、郑西高速铁路、郑合高速铁路等铁路干线交会，拥有郑洛城际铁路、郑许城际铁路、郑开城际铁路等铁路线。

（7）重庆。重庆是中国西南地区连贯东西、汇通南北的综合交通枢纽，也是长江上游地区唯一汇集水、陆、航空交通资源的特大型城市。共建成了"二环十射"高速公路网和"一枢纽八干线"铁路网，构建起航空、铁路、内河港三个交通枢纽以及以长江黄金水道、渝新欧国际铁路等为支撑的开放通道。

（8）西安。西安地处中国陆地中心和中西部两大经济区的结合部，是西北通往中原、华北和华东各地市的必经之路。在全国区域经济布局上，西安作为新亚欧大陆桥中国段、陇海兰新铁路沿线经济带上最大的西部城市，是西部大开发的桥头堡，具有承东启西、连接南北的重要战略地位，也是全国干线公路网中最大的节点城市之一。

✏️ **活动建议** ▶▶▶

（1）在 Internet 上查询我国铁路六次大提速分别是在什么时间，每次提速调图使得铁路运输速度提高到了多少，分别是在哪些线路上提速调图的，以及铁路提速调图对经济发展有何意义。

（2）在 Internet 上查询目前我国规划和建设中的高速铁路网线有哪些。

（3）在 Internet 上搜索并观看视频资料《进击的中国高铁》，谈一谈你对我国从 1909 年以来的铁路建设的看法。

拓展知识链接

特辑：坐着高铁看中国！

星球研究所出品

综合知识模块三 ▶ 公路运输

第二次世界大战结束后，公路运输发展迅速。欧洲许多国家和美国、日本等国已建成比较发达的公路网，汽车工业的发展更促使公路运输在运输业中跃至主导地位。发达国家公路运输完成的客货周转量占各种运输方式总周转量的 90% 左右。至 2018 年，我国公路完成货运量占比已达 77%，今后公路运输将长期作为我国货运的主要方式。

知识点 1 公路运输的概念和种类

公路运输的概念有广义和狭义之分，从广义上讲，公路运输是指在一定时间内，利用运载工具，如汽车、拖拉机、畜力车和人力车等沿公路实现旅客或货物空间位移的过程；从狭义上讲，公路运输就是指汽车运输。本书是指狭义的公路运输。

公路运输的种类有很多，从总体上可分为汽车客运和货运两大类。其中汽车客运又可分为公共汽车运输、出租车运输、长途车运输和自用汽车运输；汽车货运可分为普通货物运输、特种货物运输、零担货物运输和集装箱运输等。

知识点 2 公路运输的特点

公路运输的概念和种类，决定了其具有以下几个特点：

（1）机动灵活性：机动灵活是公路运输最突出的特点，在各种运输方式中只有公路运输可以充分实现"门到门"的直达运输和即时运输。它能够根据货主和旅客的具体要求提供服务，满足不同性质货物的运送和不同层次旅客的需求，普通货物的装卸对场地和设备也没有专门的要求，站点的设置也非常灵活。公路运输具有点散、线多和面广的特点。

（2）运输速度快：由于公路运输可以实现"门到门"的直达运输，无须中转，没有严格的起运和到达时间限制，客货在途时间短，运送客货的速度相对较快。特别是现代高速公路运输，其长途运输中的运送速度，甚至可以超过铁路运输。较快的运输速度，不仅可以加快资金周转，提高货币的时间价值，而且还有利于保持货物质量、提高可获得的时间价值，在贵重、鲜活和急需物品的运输中，速度显得尤为重要。

> ⚡ **想一想**
>
> 结合公路运输的特点，分析公路运输适合运输哪类货物。

（3）公路运输成本较高：汽车的单车运量较小，一般在 20t 以内，劳动生产率低，运输成本较高。随着汽车技术的提高，目前西欧、北美国家推行汽车运输大型化和系列化，使单车运载量和汽车列车运载量提高到 40～100t（见图 5-4 和图 5-5）。

图 5-4　冷藏运输车

图 5-5　公路列车

基于上述特点，公路运输多适合于中（通常运距为 50～200km）、短（通常运距为 50km 以内）途运输。

知识点 3　我国干线公路布局

我国公路分类方法有两类：按使用任务、功能和适应的交通量分为高速公路、一级公路、二级公路、三级公路、四级公路五个等级；按行政等级可分为国家干线公路，省、自治区、直辖市干线公路，县公路，乡公路和专用公路五个等级。国家干线公路又称为国道，根据《公路路线标识规则和国道编号》（GB/T 917—2017），我国国道路线主要包括普通国道和国家高速公路。普通国道主要包括以下几类：

（1）以"1"开头的首都放射线。此类国道共 12 条，如 G101 京沈线（北京—沈阳）、G102 京抚线（北京—抚远）等。

（2）以"2"开头的北南纵线。此类国道共 47 条，如 G201 鹤大线（鹤岗—大连）、G202 黑大线（黑河—大连）等。

（3）以"3"开头的东西横线。此类国道共 60 条，如 G301 绥满线（绥芬河—满洲里）、G302 珲阿线（珲春—阿尔山）等。

（4）以"5"开头的联络线。此类国道共 81 条，如 G501 集当线（集贤—当壁）、G502 克齐线（克东—齐齐哈尔）等。

知识点 4　我国的高速公路建设

高速公路属于高等级公路。《公路工程技术标准》（JTG B01—2014）规定，高速公路为供汽车分方向、分车道行驶，全部控制出入的多车道公路。高速公路的年平均日设计交通量宜在 15 000 辆小客车以上。截至 2018 年年底，我国公路总里程达 485 万 km，其中高速公路总里程超过 14 万 km，居世界第一。

国家公路是综合交通运输体系中的重要组成部分，普通国道网提供普遍的、非收费的交通基本公共服务，而国家高速公路网则可以提供高效、快捷的运输服务。为加快建设我国综合交通运输体系、促进现代物流业发展，构建布局合理、功能完善、覆盖广泛、安全可靠的国家公路网络，特编制《国家公路网规划（2013 年～2030 年）》（以下简称《规划》）。《规划》中提出，未来国家高速公路网由 7 条首都放射线、11 条北南纵线、18 条东西横线，以及地区环线、并行线、联络线等组成，约 11.8 万 km，另规划远期展望线约 1.8 万 km（见图 5-6）。

（1）首都放射线（7 条）。北京—哈尔滨、北京—上海、北京—台北、北京—港澳、北京—昆明、北京—拉萨、北京—乌鲁木齐。

（2）北南纵线（11 条）。鹤岗—大连、沈阳—海口、长春—深圳、济南—广州、大庆—广州、二连浩特—广州、呼和浩特—北海、包头—茂名、银川—百色、兰州—海口、银川—昆明。

（3）东西横线（18 条）。绥芬河—满洲里、珲春—乌兰浩特、丹东—锡林浩特、荣成—乌海、青岛—银川、青岛—兰州、连云港—霍尔果斯、南京—洛阳、上海—西安、上海—成都、上海—重庆、杭州—瑞丽、上海—昆明、福州—银川、泉州—南宁、厦门—成都、汕头—昆明、广州—昆明。

此外还包括 6 条地区性环线以及若干条并行线、联络线等。

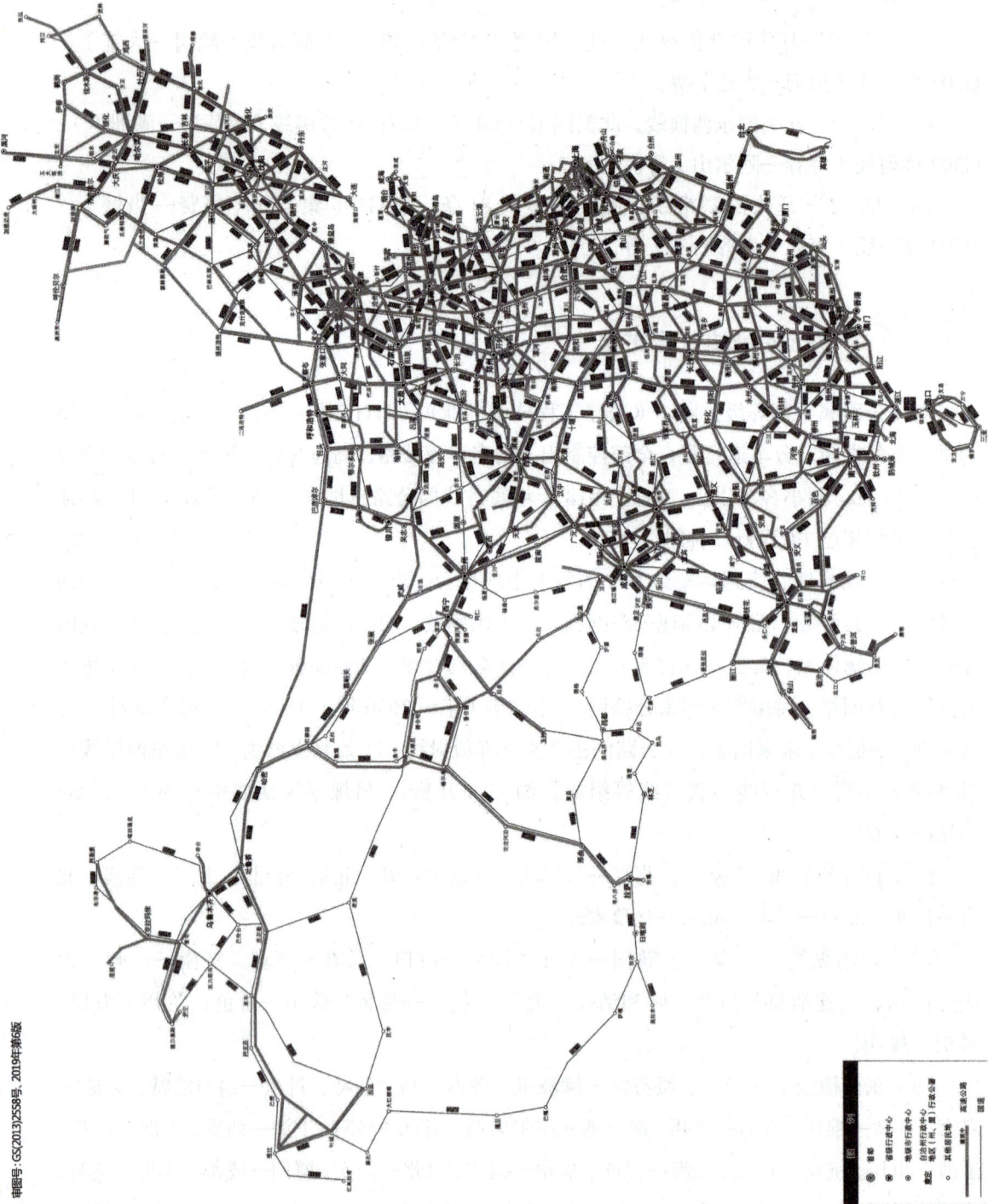

图 5-6　我国的高速公路网

审图号：GS(2013)2558号，2019年第6版

议一议

（1）查查家乡的地图，看看本地有哪几条高速公路？都通向哪里？

（2）在生活中，去往同一个地点，在普通公路与高速公路行车各有何利弊？

活动建议

（1）请在 Internet 上查询我国的各条国道和高速公路的首都放射线。

（2）查一查通过本省、市、地区的国道和高速公路有哪些。

拓展知识链接

中国公路：500 万公里的诞生

星球研究所出品

综合知识模块四 ▶ 水路运输

水路运输是历史悠久的一种运输方式，是国际贸易货物运输中最主要的运输方式，在大宗货物的长途运输中起着重要的作用。我国幅员辽阔，大陆海岸线 18 000 多 km，流域面积在 100km^2 以上的天然河流有 5 000 多条，大小湖泊有 900 多个。2018 年，我国内河航道通航里程 12.71 万 km，亿吨级大港数量已达 34 个，万吨级以上 2 444 个，90% 以上的外贸货物通过港口进出。沿海港口吞吐量保持着韧性增长，我国国际货物的海运量已占全球海运量的 1/3。

知识点 1 水路运输的特点

与其他运输方式相比，水路运输的突出特点表现在以下几个方面。

（1）线路投资少：水路运输的线路基本上采用天然江、河、湖、海，只需稍加治理，建立一些港口设施即可通行。据统计，内河航道单位基本建设成本只有公路的 1/10、铁路的 1/100。

（2）运载量大：目前，内河驳船载量一般相当于普通列车的 3 ~ 5 倍。远洋运输船舶的载重量更大，最大的矿石船可达 30 万吨级，超巨型油轮可达 50 万吨级。

（3）运输成本低：由于线路投资少和运载量大，运输成本远远低于其他运输方式。

（4）受自然环境限制大：水路运输易受自然条件的限制，航行线路灵活性差，航行时受季节和天气影响较大。

（5）送达速度慢：水路运输运距长、运速慢，加之在港停泊时间大约在几天到十几天，受自然条件的制约较大。因此，有些货物要几个月甚至半年时间才能送到用户手中。

水路运输最适合大型、笨重、大宗货物的运输，特别是煤炭、矿石和谷物等散货的运输。

议一议 ▶

分析铁路运输和水路运输在承运的货物上有何不同特点。

知识点 2　我国内河运输

水陆运输按照航行区域划分可分为内河运输、沿海运输和远洋运输。

内河运输是指在内陆河流（运河）上的运输，多为国内运输。我国的内河运输以长江、珠江、黑龙江、京杭运河和淮河航运最为发达，称之为"三江两河"水运。

1. 长江流域航运

长江是我国第一大河，世界第三大河。发源于青藏高原唐古拉山脉主峰各拉丹东雪山的西南侧，干流流经青海、西藏、四川、云南、重庆、湖北、湖南、安徽、江西、江苏和上海等11个省、市、自治区，全长6 300km。

长江是我国最重要的内河航运大动脉。长江水系通航河道3 600多条，2019年通航总里程近6.5万km，占全国内河通航总里程的51%。随着南京以下长江航道加深，长江正逐步进入"直航时代"。5万吨级海轮可直达南京，10万吨级海轮可减载通航至南京，20万吨级海轮可减载乘潮通航至江阴。目前，安庆到武汉段6m深航道、武汉到宜昌4.5m深航道疏浚工作也已经启动。这两项工作完成后，万吨巨轮可以直达武汉。同时，三峡大坝改造后，季节性的万吨巨轮也可抵达重庆。这使得长江航运能力迅速提升，助推沿线地区经济的发展。

2017年，长江沿岸内河吞吐量超过亿吨的港口共有13个，分别是苏州（按全港计算）、南通、南京、镇江、江阴、泰州、马鞍山、芜湖、铜陵、九江、岳阳、重庆、武汉。苏州港位于我国南北海运大通道和长江黄金水道的交汇处，背靠经济发达的苏、锡、常地区，东南紧邻上海，对内对外交通十分便捷，地理位置非常优越。苏州港是由原国家一类开放口岸张家港港、常熟港和太仓港三港合一组建成的新兴港口，是目前我国吞吐量最大的内河港口，且远超部分海港。2019年，在我国港口货物吞吐量排名中，苏州港排第六位；在我国集装箱港口排名中，苏州港排第九位。

目前，长江水运干线基本形成了以上海为龙头，以上游重庆、中游武汉和下游南京为区域性核心，以国家主要港口为骨干、地区性重要港口为基础的格局。长江干线货运量较大的货物主要有矿建材料、矿石、集装箱、钢材、煤炭、石油、水泥及粮食等大宗货物。

议一议

长江成为我国黄金水道有哪些优势条件？

2. 珠江流域航运

珠江是我国第二大河流、第三长河流，全长 2 320km，流域面积约 44 万 km²。珠江包括西江、北江和东江三大支流，其中西江最长，通常被称为珠江的主干。珠江是我国南方的大河，流经滇、黔、桂、粤、湘、赣等省区。流域内各河流水量充沛，河道稳定，具有良好的航运条件，现有通航河道 1 088 条，通航总里程 16 495km，约占全国通航里程的 13%。2019 年，珠江水系内河货运量首次突破 10 亿 t 大关，仅次于长江位居世界第二。主要港口有南宁、贵港、梧州、肇庆、佛山等。

我国在水资源较为丰富的长江水系、珠江水系、京杭运河与淮河水系、黑龙江和松辽水系及其他水系，重点规划建设长江干线、西江航运干线、京杭运河、长江三角洲高等级航道网、珠江三角洲高等级航道网、18 条主要干支流高等级航道（两横一纵两网十八线）和 28 个主要港口。重点建设的内河主要港口有泸州港、重庆港、宜昌港、荆州港、武汉港、黄石港、长沙港、岳阳港、南昌港、九江港、芜湖港、安庆港、马鞍山港、合肥港、湖州港、嘉兴内河港、济宁港、徐州港、无锡港、杭州港、蚌埠港、南宁港、贵港港、梧州港、肇庆港、佛山港、哈尔滨港和佳木斯港。

知识点 3　我国海上运输

海上运输通常分为沿海运输和远洋运输两部分。

1. 沿海运输

我国的沿海运输分为北方和南方两大航区，以福建厦门为分界线。

（1）北方航区以上海、大连为中心，主要航线有上海—青岛—大连、上海—烟台—天津、上海—秦皇岛、上海—连云港、上海—宁波—温州、大连—石岛—青岛、大连—烟台、大连—龙口和大连—天津等。

北方航区是我国主要的沿海航区，运量较大。南下货物以煤炭、石油、钢铁和木材等为主；北上货物以磷矿石、粮食、机械设备、日用工业品、纺织品和食糖等为主。

（2）南方航区以广州为中心，主要航线有广州—汕头、广州—海口、广州—湛江和广州—厦门等。北上货物主要以农产品、矿石、橡胶和食糖等为主；南下货物主要以煤炭、食盐、机械设备和日用工业品等为主。

2. 远洋运输

我国现已开辟了 30 多条通往世界五大洲 180 多个国家和地区、600 多个港口之间的航线。以亚丁港为界，其东面为近洋航线，其西面为远洋航线。

（1）近洋航线。

1）中国—朝鲜、韩国航线，主要停靠的港口有清津、仁川和釜山。

2）中国—日本航线，主要停靠的港口有神户、大阪、东京、横滨、千叶等。

3）中国—俄罗斯远东航线，主要停靠的港口有纳霍德卡、东方港、海参崴和苏维埃港等。

4）中国—越南航线，主要停靠的港口有胡志明市和海防等。

5）中国—菲律宾航线，主要停靠的港口有马尼拉和宿务等。

6）中国—新加坡、马来西亚航线，主要停靠的港口有新加坡、巴生港、槟城和马六甲等。

7）中国—北加里曼丹航线，主要停靠的港口有文莱、米里和古晋等。

8）中国—泰国湾航线，主要停靠的港口有曼谷、宋卡和西哈努克等。

9）中国—印度尼西亚航线，主要停靠的港口有雅加达、苏腊巴亚和三宝垄等。

10）中国—孟加拉湾航线，主要停靠的港口有仰光、吉大港、加尔各答和金奈等。

11）中国—斯里兰卡航线，主要停靠的港口有科伦坡等。

12）中国—阿拉伯海、波斯湾航线，主要停靠的港口有孟买、卡拉奇、阿巴斯、迪拜、哈尔克岛、科威特、多哈和巴士拉等。

13）中国—澳大利亚、新西兰航线，主要停靠的港口有悉尼、墨尔本、阿德莱德、布里斯班、奥克兰、惠灵顿、苏瓦和珀斯等。

（2）远洋航线。

1）中国—东非航线，主要停靠的港口有摩加迪沙、蒙巴萨、达累斯萨拉姆、马普托和路易港等。

2）中国—西非航线，主要停靠的港口有罗安达、马塔迪、黑角、杜阿拉、拉各斯、科纳克里、达喀尔和达尔贝卡等。

3）中国—红海航线，主要停靠的港口有亚丁、吉达、亚喀巴和苏丹港等。

4）中国—地中海、黑海航线，主要停靠的港口有敖德萨、康斯坦察、瓦尔纳、伊斯坦布尔、里耶卡、威尼斯、热那亚、马赛、巴塞罗那、巴伦西亚、亚历山大、的黎波里、班加西、突尼斯和阿尔及尔等。

5）中国—西欧航线，主要停靠的港口有里斯本、勒阿弗尔、敦刻尔克、伦敦、利物浦、鹿特丹、阿姆斯特丹、安特卫普、不来梅和汉堡等。

6）中国—北欧、波罗的海航线，主要停靠的港口有哥本哈根、奥斯陆、斯德哥尔摩、哥德堡、赫尔辛基、圣彼得堡、里加、塔林和格但斯克等。

7）中国—北美西海岸航线，该航线横跨太平洋至美国、加拿大、墨西哥、秘鲁和智利等国西海岸各港口航线，主要停靠的港口有温哥华、西雅图、旧金山、洛杉矶、马萨特兰、卡亚俄和瓦尔帕莱索等。

8）中国—加勒比海、北美东海岸航线，该航线横跨太平洋，经巴拿马运河、尤卡坦海峡或向风海峡至中美洲各国、西印度群岛、墨西哥、美国、加拿大东岸各港口的航线，主要停靠的港口有科隆、坦皮科、韦拉克鲁斯、休斯敦、新奥尔良、纽约、巴尔的摩、哈利法克斯、魁北克、蒙特利尔和多伦多等。

9）中国—南美东海岸航线，该航线一般经马六甲海峡、印度洋，绕好望角进入大西洋至南美东海岸，主要停靠的港口有桑托斯、里约热内卢、蒙得维的亚和布宜诺斯艾利斯等。

知识点 4　我国主要港口

1. 港口的概念和分类

港口是水路运输的起点和终点，是港地、航道、外堤、码头、库场、起重机械和交通联络线等各种建筑物、构筑物和设备的统一体。港口按其用途可分成商港、军港、渔港、工业港和避风港五类；按其所在的地理位置又可分为海岸港、岛港、河口港和内河港等。

港口的发展受到许多因素的影响，其中最关键的因素为：①港口的经济地理位置；②港口腹地的大小和经济发达程度；③港口的自然条件。

2. 我国主要的沿海港口。

我国是港口大国，港口规模连续多年来稳居世界第一，拥有万吨级以上泊位 2 444 个，其中，沿海港口万吨级及以上泊位 2 007 个。2018 年完成货物吞吐量 143.5 亿 t，集装箱吞吐量 2.5 亿 TEU。在全球货物吞吐量和集装箱吞吐量十大港口中，中国均占有七席。我国主要海港分布如图 5-7 所示。

我国港口呈现专业化、大型化、深水化发展趋势，目前已形成了环渤海、长江三角洲、东南沿海、珠江三角洲和西南沿海五大港口群。

（1）环渤海地区港口群。环渤海地区港口群由辽宁、津冀和山东沿海港口群组成，服务于我国北方沿海和内陆地区的社会经济发展。

辽宁沿海港口群以大连东北亚国际航运中心和营口港为主，还包括丹东、锦州等港口，主要服务于东北三省和内蒙古东部地区。辽宁沿海以大连、营口港为主布局大型化、专业化的石油（特别是原油及其储备）、液化天然气、铁矿石和粮食等大宗散货的中转储运设施，相应布局锦州等港；以大连港为主布局集装箱干线港，相应布局营口、锦州、丹东等支线或喂给港；以大连港为主布局陆岛滚装、旅客运输和商品汽车中转储运等设施。

津冀沿海港口群以天津北方国际航运中心和秦皇岛港为主，还包括唐山、黄骅等港口，主要服务于京津、华北及其西向延伸的部分地区。津冀沿海港口以秦皇岛、天津、黄骅和唐山等港口为主布局专业化煤炭装船港；以秦皇岛、天津和唐山等港口为主布局大型化、专业化的石油（特别是原油及其储备）、天然气、铁矿石和粮食等大宗散货的中转储运设施；以天津港为主布局集装箱干线港，相应布局秦皇岛、黄骅、唐山港等支线或喂给港；以天津港为主布局旅客运输及商品汽车中转储运等设施。

中国地图

图 5-7 我国主要海港分布示意图

山东沿海港口群以青岛、烟台和日照港为主，还包括威海等港口，主要服务于山东半岛及其西向延伸的部分地区。山东沿海以青岛、日照港为主布局专业化煤炭装船港，相应布局烟台等港口；以青岛、日照和烟台港为主布局大型化、专业化的石油（特别是原油及其储备）、天然气、铁矿石和粮食等大宗散货的中转储运设施，相应布局威海等港口；以青岛港为主布局集装箱干线港，相应布局烟台、日照和威海等支线或喂给港；以青岛、烟台和威海港为主布局陆岛滚装、旅客运输设施。

（2）长江三角洲地区港口群。长江三角洲地区港口群依托上海国际航运中心，以上海、宁波和连云港港为主，充分发挥舟山、温州、南京、镇江、南通和苏州等沿海和长江下游港口的作用，服务于长江三角洲以及长江沿线地区的社会经济发展。上海港集装箱码头如图5-8所示。

图 5-8　上海港集装箱码头

长江三角洲地区港口群集装箱运输布局以上海、宁波和苏州港为干线港，包括主要由南京、南通、镇江等长江下游港口共同组成的上海国际航运中心集装箱运输系统，相应布局连云港、嘉兴、温州和台州等支线和喂给港；进口石油、天然气接卸中转储运系统以上海、南通、宁波和舟山港为主，相应布局南京等港口；进口铁矿石中转运输系统以宁波、舟山和连云港港为主，相应布局上海、苏州、南通、镇江和南京等港口；煤炭接卸及转运系统以连云港为主布局煤炭装船港和由该地区公用码头、能源等企业自用码头共同组成；粮食中转储运系统以上海、南通、连云港、舟山和嘉兴等港口组成；以上海、南京等港口为主布局商品汽车运输系统，以宁波、舟山和温州等港口为主布局陆岛滚装运输系统；以上海港为主布局国内外旅客中转及邮轮运输设施。根据地区经济发展需要，在连云港港适当布局进口原油接卸设施。

（3）东南沿海地区港口群。东南沿海地区港口群以厦门、福州港为主，包括由泉州、莆田和漳州等港口组成，服务于福建省和江西等内陆省份部分地区的经济社会发展的需要。

福建沿海地区港口群进口石油、天然气接卸储运系统布局以泉州港为主；集装箱运输系统布局以厦门港为干线港，相应布局福州、泉州、莆田和漳州等支线港；粮食中转储运设施布局由福州、厦门和莆田等港口组成；布局宁德、福州、厦门、泉州、莆田、漳州等港口的陆岛滚装运输系统；以厦门港为主布局国内外旅客中转运输设施。

（4）珠江三角洲地区港口群。珠江三角洲地区港口群由粤东和珠江三角洲地区港口组成。该地区港口群依托香港经济、贸易、金融、信息和国际航运中心的优势，在巩固香港国际航运中心地位的同时，以广州、深圳、珠海和汕头港为主，相应发展汕尾、惠州、虎门、茂名和阳江等港口，服务于华南、西南部分地区，加强广东省和内陆地区与港澳地区的交流。

该地区煤炭接卸及转运系统由广州等港口的公用码头和电力企业自用码头共同组成；集装箱运输系统以深圳、广州港为干线港，主要由汕头、惠州、虎门、珠海、中山、阳江和茂名等支线或喂给港组成；进口石油、天然气接卸中转储运系统由广州、深圳、珠海、惠州、茂名和虎门港等港口组成；进口铁矿石中转运输系统以广州、珠海港为主；以广州、深圳及其他港口组成粮食中转储运系统；以广州港为主布局商品汽车运输系统；以深圳、广州和珠海等港口为主布局国内外旅客中转及邮轮运输设施。

（5）西南沿海地区港口群。西南沿海地区港口群由粤西、广西沿海和海南省的港口组成。该地区港口的布局以湛江、防城港和海口港为主，相应发展北海、钦州、洋浦、八所和三亚等港口，服务于西南地区的经济社会发展，并为海南省扩大与岛外的物资交流提供运输保障。

该地区港口集装箱运输系统布局以湛江、防城港、海口及北海、钦州、洋浦和三亚等港口为主，共同组成集装箱支线或喂给港；进口石油、天然气中转储运系统由湛江、海口、洋浦和广西沿海等港口组成；进出口矿石中转运输系统由湛江、防城和八所等港口组成；由湛江、防城港等港口组成粮食中转储运系统；以湛江、海口和三亚等港口为主布局国内外旅客中转及邮轮运输设施。

✐ 活动建议

请在 Internet 上或利用图书馆查询有关京杭大运河的航运资料。

拓展知识链接

中国超级大港，带给我们什么？
　　　　——强港之难

星球研究所出品

综合知识模块五　　航空运输

航空运输是现代运输方式中运送速度最快的运输方式，是20世纪初发展起来的新兴行业。在第二次世界大战以后，民用航空业得到了快速增长，目前在长途客运方面已占据主要地位。随着飞机运输能力的提高，航空货运业也得到了极大的发展。

近年来，随着我国居民收入水平的提高以及消费能力的增强，对快递业务和生鲜产品运输的时效性要求越来越高，航空运输相较于其他运输方式有更大的发展优势。

知识点 1　航空运输的基本概念

航空运输包括民用航空运输和通用航空运输。民用航空运输是指在国内和国际航线上以营利为目的使用航空器从事定期和不定期飞行，运输旅客、行李、货物和邮件的运输。通用航空运输是指利用民用航空器从事为工业、农业、林业、牧业、渔业生产和国家建设服务的作业飞行，以及从事医疗卫生、抢险救灾、海洋及环境监测、科学试验、教育训练、文化体育和游览等飞行活动。

知识点 2　航空运输的特点

航空运输是高度现代化的运输方式，具有以下几个特点。

（1）快速。航空运输是目前最快的一种运输方式，涡轮螺旋桨和喷气式民用飞机的时速一般为 500～1 000km，比海轮快 20～30 倍，比火车快 5～10 倍。与地面运输相比，航程越长，其快速的特点越能充分体现出来。

（2）机动。航空运输不受地面条件的制约，运输距离比其他运输方式短。飞机可以按班期飞行，也可在非固定航线上飞行，而且可以根据客货流量的大小和流向的变化及时调整机型和航线。

（3）安全舒适。喷气式客机的巡航高度一般在 10 000m 左右，飞行不受低气流的影响，平稳且噪声小；同时机内配备餐饮服务及视听设施，乘坐的舒适程度较高。由于科学技术的进步和对民航客机适航性的严格要求，航空运输的安全性、舒适性和以往相比已大大提高。

（4）运营成本高。飞机的商业载运量小，单位运输成本较高。航空运输属于资金和技术密集型行业，投资大、飞行成本高，与其他运输方式相比，航空客货运输价格也最高。

（5）易受天气的影响。由于飞行受气象条件的限制，易影响其正常起飞和准点到达。

航空运输一般适合于国内外长途客运和邮件、贵重物品、鲜活物资等急需品的运输。

知识点 3　我国主要的航空港

航空港（机场）是指为飞行器起飞、降落和地面活动而划定的地域或水域，包括区域内的各种建筑物和设备设施。机场可分为民用机场和军用机场。按其开通的航线、规模以及依托城市的功能，大致可分为以下四类。

（1）连接国际国内航线的大型枢纽机场，如北京首都国际机场、北京大兴国际机场、上海浦东国际机场和广州白云国际机场等。

（2）以国内航线为主，空运量较大的国内干线机场。此类机场的依托城市多为行政中心、旅游中心、贸易中心、开放城市或交通枢纽。

（3）次干线机场。既有支线与本省区内的干线机场相接，又有少数干线与域外的重要城市相连。

（4）支线机场。一般只有支线与本省区内的干线机场相接，较大的支线机场也可有短程航线与邻近省区的城市相通。

📁 **小知识**

民航机场设施

民航机场大致可划分为飞行区（Airside）、航站区（Terminal）、机务维修区（Maintenance area）以及其他服务区域。

飞行区包括跑道、滑行道、停机坪和等待坪等场道以及无线导航设备、助航灯光设施、气象观测站和指挥塔等；航站区主要是为旅客、货物和邮件运输服务的区域，包括客机坪、候机楼、停车场、货运站或货运中心；机务维修区一般包括维修机坪、维修机库、维修工厂或维修车间、航空器材库等。此外，民用航空机场还设有航空油料的储存、供应和加油设施，消防急救设施，供水、供电、供热、供冷、污水污物处理、通信、地面交通和市政设施。

知识点 4　我国航空运输网的布局及智慧机场的发展

经过几十年的建设与发展，目前我国已经形成了全国四通八达的干支线相结合的航空运输网络。截至 2019 年，我国拥有颁证机场 235 个；拥有定期航班航线 4 945 条，其中国内航线 4 096 条（包括港澳台航线 100 条），国际航线 849 条；拥有定期航班国内通航城市 230 个（不含港澳台）。

随着我国国民收入的提高、对外贸易的逐年增长，我国已经形成了以北京、上海、广州等城市为中心的国际航空运输网络。截至 2019 年，我国航空公司国际定期航班通航 65 个国家的 165 个城市；内地航空公司定期航班从 32 个内地城市通航香港。从 14 个城市通航澳门；大陆航空公司从 48 个大陆城市通航台湾地区。

1. 我国航空运输网的布局

2008 年，中国民用航空局发布《关于加强国家公共航空运输体系建设的若干意见》（以下简称《意见》），这一行业指导性文件对我国未来航空公司航线优化、机场建设等方面给出了建议。《意见》提出，重点建设三大门户复合枢纽机场、八大区域性枢纽机场和十二大干线机场，这 3 个层次 23 座机场（城市）是未来我国航空运输体系的核心枢纽。其中，三大门户复合枢纽包括北京、上海和广州；八大区域性枢纽包括昆明、成都、西安、重庆、乌鲁木齐、郑州、沈阳和武汉；十二大干线枢纽包括深圳、杭州、大连、厦门、南京、青岛、呼和浩特、长沙、南昌、哈尔滨、兰州和南宁。

2012 年，《国务院关于促进民航业发展的若干意见》（国发〔2012〕24 号）中再次对我国航空业未来发展进行布局，指出要着力把北京、上海、广州建成功能完善、辐射全球的大型国际航空枢纽，培育昆明、乌鲁木齐等门户机场，增强沈阳、杭州、郑州、武汉、长沙、成都、重庆、西安等大型机场的区域性枢纽功能。同时要整合机场资源，加强珠三角、长三角和京津冀等都市密集地区机场功能互补。

目前，我国民航运输基于机场空间布局的中枢轮辐式与城市对相结合的航线网络逐步形成，机场体系的功能层次日趋清晰、结构日趋合理，国际竞争力逐步增强。一批主要机场的综合功能逐步完善、业务能力不断提高，北京、上海和广州三大枢纽机场的中心地位日益突出，昆明、成都、西安、乌鲁木齐、沈阳、武汉、重庆、大连、哈尔滨、杭州和深圳等省会或重要城市机场的骨干作用进一步增强，诸多中小城市机场发挥着重要的网络拓展作用。我国各省民航机场数量和密度如图 5-9 所示。

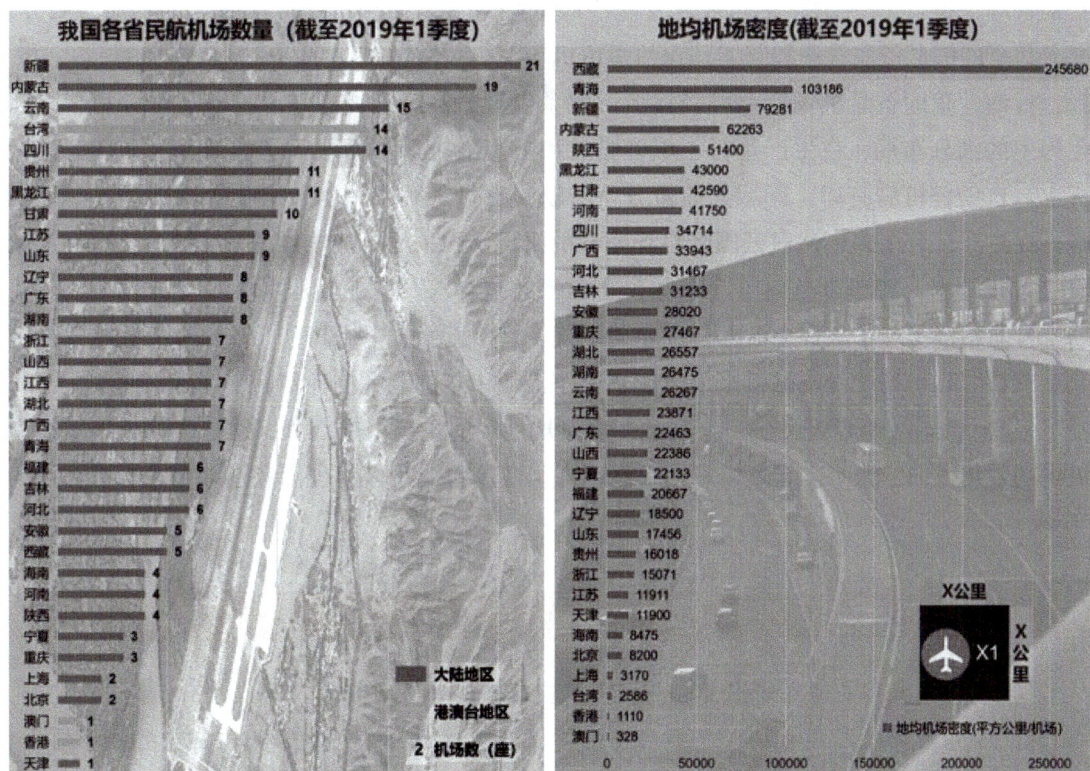

图 5-9　我国各省民航机场数量和密度

2. 智慧机场的发展

2017 年，中国民用航空局印发了《中国民航推进四型机场行动纲要》以及智慧机场框架下的《机场智慧能源管理系统建设导则》，力图加快民航基础设施建设，推进建设智慧机场、平安机场、绿色机场、人文机场，大力推进民航强国发展战略，为机场实施智慧机场提供建设指南及规划。

智慧机场是指通过物联网、云计算、大数据、移动互联网等技术手段，建立一套基于数字化系统的智能系统，拥有智能数字化、智能信息化、业务智慧化和服务互联化，从而达到提升机场运行效率、提高旅客服务水平、创造价值收益、优化管理决策、提升应急处置能力等目标。

拥有较大客运量的北京、上海、广州和深圳机场也率先迈开打造"智慧机场"的步伐，并且根据各自的特点进行规划建设，北京首都国际机场提出"一核两翼"的总体思路；广州白云国际机场提出建设"4 个 1"工程，构建以"5 个 SMART"为特征的智慧机场；深圳宝安国际机场则与华为联手打造"机场运行一张图""机场安全一张网"和"机场出行一张脸"的智慧机场新模式。除此之外，北京大兴国际机场和成都天府国际机场两大机场现已成为我国最具有代表性的新建智慧机场，两者均以"Airport 3.0 智慧型机场"的运行管理理念为建设目标，其智慧化体现在广泛而便捷的协同运行、数据驱动的非航业务发展、防患于未然的安全管理、基于"一张图"的可视化管理、无缝衔接的综合交通管理、全面及时的旅客服务、统一共享的信息资源管理和节能环保的绿色机场。

目前，我国智慧机场行业已经逐步形成了以智慧运营、智慧安全、智慧服务和智慧商业为主的细分布局，在生产运行、旅客服务和节能减排等方面取得了成效。例如在智慧运营上，自助登机牌打印、区域人流量分析、刷脸支付、集群调度数字化等功能均已落地实施；在生产运行上，广州白云国际机场搭建的机场 AOC（运行控制中心）智慧系统提高了航班放行正常率，2019 年连续 9 个月放行正常率超过 80%；在旅客服务上，上海虹桥国际机场 1 号航站楼实现了旅客全流程自助通关系统，整个流程效率提高了 53%；在节能减排上，北京首都国际机场 1 号航站楼采用 AEMS 系统后，1 年的能源消耗量减少了 39.5%。

"智慧机场"是我国民航"十三五"建设规划中的重要组成部分，也是我国大型枢纽型机场的发展方向。未来，智慧机场的彻底落成与实施将会给人们生活和运输带来翻天覆地的变化。

活动建议

（1）查阅我国交通运输图，分析国内航空运输线的布局特点。

（2）组织学生参观机场，了解机场的设施及其作用；了解旅客如何办理登机手续、如何办理货运手续；了解机场显示屏的内容。

综合知识模块六 管道运输

管道运输是石油、天然气以及成品油最经济、最方便和最主要的运输方式之一。管道运输是国民经济综合运输的重要组成部分，也是衡量一个国家的能源与运输业是否发达的特征之一。目前，全世界管道运输总长度约为 230 万 km，在世界上某些发达国家，油气管道输送约占油气总输送量的 2/3。我国的石油天然气管道工业的发展是随着我国石油工业的创建而发展起来的。与其他运输方式相比，我国管道运输所占比重明显偏低；与发达国家的管道运输相比，我国油气管道运输运量只有不到总运输量的 10%。随着我国油气进口量的不断增加和天然气资源开发利用水平的不断提高，管道运输业正呈现出增长态势。

知识点 1　管道运输的基本概念

管道运输是利用管道输送气体、液体和粉状固体的一种运输方式。其运输形式是靠物体在管道内顺着压力方向循序移动而实现的，与其他运输方式的重要区别在于，管道设备是静止不动的。

按照运输货物的不同，管道运输可分为原油管道运输、成品油管道运输、天然气管道运输、二氧化碳气体管道运输、煤浆管道运输和矿浆管道运输等六种，其中主要为原油管道运输和天然气管道运输。

知识点 2　管道运输的特点

（1）运量大。一条输油管线可以源源不断地完成输送任务。根据其管径的大小不同，每年的运输量可达数百万吨到几千万吨，甚至超过亿吨。

（2）占地少。通常运输管道埋藏于地下的部分占管道总长度的 95% 以上，因而对于土地的永久性占用很少，仅为公路的 3%，铁路的 10% 左右。

（3）建设周期短、费用低。管道运输系统的建设周期与相同运量的铁路建设周期相比，一般来说要短 1/3 以上，管道建设费用比铁路低 60% 左右。

（4）安全可靠、连续性强。由于石油、天然气具有易燃、易爆、易挥发、易泄漏等特点，采用管道运输既安全又可以大大减少挥发损耗。同时，由于泄漏导致的对空气、水和土壤的污染也可大大减少。此外，由于管道基本埋藏于地下，其运输过程受恶劣多变的气候条件的影响小，可以确保运输系统长期、稳定地运行。

（5）耗能少、成本低、效益好。在大量运输时，管道运输的成本与水运接近，耗能少，成本低；同时管道运输又是一种连续工程，不存在空载行程，因而具有较高的运输效率。

（6）灵活性差。管道运输不如其他运输方式（如汽车运输）灵活，除承运的货物比较单一外，它也不允许随便扩展管线，实现"门到门"的运输服务。对一般用户来说，管道运输常常要与铁路运输、汽车运输或水路运输配合才能完成全程输送。

（7）便于管理，易于实现全程自动监控。

随着我国经济的发展和人民生活水平的提高，对油气的需求日益增长，油气管道运输的作用越来越突出。我国长距离油气管道总里程已经超过13万km，并逐渐形成西北、东北、西南和海上四大油气进口战略通道。我国已经建成的天然气管道主要包括中俄东线天然气管道试验段、陕京四线天然气管道（简称陕京四线）、西气东输三线天然气管道（简称西三线）中卫—靖边联络线，以及如东—海门—崇明岛、长沙—浏阳、兰州—定西等天然气管道，长度超过2 000km。

我国进口天然气管道陆续开通，国家基干管网基本形成。目前已经形成了"西气东输、北气南下、海气登陆、就近外供"的供气格局。

活动建议

请在Internet上搜索关键词"西气如何东输？"，查询有关我国能源消耗发展与变化情况及天然气主干管网建设发展成就。

第六单元

商业物流地理

本单元学习导引图

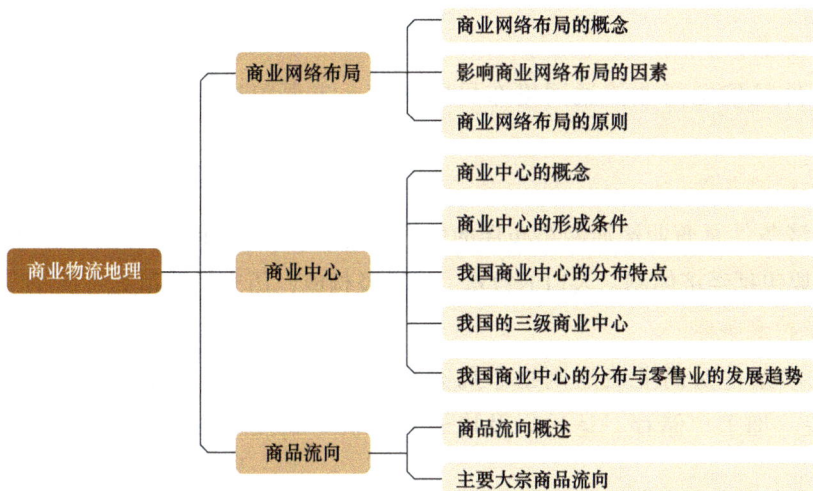

```
                                    ┌─ 商业网络布局的概念
                    ┌─ 商业网络布局 ─┼─ 影响商业网络布局的因素
                    │               └─ 商业网络布局的原则
                    │
                    │               ┌─ 商业中心的概念
                    │               ├─ 商业中心的形成条件
商业物流地理 ──────┼─ 商业中心 ────┼─ 我国商业中心的分布特点
                    │               ├─ 我国的三级商业中心
                    │               └─ 我国商业中心的分布与零售业的发展趋势
                    │
                    │               ┌─ 商品流向概述
                    └─ 商品流向 ────┴─ 主要大宗商品流向
```

学习目标

→ 了解我国商业发展概况；理解掌握我国商业网络布局的原则。

→ 理解掌握我国商业中心的布局规律；了解零售业的发展趋势。

→ 了解我国大宗商品的流向特点。

商业是在流通领域中从事生产活动的产业部门，商业活动起着联系社会生产和社会消费的重要作用。商业布局也是社会生产力总体布局的重要组成部分，其布局是否合理，直接关系到工农业产品能否顺利进入消费领域及能否提高广大消费者需求的满意程度。

综合知识模块一 商业网络布局

知识点 1 商业网络布局的概念

商业网络是指各类商业企业的营业网点，是商业部门的空间形式。商业网络是由商业中心、商品货流及商业经济区域3个要素的点、线、面结合形成的多层次动态网络系统。它的区域分布及组合格局就是商业网络的布局。

知识点 2 影响商业网络布局的因素

1. 自然条件

自然条件是确定商业流通网络布局的基础，主要包括地理位置、地形、气候和资源等。

2. 社会经济条件

社会经济条件是商业流通网络布局的依据，对商品流通网络的布局往往起着决定性的作用。它主要包括经济体制，人口的数量、密度及构成，历史条件和交通条件等。

3. 科学技术条件

科学技术条件对商业流通网络布局有很大的影响，它主要包括商业的管理水平，商品的包装、加工、储存、运输以及电子计算机等新技术在商业经济活动中的推广和运用等。

除上述条件外，商业网络布局还要受到工农业及旅游业的发展、行政区划和经济区划的变更等方面的影响。

知识点 3 商业网络布局的原则

1. 有利于扩大商品流通

商业流通网络布局的根本是为了促进商品的流通。因此，应打破行政区域的限制，按照以经济区域组织商品流通的布局原则，利用多种经营方式，广开流通渠道，活跃地区之间的物资交流，促进商品生产的发展。

2. 有利于加强经济核算

商业流通网络布局必须加强经济核算，各类商业机构的设置要从实际需要出发，要加强企业管理、科学地组织商品生产和商品流通，以达到减少商品损耗、降低商品成本和减少流通费用的目的。

📁 资料卡

新 零 售

全球零售业历经百货商店、连锁商店、超级市场、电子商务四次迭代革命，每一次革命都推动零售业进一步发展，而新零售正是第五次零售革命。

与传统零售相比，新零售在零售主体角色、零售产出内容、零售组织形态、零售活动关系、零售经营理念、零售技术应用这六大方面有所不同，更加强调以消费者体验为中心，以技术创新为驱动，注重行业降本增效。

3. 有利于提高社会经济效益

商业网络布局要从提高宏观经济效益出发，兼顾地区微观利益和国家宏观利益。

✏️ 活动建议 ≫

了解你所居住地区的商业网络分布情况，分析其布局是否合理。

综合知识模块二 ▶ 商业中心

知识点 1 商业中心的概念

商业中心是指在一定区域范围内组织商品交换和流通的枢纽。它包括两重含义：①担负一定区域商业职能的中心城市；②一个城市内部商业活动相对集中的地区。

商业中心要组织商品流通，不仅要有比较固定的商品货源地、销售市场和方便的交通运输条件，而且还必须有包括商品收购、调运、储存、批发和零售等一系列活动的商业机构。

在商品流通区域，总会有一个或一个以上的城市承担着组织全区域商品交换和流通的职能，这就是商业中心城市。商业中心城市与其他城市相比，具有人口稠密、商品生产发达、服务设施齐全、交通运输便利、市场信息灵通和商业活动频繁等特征。

知识点 2 商业中心的形成条件

商业中心的形成和发展，是由客观经济规律和自然规律所决定的。商业中心，特别是大型的、综合性的商业中心的形成，一般应具备以下几个条件：

1. 优越的地理位置和便利的交通运输条件

地理位置和交通因素是商业中心形成的首要条件。只有地理位置优越、交通便利的地区，才有可能形成发达的商品生产和商品贸易，才能承担起组织商品流通的功能，才能成为该地区的商业中心。我国上海、武汉、广州和天津等商业中心的兴起和繁荣都是与其优越的地理和交通条件分不开的。地理位置和交通条件不仅影响着商业中心的形成，而且还制约着商业中心的兴衰和演变。

2. 发达的商品生产

发达的商品生产是商业中心形成的物质基础。商品生产的发展水平直接影响着商业中心的形成和发展，也制约着商业中心的规模。一般情况下，一个地区的商品生产越发达，其向商业中心提供的货源就越充足，商业中心的规模就越大。我国的大型商业中心，大多分布在综合性的工业生产基地，其邻近地区的农业也较发达，能够为商业中心提供丰富的工农业产品。

3. 人口密集程度高

人口密集程度高是商业中心形成的重要条件之一。一方面，商业中心要完成组织商品流通的职能，需要其他职能部门和行业的配合，需要大量的劳动力才能完成工作运转。另一方面，人口数量的多少及人口构成的状况，直接影响着商品消费和消费构成。人口密集的地区需要消费大量的、品种众多的商品，交易活动也更频繁，势必促进商品流通枢纽的形成和发展。这也是商业中心多出现在人口密集程度高的地区的主要原因。

4. 国家行政区划的建制和变更

行政区划的建制和变更也是影响商业中心兴衰和发展的重要条件之一，在特定的条件下，甚至可能起决定性作用。例如，首都、省会等的设置、迁移等都会影响到商业中心的形成和转移。此外，商业中心还有一定的历史继承性，有些商业中心在历史上就是重要的商品集散中心。国家经济政策的变化、金融服务机构的设置、旅游资源的开发、公共事业的发展以及国际经济形势的变化等都会在一定程度上影响到商业中心的形成和发展。

知识点3 我国商业中心的分布特点

1. 地区分布不平衡

我国东部沿海地区的商业中心不仅数量多，而且规模大。东部地区的商业中心城市主要集中在长江三角洲、珠江三角洲、京津唐和辽中南等地区。改革开放后，西部地区的商业中心城市增加较多，但从总体情况看，西部内陆地区和边疆的商业中心仍然呈现数量少、规模小的特点。

2. 多沿铁路干线和江河、沿海口岸分布

方便的交通是商业中心形成的重要条件。由于铁路、内河航线和沿海航线是我国主要的交通运输干线，从而使得我国的商业中心具有明显的沿河、沿海和沿铁路分布的特点。长

江沿岸分布着上海、南京、武汉和重庆等大中型的商业中心，京广、京沪、京沈、哈大和陇海等铁路沿线也集中了全国大量的商业中心。

3. 具有与各级区域行政中心和经济中心相吻合的多层次分布的特点

我国的大型商业中心均分布在经济发达、交通方便和人口稠密的特大城市，从行政建制上看均为直辖市或省会城市，而且也是该地区的经济中心城市；中型商业中心大多是生产比较发达、交通相对便利的省区行政中心和经济中心；小型商业中心一般为地县级的行政中心和经济中心城市。

2019年，我国消费能力十强城市社会消费品零售总额合计84 360亿元，占全国消费总量（411 649亿）的1/5。2019年消费能力十强城市依次是上海、北京、广州、重庆、成都、武汉、深圳、杭州、南京和苏州。

知识点 4 　我国的三级商业中心

商业经济区是以商业城市为中心，以交通运输线为通道，以城市辐射地域为范围的商品流通区域。确定商业经济区范围的依据是经济上有较密切的联系，地域上有较接近的范围，流通上有便利的运输方式。

根据各地区地理环境、社会经济条件等的地域差异性及商品流通的结构与规模的不同，可将全国划分为三级商业区。

（1）一级商业区：区域范围大致相当于大的经济协作区，以区内大的商业中心城市为商业中心。目前，我国主要的一级商业区主要有以下几个：

1）东北商业区，包括辽宁、吉林、黑龙江和内蒙古东部地区，以沈阳、大连、长春和哈尔滨等为商业中心。

2）华北商业区，包括北京、天津、河北、山西以及内蒙古中部，以北京和天津为商业中心。

3）华东商业区，包括山东、江苏、浙江、安徽、江西、福建、上海及台湾，以上海、南京、杭州和台北为商业中心。

4）华中商业区，包括河南、湖北和湖南，以郑州、武汉和长沙为商业中心。

5）华南商业区，包括广东、广西、海南、香港和澳门，以广州、香港为商业中心。

6）西南商业区，包括四川、贵州、云南、西藏和重庆等省市，以重庆、成都为商业中心。

7）西北商业区，包括陕西、甘肃、宁夏、青海、新疆和内蒙古西部等省区，以西安、兰州为商业中心。

（2）二级商业区：区域范围大致相当于我国省区级行政区，以区内起组织商品流通作用的大、中城市为其商业中心。

（3）三级商业区：区域范围大致相当于省区内的地区一级，以具有省区内局部意义的中、小城市为其商业中心。

知识点 5 我国商业中心的分布与零售业的发展趋势

1. 大型商业中心

大型商业中心是指承担全国或跨省区较大地域范围的商品流通组织功能的商业中心。大多分布在交通条件非常好和经济地理位置十分优越的地区，自身拥有较强的商品生产能力，多与全国性的经济中心相结合，商业服务设施齐全，在全国的商品流通中具有举足轻重的地位。我国的大型商业中心主要有以下几个。

（1）上海：上海地处我国大陆海岸线的中部和长江入海口处，是我国重要的水陆交通枢纽，也是我国最大的工业城市和最大的商业中心。上海的商品流通量大，商业设施齐全，批发和零售商业都十分发达。上海的南京路、淮海路和金陵路等地是著名的商业区。

（2）北京：北京是我国的首都，也是全国重要的大型商业中心之一。北京位于华北平原北端，是东北和华北、内蒙古高原和渤海湾沿岸之间的联系地带，地理位置十分重要，地处全国铁路和航空运输的枢纽位置。北京也是重要的工业生产基地，商品货源充足，商业设施齐全，商业网点众多。北京的王府井商业街、西单商业街、前门、国贸等地都是商业繁华地区。

（3）天津：天津东临渤海，是北京的出海门户，水陆交通便利。天津是华北地区重要的经济中心和最大的港口，也是重要的工商业城市。

（4）广深港：广州、深圳、香港均位于珠江三角洲，水陆交通条件优越。该地是我国南方最大的经济中心，拥有大型的贸易港口。广州的轻工业生产在全国占有重要地位，商品货源充足，商贸活动十分活跃，加之作为国际金融中心的香港和经济特区的深圳，使得该地区成为华南最大的商业中心。

（5）沈阳：沈阳位于辽河平原中部，有多条铁路线在此交汇，是东北最大的交通枢纽。沈阳是我国重要的重工业基地，东北重要的物资集散中心，也是东北最大的商业中心。

（6）武汉：武汉地处我国中部地区，位于长江中部、京广铁路线上，交通便利，素有"九省通衢"之称。武汉联系着西南、中南和华东等广大地区。其工业发达，是我国综合性的工业基地；其商业发达，是华中最大的商业中心。

（7）成渝：成都、重庆地处长江上游，有多条铁路交会，历来就是西南地区的商品集散地和贸易中心。重庆工业生产发达，是西南地区重要的商品货源地，也是西南最大的商业中心。

（8）西安：西安位于关中平原中部，地理位置优越，是西北最大的经济中心、交通枢纽和物资集散地，也是西北最大的商业中心。

2. 中型商业中心

中型商业中心是指承担着省区范围内较大地域范围商品流通组织功能的商业中心。中型商业中心大多设置在商品生产比较发达，交通相对便利的省区直辖市，往往与地区性的商品生产中心和商品集散地相结合。我国的中型商业中心很多，遍布全国各省区。按其所依附的城市的主要职能不同，主要有以下三类。

（1）以省区的行政中心为依托的商业中心。这类商业中心如哈尔滨、郑州、呼和浩特和兰州等。

（2）以交通枢纽城市为依托的商业中心。这类商业中心的主要特点是交通便利、商品集散的功能强，如秦皇岛、蚌埠、柳州和梧州等。

（3）以商品生产中心城市为依托的商业中心。这类商业中心的主要特点是商品货源充足，有利于组织较大规模的商品流通，如鞍山、无锡、厦门和温州等。

3. 小型商业中心

小型商业中心是指组织小区域范围内商品流通的商业中心。小型商业中心大多设置在地级或县级市，主要承担一个县市或几个县市范围内的商品流通的组织工作。小型商业中心数量繁多，遍布全国各地。

4. 我国零售业的发展趋势

我国零售业未来发展的大趋势是企业利用互联网和大数据，以实体门店、电子商务、移动互联网为核心，通过融合线上线下实现商品、会员、交易和营销等数据的共融互通，将传统的点线面的分销方式转换为点对点的分销方式。

> 💡 **想一想**
>
> 根据个人近几年在网上购物与实体店购物比重的变化，想一想未来商品分销中心的分布会发生什么变化。

近年来，消费者越来越靠近商业活动的中心，逐渐代替层级分销渠道成为市场的主导方。互联网技术的发展不断促进线上线下的融合，与传统零售业相比，未来零售业的核心将更加关注消费者的体验，基于大数据技术的驱动，充分实现商品和供应链配套的个性化定制，也极大地提升了商品和服务的供给能力和效率。

✏️ 活动建议

调查你所居住的城市有哪些商业集中地区（商业中心），了解其规模大小及商业活动特点；分析说明你身边的零售业未来发展态势。

拓展知识链接

深圳 40 年，如此震撼！

星球研究所出品

综合知识模块三 ▶ 商品流向

知识点 1 商品流向概述

商品流向是指在一定时期内，一定品种和数量的商品在地域上的具体运转路线和方向。商品流量（货运量）、商品运距和运送方向是商品流向的三要素。商品流向的形成取决于商品生产、商品销售及运输路线的分布状况。商品产销的地域差异是商品流向产生的地理基础。

由于商品交换要在地区间借助交通运输工具对商品作定向的空间位移，其合理流向受到生产力布局、地理位置、交通条件、消费习惯和供求关系等因素的影响，但商品总是趋向于选择一条时间最少、费用最省和路线最短的运动。我国商品流向的总特征是以工业品运输为主。

知识点 2 主要大宗商品流向

在我国的商品流通中，大宗商品占有重要地位，特别是与市场消费直接相关的粮油、食糖、食盐、煤炭和石油等所占比重较大。

1. 粮油

由于中国经济整体市场化的进展和产业结构的调整，特别是粮食市场化的迅速发展，我国粮食生产和流通的格局变化很大。粮食生产已向一些主产省集中，原来一些产粮大省变成了主销区或产销平衡区。相应地，"南粮北运"的传统流通格局已经逐渐演变成目前的"北粮南运"。目前，我国粮食主要流向是东北的玉米、稻谷和大豆流向华东、华南和华北地区；黄淮海的小麦流向华东、华南和西南地区；长江中下游的稻谷流向华东、华南地区。

我国粮食产销区分布不平衡。我国粮食的生产地域分布不平衡，主产区主要为：①东北地区，即黑龙江、吉林、辽宁和内蒙古东部生产的玉米、稻谷和大豆；②黄淮海地区，即河北、山东、河南和安徽北部地区生产的小麦；③长江中下游地区，即湖北、湖南、安徽、江西和四川生产的稻谷。我国粮食的主销区主要为北京、天津、上海、重庆、浙江、江苏、福建、广东、广西和海南等 10 个省（区、市）。我国粮食的产销平衡区主要为山西、陕西、甘肃、青海、宁夏、贵州、云南、新疆和西藏等 9 个省区。由于我国粮食产销区分布不平衡，决定了我国粮食有相当的流通数量。

我国粮食产销区位明确决定了国内粮食流向基本稳定。多年来，粮食流通主要形成了以下几个通道：①东北地区粮食流出通道，东北三省及内蒙古东部地区的粮食主要运往东南沿海及京津等主销区和南方玉米主销区；②黄淮海地区小麦流出通道，河北、河南、山东及安徽北部地区输出的小麦主要通过铁路运往周边的省份和华东、华南、西南、西北省区，部分通过公路运往周边省市；③长江中下游稻谷流出通道，长江中下游的湖北、湖南、安徽、江西和四川等五省输出的稻谷主要经铁路和公路干线运往东南沿海及西南地区；④东南沿海粮食流入通道，东北粮食产区经海路运输的稻谷、玉米及从国外海运进口的粮食在东南沿海各省市港口登陆，经公路或内河转运。

我国大豆流向特点：①主要从黑龙江省流向关内；②进口大豆主要从沿海港口流向内地。

2. 食糖

我国食糖的生产主要集中在南北两部分，形成了食糖从南北产地向中部地区运销的格局。广东、广西是蔗糖的主要产地，其流向是由南向北行销全国。甜菜糖以黑龙江、吉林、内蒙古和新疆等为主要的生产基地，产量不及蔗糖多，主要供应本区，只有少数供应华东北部、华北南部和西北东部。

3. 食盐

我国的食盐生产以海盐为主，北方沿海地区有大量的海盐外运。盐的基本流向是东盐和西盐中运，北盐南运，关内的食盐流向关外。

4. 煤炭

我国煤炭产销的地理分布不平衡，煤炭的基本流向长期以来一直是北煤南运、西煤东运、关内的煤出关供东北地区使用。

5. 石油

我国的原油生产集中在东北、华北和西北地区，而长江沿岸和沿海各省市分布着众多的炼油工业中心。因此，原油的基本流向是北油南运、东油和西油中运。东部地区的原油流向以各大油田为中心，经管道输向大连、秦皇岛、青岛和南京等大港，后转海运或长江航道运至沿海和沿江各大炼油中心。西北的原油运往西北地区的炼油中心。

我国的成品油运输以铁路为主，基本流向是以长江为界，以南是东部成品油西运，以北是东北和华北的成品油南运。

活动建议

调查你所在城市中的某个大宗商品集散中心，了解其主要商品的购销和流向情况，分析其区域功能及辐射范围。

第七单元

港澳台物流地理

本单元学习导引图

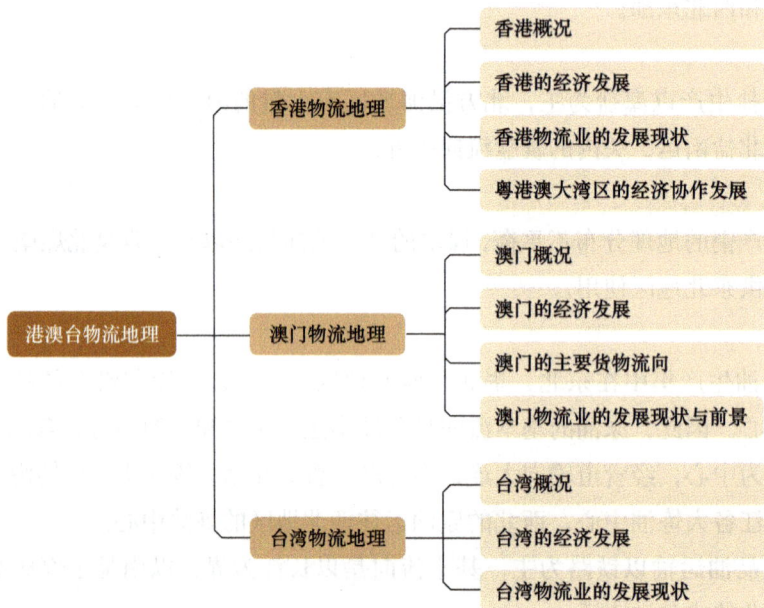

```
                                                    ┌─ 香港概况
                                                    │
                                  ┌─ 香港物流地理 ──┼─ 香港的经济发展
                                  │                 │
                                  │                 ├─ 香港物流业的发展现状
                                  │                 │
                                  │                 └─ 粤港澳大湾区的经济协作发展
                                  │
                                  │                 ┌─ 澳门概况
                                  │                 │
                                  │                 ├─ 澳门的经济发展
  港澳台物流地理 ─────────────────┼─ 澳门物流地理 ──┤
                                  │                 ├─ 澳门的主要货物流向
                                  │                 │
                                  │                 └─ 澳门物流业的发展现状与前景
                                  │
                                  │                 ┌─ 台湾概况
                                  │                 │
                                  └─ 台湾物流地理 ──┼─ 台湾的经济发展
                                                    │
                                                    └─ 台湾物流业的发展现状
```

学习目标

→ 了解香港的经济、地理和交通等特征，掌握香港的物流特点和物流业发展情况以及粤港澳大湾区的经济协作发展情况。

→ 了解澳门的经济、地理和交通等特征，掌握澳门的物流特点和物流业发展情况。

→ 了解台湾的经济、地理和交通等特征，掌握台湾的物流特点和物流业发展情况。

香港特别行政区简称"港"，区域范围包括香港岛、九龙、新界及周围众多岛屿，陆地总面积约 1100km²；澳门特别行政区位于珠江口西侧，西面和北面紧靠珠海经济特区，东面与香港隔海相望，与广州、中山等城市接近。香港、澳门和台湾的地理位置如图 7-1 所示（见书后彩插）。

香港和澳门分别处于珠江三角洲南部珠江口的东西侧，是珠江与南海交通的咽喉。同时，香港和澳门又地处欧亚大陆东南部、南海与台湾海峡的交界地带，是亚洲及世界航道的要冲。

美丽富饶的台湾是祖国的宝岛，地处东海、南海和太平洋之间，北靠东海，西隔台湾海峡与福建相对，南与菲律宾隔海相望，东临广阔的太平洋。全区扼西太平洋航道的中心，是我国与太平洋地区各国联系的交通枢纽。

议一议

你对香港、澳门和台湾有哪些了解？在我国行政区划中，它们各有什么样的特殊地位？

综合知识模块一 ▶ 香港物流地理

知识点 1 香港概况

香港西与澳门隔海相望，北与深圳相连，距广州市中心不到 200km，南濒南海，如图 7-2 所示。2019 年，香港总人口约 752 万人，绝大部分是原籍广东的居民，使用语言主要为普通话、粤语和英语。香港是世界上人口密度最高的地区之一。

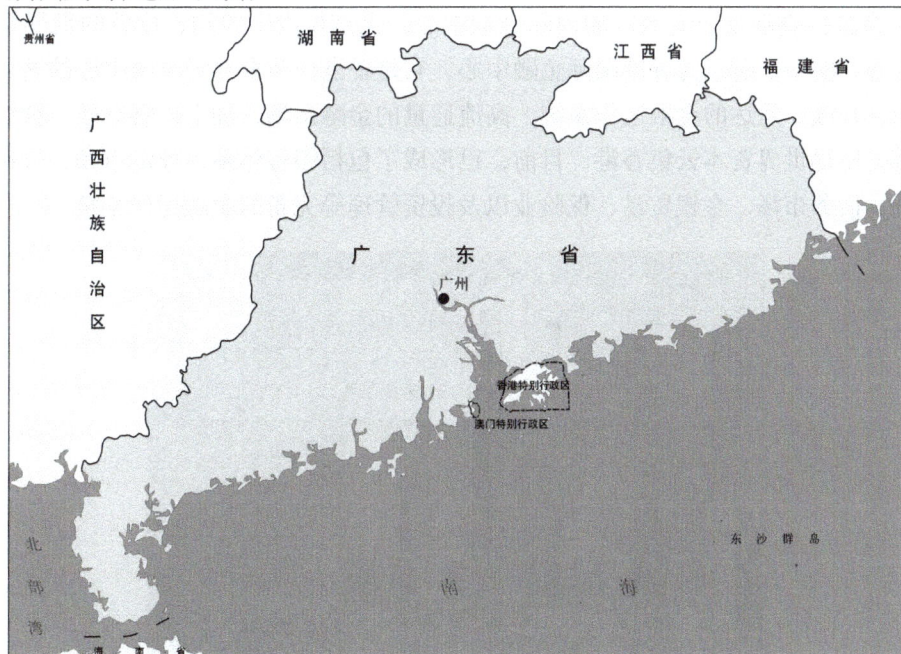

分省（区、市）地图—广东省

图 7-2 香港、澳门地理位置图

香港地处亚热带,气候温暖湿润。由于邻近大陆架,岛屿众多,使得香港的渔业得天独厚,有超过150种具有商业价值的海鱼。矿藏中有少量的铁、铝、锌、钨、绿柱石和石墨等。农业中有少量的蔬菜、花卉、水果、水稻和饲养业。除此之外,香港面积狭小,自然资源总体来说比较匮乏。香港与内地联系十分紧密,如食用淡水的60%以上由广东供给,农副产品近半数也需由内地供应。香港地理位置十分重要,是远东与欧洲、地中海等地航运的必经之路,也是对北美、大洋洲等地航运的要冲,世界各地与东亚之间的贸易都要经过香港或以香港为中转站。在自然资源较缺乏的条件下,香港的生存与发展几乎完全依赖于对外贸易。

💡 想一想

结合香港地理位置图,分析香港的发展在自然条件上具有什么样的优势和劣势。

知识点 2 香港的经济发展

自20世纪70年代以来,香港经济发展迅速,逐步形成了一个以加工工业为基础、以对外贸易为主导、以多种经营为特点的现代化国际工商业城市。在香港的经济结构中,金融、房地产、贸易与物流业的比重较大。

(1)工业:20世纪50～70年代,香港积极发展制造业,纺织、成衣、电子等劳动密集型产业快速成长,并带动了香港工业化的发展。而从80年代开始,随着改革开放的深入实施,推动了香港制造业向内地的转移,而这也形成了目前香港本地制造业的空心化现象。1978年香港制造业产值占GDP的20%,2017年则下降到了1.1%。

(2)金融:香港是亚太地区的国际金融中心,也是仅次于纽约、伦敦的世界第三大国际金融中心。图7-3所示为香港国际金融中心,它是香港作为世界级金融中心的著名地标。高度自由、开放、发达的金融运作系统,高流通量的金融市场,加上监管有效、税制优惠、法制完善,使得世界资本云集香港。目前,已形成了包括银行体系、外汇市场、货币市场、证券市场、债务市场、金银贸易、保险业以及投资管理等完备的金融运作系统。

图7-3 香港国际金融中心

香港同时也是全球主要银行中心之一、全球十大外汇市场之一、全球十大股市之一、亚洲流通量最高的债务市场和世界四大黄金市场之一，其国际金融中心的地位十分巩固。

（3）对外贸易：香港是亚太地区的国际贸易和航运中心，对外贸易也是香港的支柱产业之一。第二次世界大战后的几十年来，香港对外贸易发展很快，已从一个转口贸易港发展成为举世闻名的国际贸易中心。

香港目前正积极采取措施巩固和发展香港贸易中心的地位，包括：①加强与内地合作，以建立更紧密的经贸关系。例如2003年6月，《内地与香港关于建立更紧密经贸关系的安排》（CEPA）签署，成功开启了两地制度性合作的全新路径，之后又陆续签署了10个CEPA补充协议，《关于内地在广东与香港基本实现服务贸易自由化的协议》和《CEPA服务贸易协议》，促进两地经济深度融合；②投资兴建商贸港和新会议展览中心；③建立物流之都，利用高科技建立物流资料互通平台，以方便付货人、运输公司、海关、银行和码头交换资料等。

香港生产的产品主要输往美国、英国、德国、日本、加拿大、澳大利亚、新加坡、荷兰、瑞士、法国等国家及内地。转口商品主要输往美国、新加坡、印尼、日本、韩国、菲律宾、沙特阿拉伯等国家及内地、澳门、台湾等地区。

（4）交通和旅游：香港是亚太地区的交通和旅游中心之一。公共交通系统包括铁路、小型渡轮和公共汽车组成的运输网，伸展到港内每个角落。香港是国际上的重要商港，航运业发达，与100多个国家和地区的460个港口有航运往来，形成了完善的全球海上运输网络。位于香港岛与九龙半岛间的维多利亚港，水深港阔，是世界三大天然良港之一。

由于交通便利，位置优越，人文环境独特，且拥有一大批文化古迹、宗教文化景观及其他风景区，旅游业已成为香港经济发展的新支柱之一，游客大部分来自内地和台湾等地区以及日本、韩国等国家。旅游业是香港赚取外汇的第三大产业。

知识点 3　香港物流业的发展现状

近年来，物流业对于经济发展的重要性日益显现，这既是经济发展到一定阶段的必然要求，因为物流是联系国民经济各部门的桥梁，也是外向型经济发展到一定阶段的产物，因为外向型经济必须通过物流环节来实现与外部经济的对接。香港物流业发展早，现已成为香港经济的支柱产业，物流与贸易的从业人数达60余万人，其产值占香港年生产总产值的20%左右。再加上香港多年积累的经验使其管理运作相对比较成熟，代表着当今国际物流业的先进水平。

1. 香港发展物流业的优势

（1）地理优势：香港地处亚太区的中心，地理位置优越，具有发展物流业得天独厚的条件。全球约有一半的人口居住于离香港 5h 飞机航程之内的地区。

（2）基础设施优势：香港拥有世界级的基建设施，为物流发展业提供了重要的物质基础。从交通方面看，香港的海陆空交通均十分发达。

1）水运方面。香港拥有全世界最繁忙的集装箱码头，是世界第三大货柜港，约有 80 家国际集装箱航运公司，每周有 400 多条航线将货物运往全球 500 多个目的地。内河码头可以处理运往香港与珠江三角洲港口的内河货运，海运码头则连接着香港国际机场与珠江三角洲地区。香港的深水港口，位处美洲、亚洲与欧洲之间的主要东西交流海运航道，港口运作及设施达世界一流水平。香港葵青货柜码头如图 7-4 所示。

图 7-4 香港葵青货柜码头

2）陆运方面。香港有遍及全港的公共交通系统；政府正在兴建公路设施，连接机场及各港口，还有通往深圳及蛇口的跨海大桥等。内地与香港有多条公路连接，主要包括京港澳高速公路、深港西部通道、深圳东部过境高速、港珠澳大桥；铁路有京九铁路、京广线—深圳—香港、广深港高铁等。发达的交通网络极大地提高了人员与物资的运输规模和集散效率，使得香港与珠三角地区的合作更加紧密。

3）空运方面。自 1996 年起，香港国际机场的国际货运量多次全球排名第一，是全球最大的空运货栈，配备有先进的物流设施。至 2018 年有 100 多家国际性航运公司提供服务，每天有 1 100 班航班往返于全球 190 多个国家和地区。香港与内地 42 个主要城市均有航班相通。

（3）通信优势：香港的电信网络非常发达，而且运营成本很低。低成本且完善的通信网是香港的又一大优势。

（4）经济实力和市场优势：超过3 200家的跨国公司在香港设有地区总部或办事处，有超过900家的国际企业在香港设立总部。香港为珠江三角洲地区出口业的发展提供了重要支持，而珠江三角洲地区经济的发展也为香港物流业的发展提供了重要契机。珠江三角洲地区有强大的生产能力，香港有一流的运输设施和交通网络，两地合作可以发展成为连接内地与世界市场的物流业枢纽。

（5）社会制度及文化因素优势：香港是一个自由港，以高效、快捷和完善的服务著称。香港是亚太区重要的商贸中心，有健全的金融架构和完善的司法制度，资金可以自由进出，香港有能力成为亚太区供应链管理的枢纽。

（6）政策支持。中央大力支持香港、澳门融入国家发展大局，"一带一路"倡议和"粤港澳大湾区"建设的实施将为香港物流业的发展带来重大机遇。

除此之外，香港还拥有大量经验丰富的国际物流及运输企业，能为内地和全球市场提供全面的供应链管理及物流服务。有大批专业的管理人才和IT业人才，既熟悉内地经营环境，又有良好的法治意识，这些都是区别于其他地区的优势。

2. 香港发展物流业的劣势

香港是从1998年金融风暴后才开始重视和发展物流业的，比起发达国家来说相对较晚，物流人才储备相对不足。由于发展时间短，各类配套设施还有待完善。

香港物流业的高价格成为影响其未来发展的主要劣势，如香港设有码头处理费，为全球最高。为节约成本，许多托运人和第三方物流公司会转而选择内地港口。香港物流企业需要寻找新的利润支持点，由运输门户向技术和金融门户转变。

随着内地物流企业开始崛起，香港已感受到了来自内地物流业的竞争压力：虽然中国加入世界贸易组织后，香港作为内地进出口货物的中转地位得到加强，但由于香港货运收费高，且港口场地规模有限，加上内地进出口限制的取消，内地港口都会参与竞争；随着跨国物流企业纷纷进入内地市场，必然与香港物流企业形成一种竞争格局；香港的优势在于港口物流，但在工业企业物流及农产品物流方面则相对较弱。内地物流业近年来发展速度迅猛，众多物流企业积极参与国内和国际市场的竞争，这对香港物流业而言是一个巨大的挑战。

知识点 4 粤港澳大湾区的经济协作发展

粤港澳大湾区包括香港特别行政区、澳门特别行政区和广东省的广州市、深圳市、珠海市、佛山市、惠州市、东莞市、中山市、江门市、肇庆市，总面积5.6万km²，2017年年末总人口约7 000万人，是我国开放程度最高、经济活力最强的区域之一，在国家发展大局中具有重要的战略地位。

近年来，粤港澳合作不断深化，以香港、澳门、广州、深圳四大中心城市作为区域发展的核心引擎，增强对周边区域发展的辐射带动作用。在基础设施、投资贸易、金融服务、科技教育、休闲旅游、生态环保、社会服务等领域合作成效显著，已经形成了多层次、全方位的合作格局。

粤港澳大湾区区位优势明显，位于我国沿海开放前沿，以泛珠三角区域为广阔发展腹地，在一带一路建设中具有重要地位。交通条件便利，拥有香港国际航运中心和吞吐量位居世界前列的广州、深圳等重要港口以及香港、广州、深圳等拥有国际影响力的航空枢纽，形成了便捷高效的现代综合交通运输体系。

粤港澳大湾区经济实力雄厚。此区经济发展水平全国领先，产业体系完备，集群优势明显，经济互补性强。香港、澳门服务业高度发达，珠三角九市已初步形成了以战略性新兴产业为先导、先进制造业和现代服务业为主体的产业结构。

粤港澳大湾区科技创新能力强。粤港澳三地科技研发、转化能力突出，拥有一批在全国乃至全球具有重大影响的高校、科研院所、高新技术企业和国家大科学工程，创新要素吸引力强，具备建设国际科技创新中心的良好基础。

粤港澳大湾区国际化水平领先。香港作为国际金融、航运、贸易中心和国际航空枢纽，拥有高度国际化、法治化的营商环境以及遍布全球的商业网络，是全球最自由经济体之一；澳门作为世界旅游休闲中心和中国与葡语国家商贸合作服务平台，其发挥的作用不断增强，多元文化交流的功能日益彰显；而珠三角九市作为内地外向度最高的经济区域和对外开放的重要窗口，其国际化水平也日益突显。

活动建议

登录香港特别行政区政府香港经济近况网站（www.hkeconomy.gov.hk/），了解香港经济发展情况，分析说明香港经济发展的特点以及与大湾区的合作趋向。

综合知识模块二　澳门物流地理

知识点 1　澳门概况

澳门（见图 7-2）地处珠江三角洲的西岸，东与香港隔海相望，北接广东省珠海市，陆地部分包括澳门半岛、凼仔岛和路环岛。澳门的总面积因沿岸填海造地而一直扩大，目前陆地面积约为 $32km^2$，人口 65 万。受自然条件限制，澳门除了一小部分渔业外，几乎没有第一产业，主要以第二产业和第三产业为主。

知识点 2　澳门的经济发展

　　澳门是我国人均 GDP 最高的城市。澳门经济的总体规模较小，但是高度开放，较为自由，属于有活力的微型经济体系类型。出口加工业、旅游博彩业、金融业和地产建筑业是澳门的四大经济支柱。近年来，博彩业在整体经济中所占比重逐渐降低，2018 年占比为50.5%。为避免产业结构过于单一，政府积极扶持制造业的发展，并于 2002 年起与珠海市政府合作，在澳门青洲与珠海之间兴建跨境工业区。

　　（1）工业：澳门的重工业很少，以轻纺工业及其辅助工业为主体，也有部分现代食品工业、建材工业和制船业等。澳门工业多属劳动密集型，以规模较小的中小型工厂为主，大部分产品销往欧美市场。近年来，澳门工业朝着高技术的方向发展。澳门工业对香港和内地的依赖性很大，一定程度上可称为香港制造业的分支或翻版。

　　（2）金融业：银行业和保险业是澳门金融体系的主体。澳门金融业的发展在很大程度上依赖于香港，澳门的银行主要为外资银行，港币在澳门占主导地位，许多银行业务要通过香港市场操作。

　　（3）外贸业：对外贸易是带动和促进澳门经济发展的重要部门。澳门与 100 多个国家和地区有贸易关系。澳门的出口货物以纺织品、玩具和电子产品为主，进口货物则以工业原料、粮食和食品为主，进出口市场集中在香港、内地和亚洲地区。

　　（4）交通业：澳门交通便利。海运大多通过香港转运，陆路可利用珠海便捷的道路系统。20 世纪 90 年代初期，澳门在通信、电力、污水处理及交通等方面进行了多项大型基建工程，其中包括九澳货柜码头、新外港客运码头、友谊大桥及澳门国际机场，极大地改善了澳门内部交通和与邻近地区、世界各国的直接交通联系，为澳门长远的经济发展奠定了坚实基础。

　　广珠铁路和广深珠高速公路已延伸至澳门，特别是 2018 年港珠澳大桥开通，使澳门与香港、内地在交通网络上联成一体，交通体系更加完整化、配套化和现代化。

　　（5）旅游博彩业：发达的旅游博彩业是澳门旅游业的重要支持，如图 7-5 所示为澳门葡京赌场。另外，澳门优美的自然风光也增加了其内在的吸引力，游客主要来自内地、香港、台湾等地区和日本、美国、英国等国家。

图 7-5　澳门葡京赌场

拓展知识链接

澳门，值得一去吗？
——小澳门 大世界

星球研究所出品

知识点 3　澳门的主要货物流向

澳门是典型的海岛型经济区域，物资自给率很低，生活物质基本上都靠外面供应，最大的供应者是内地，其中以生活必需品为最多。

1. 水与粮食供应

澳门的水资源非常缺乏，长期以来一直由内地向澳门地区供水，并且随着澳门人口的增加而逐年增长；澳门的粮食也一向仰赖于内地供应，如澳门有约80%的大米都由内地输入，其他如内地的活猪、活鸡、鲜蛋、蔬菜和塘鱼等也在澳门占据大部分市场。

2. 原材料

澳门从内地的进口以工业原材料为主，如布匹、纺织品原料和石油制品。最大的出口行业——制衣业，所用原材料的一半以上来自内地各省。另外，澳门毛纺织厂所用的兔毛、羊绒以及其他许多轻工业原料也需由内地供应。

澳门的建筑材料——圆钢、水泥、砂、石、砖瓦和泥土等，也大都由内地供应，有些全部依赖于内地输入。

澳门向内地的出口，除纺织品外，还有一些建筑材料、交通运输工具和电器用品等。

与澳门贸易来往最密切的首推广东，除此之外，澳门与华南、华东沿海以及京津、辽宁等地也建立了较为密切的贸易联系。

知识点 4　澳门物流业的发展现状与前景

澳门的现代运输与物流业在政府的大力支持下，近年来得到了高速发展，正逐渐成为区域性的物流中心。起步较早的澳门物流业已经积累起先进的理念、丰富的管理经验和雄厚的资本实力。今后，澳门发展物流业的定位就是利用自身优势，在珠江三角洲整个物流圈内发挥互补作用。

澳门没有大型的货运深水海港，主要是以空运业带动物流业的发展。澳门国际机场规模不大，处理货物效率却很高，建立了良好的声誉，所以近年来澳门的空运业发展迅速。但澳门机场发展物流业面临着许多限制因素：①大多业务是处理两岸中转货物，货源单一；②澳门机场的处理费用虽略低于香港，但高出内地数倍以上；③邻近机场较低的费用及不断完善的服务也给澳门机场造成了强大的竞争压力。

尽管如此，澳门物流业的发展仍有着巨大的潜力，其优势表现在以下几个方面。

（1）澳门是全球最自由的经济体系之一，经济全球化对物流业的需求急剧增加。随着澳门与广东省经济的进一步融合，改革开放以来，珠江三角洲地区的快速腾飞为澳门物流业的发展提供了充足的货物来源。

（2）2018年10月23日上午，港珠澳大桥正式启用。大桥全长约55km，东接香港特别行政区，西接广东省珠海市和澳门特别行政区，集桥、岛、隧道于一体，是三地首次合作共建的超大型跨海交通基础设施工程，如图7-6所示。

大桥建成通车将实现香港与珠三角西岸地区的对接，并且对接京珠高速、西部沿海高速等交通主干道，并向西延伸至我国西南地区，有助于推动内地与港澳交通基础设施的有效衔接，密切内地与港澳的交流合作，构建高效便捷的现代化综合交通运输体系，这对推进粤港澳大湾区建设具有重要意义。

被誉为"现代工程奇迹"的港珠澳大桥通车已成为"世界级话题"，中国人向世界展示的不仅是敢于梦想，还有把梦想变成现实的能力和底气。我们相信，随着未来中国在重大工程建设方面不断取得更丰硕的成果，中国科技将不断攀越新的高峰。

图7-6　港珠澳大桥

（3）澳门的土地、货仓和厂房等成本低于香港，也吸引着外来资本发展物流业。

（4）政策支持："一带一路"倡议和"粤港澳大湾区"建设将为澳门物流业乃至经济的发展提供新的机遇。

内地与香港、澳门的运输与物流业之间有着极大的互补性及广阔的合作空间。港澳应牢牢抓住"粤港澳大湾区"建设带来的新发展契机，融入到国家发展的大局中来，利用其资金、技术与管理的优势，积极拓展内地市场，全面推进港珠三角区域的互利合作，提升运输与物流服务业的服务质量和业态水准。

✎ **活动建议** ▶▶▶

　　登录港珠澳大桥官方网站（http://www.hzmb.org/），了解港珠澳大桥更多资料，分析说明港珠澳大桥的建成使用对"粤港澳大湾区"经济发展的作用。

拓展知识链接

　　粤港澳：造一个大大大大大大湾区！

　　　　　——越开放 越强大

　　　　　　　　　　　　　　　　　　　星球研究所出品

综合知识模块三 ▶ 台湾物流地理

知识点 1　台湾概况

　　台湾省，我国省级行政区，省会台北，地处我国东南海域，总面积约 3.6 万 km^2，包括台湾本岛和附近的小岛以及澎湖列岛，总人口 2 300 余万人，台湾人口以汉族为主，主要讲普通话和闽南语。

　　台湾地处亚热带与热带区域，北回归线横贯其中南部，气候温暖湿润。台湾四面环海，海岸线长达 1 566km。中央山脉纵贯台湾岛，造成中部高东西侧低的地势，山区、丘陵和平原的面积比例大致为 3:4:3。多样化的地形与气候使得台湾物产资源条件优越，森林资源、渔业资源、水力资源以及热带、亚热带生物资源都很丰富，盛产樟脑、水稻、甘蔗、水果和茶叶等。但金属矿产资源却比较贫乏，主要有山区的金和铜、西部的煤和石油以及北部的硫磺等。

💡 **想一想**

　　宝岛台湾是祖国不可分割的一部分，享有许多美誉，诸如"森林宝库""海上粮仓""东方甜岛""祖国东南盐仓"和"水果之乡"等，想一想，台湾都有哪些"宝"呢？

知识点 2　台湾的经济发展

　　（1）工业：台湾的工业相对集中在西部平原，以台北、高雄为中心，形成了一个由铁路和高速公路从东北至西南连贯的沿岛弧形工业带。

　　北部工业区以台北市为中心，包括桃园、新北和基隆市，为台湾省第一大工业区，这里集中了全省工商企业总数的 1/3 以上，以纺织、食品、电子和机械等工业为主。

南部工业区以高雄为中心，包括台南市和屏东县，占全省工商企业总数的 1/4 以上，以大型钢铁、造船、石油化工、塑料原料和机械设备等重化工业，为全省重化工业基地。

中部工业区以台中市为中心，包括彰化县和南投县，以轻纺工业、食品、纺织、橡胶和基本金属工业为主。

目前，台湾积极发展新兴产业和服务业，产业转型升级态势明显，许多制造业和劳动密集型产业转移到了大陆和东南亚，被耗能少、污染低、附加价值高的高新技术产业所取代。高新技术产业现已成为台湾重要的经济命脉，尤其是电子信息产业，在全球产业链中扮演重要角色。

（2）农业：台湾的农业生产比较发达，农业生产的商品化推动农业朝着专业化、企业化经营形态转化。种植业、畜牧业、渔业和林业综合发展，种植业也由单一的稻、蔗生产转向粮食作物、经济作物和园艺作物多种经营。农业作物以水稻、甘蔗和茶叶最著名，被誉为"台湾三宝"。稻米主要分布在北回归线以北的平原地带，占全省种植面积的 45%。

畜牧业以养猪为主，部分产品出口。台湾发展渔业生产的自然条件十分优越，渔产品出口额占农产品及农产品加工出口额的 1/3。林业比重较低，需要大量进口。此外，台湾也广泛种植热带水果，如香蕉、菠萝和柑橘等，素有"水果王国"的美称。

（3）对外贸易：对外贸易是台湾经济发展的基础。主要的出口市场包括大陆、香港以及美国、日本等国家和地区，大陆约占出口总额的 30%；台湾主要的进口市场包括大陆、日本、美国和韩国等国家和地区，大陆约占进口总额的 20%。在进出口的产品方面，机电产品是台湾对外出口的主要产品，占出口总额的一半以上。台湾的机电产品出口较多，主要是因为其半导体工业非常发达，其半导体领域的产值占全球总产值的 1/4 以上。进口的商品以机电产品和矿产品为主，其中，进口的主要是初级机电产品，通过对这些产品进行深加工，转而出口高精密机电产品。此外，台湾矿产资源相对稀缺，也需要从海外进口大量矿产品。

从大陆和台湾的双向贸易趋势来看，一方面，大陆是台湾的第一大进口和出口市场，台湾对外贸易对大陆市场的依存度非常高；另一方面，大陆市场在高精尖机电、光学等产品上对台湾具有较大的依赖性。总体来看，未来大陆与台湾的双向贸易发展仍具有较大发展潜力。

（4）交通：台湾的交通体系较发达，以公路为主的陆上运输占主导地位，其次是海上运输和航空运输。由于地势西低东高，故交通网的密度西部较稠密。公路以南北高速公路为主干，以环岛公路为动脉，以横贯公路为纽带，形成了纵横全岛的公路网。铁路交通以西部纵贯复线为主干，以北回铁路为连接东西线的纽带，形成了西北东铁路运输链。海运航线四通八达，通往日本、美国、南美、中东和欧洲等地，形成了对内环岛、对外辐射的海上运输网。空中航线也直达世界各地。

知识点 3　台湾物流业的发展现状

20 世纪 80 年代后，台湾经济迅速崛起，成为许多跨国公司的重要原材料、零配件的供应地，物流配送需求大幅增长，物流业也随之兴旺发展起来。

1. 台湾物流业发展的现状

借助于优越的地理位置和两岸经济交流合作的深入，台湾的物流企业充分利用现代科技手段及发达国家的先进物流管理经验，积极向现代物流业转型和发展，涌现出众多现代物流公司，同时也构建了整体高效的物流体系。台湾的物流业更加注重便利、快捷和时效。

台湾的社会物流主要由公路、海路、铁路和航空运输完成，公路汽车货物运输是台湾的主要物流运输渠道，其中 90% 的货物量由公路承担。台湾各港口的物流量增长迅速，主要港口货物装卸量逐年增加。高雄港、基隆港、台中港和花莲港是台湾最主要的货物运输港口（见图 7-7）。其中，高雄港是台湾第一大货物集散港，货流量最大。铁路曾是台湾货物运输的主要渠道之一，但近年来在货物运输中的作用不断式微。航空运输量在运输总量中的占比也很小，其中桃园国际机场是台湾最主要的货运机场，其货运量占台湾全岛航空运输量的 90% 以上。

图 7-7　基隆货柜港口

2. 台湾物流业发展的局限性

近年来，台湾省物流业的发展也遇到了许多不利因素，主要包括以下几个因素。

（1）20 世纪 50 年代起台湾地区在近 30 年间保持了 10% 左右的 GDP 高增速，并跻身

"亚洲四小龙"之一。1980 年代中后期，伴随经济转型的启动，台湾地区工业化率由 35%以上水平持续下降，GDP 增长率也逐渐回落到 5% 以下。

2008 年是台湾经济的分水岭，世界金融危机重创台湾经济。GDP 增速从之前 8%、9%的高增长降至 2008 年的 0.12%，2009 年更是出现 -2.29% 的负增长。1991 年台湾 GDP 超过 1 800 亿美元，而当时大陆只有 4 000 亿美元，台湾相当于大陆 GDP 的 45%。20 世纪 70 年代初期到 2008 年，长达 30 多年的时间里，台湾的 GDP 总量一直可以排到我国各省份第一的位置。

2020 年，疫情冲击之下，中国经济逆势转正，成为全球唯一正增长的主要经济体。据官方公布的数据，我国在 2020 年的 GDP 高达 1 015 986.2 亿元（不含港澳台），成功超越 100 万亿元，创下新的历史。从国家统计局公布的数据得知，GDP 总量超过台湾省的共有 6 个省份，它们分别是广东（110 760.94 亿元）、江苏（102 700 亿元）、山东（73 129 亿元）、浙江（64 613 亿元）、河南（54 997.07 亿元）、四川（48 598.8 亿元）。台湾省 GDP 总量（45 855 亿元）可以排在第 7 的位置。与台湾省较为接近的是福建（43 903.89 亿元）、湖北（43 443.46 亿元）。截至 2020 年，台湾 GDP 仅相当于大陆的 4.5%。

当前台湾的经济增长与人口增长都维持在低水平上，经济缺乏活力，但在电子和半导体产业上的技术与人才积累仍然能保证台湾经济的比较优势。

（2）地小人少，市场规模偏小，缺少持续发展的空间。

（3）台湾物流业与大陆的合作还不够深入，未能充分利用大陆广阔的市场。

3. 台湾物流业发展的契机与趋势

（1）台湾对外贸的依存度较高，对物流等服务业的需求程度高，外贸业的不断发展可以为台湾物流业带来非常好的发展契机。

（2）台湾位居亚太中心位置，且海空国际运输能力较强，具备发展国际物流业的先天优越条件。

（3）台湾的中小型物流企业居多，应注重资源整合，扩大物流企业经营服务规模，寻求更广阔的发展空间。

（4）深入与大陆的交流合作，利用大陆庞大的物流市场发展空间，融入到祖国的发展大局中来；积极参加"一带一路"建设，共同寻求全球商机。

拓展知识链接

造一条大大大大大通道
—— 一带一路上的"中国造"

星球研究所出品

第八单元

国际物流地理

本单元学习导引图

国际物流地理
- 国际物流和国际货物运输
  - 国际物流和国际货物运输的概念
  - 国际货物运输的特点和原则
  - 国际货物运输的构成要素
- 国际海洋运输
  - 国际海洋运输的发展概况
  - 国际海洋运输的重要通道
  - 国际海洋运输航线
  - 世界上的主要港口
- 国际铁路运输
  - 国际铁路联运
  - 内地对港澳地区的铁路运输
- 国际航空运输
  - 国际航空运输的主要方式
  - 国际航空运输协会（IATA）的航空区划
  - 世界上主要的国际航线
  - 世界上主要的航空港
- 国际集装箱运输和国际多式联运
  - 国际集装箱运输
  - 国际多式联运
- 国际大宗货物运输
  - 粮食的生产和消费布局
  - 石油的生产和消费布局
  - 煤炭的生产和消费布局
  - 铁矿石的生产和消费布局

→ 了解国际物流和国际货物运输的概念；了解国际货物运输的作用、特点、要求和主要的运输方式。

→ 重点掌握国际海洋运输的主要航线和通道；重点掌握世界主要海港的名称和位置。

→ 理解国际铁路联运的概念和特点；重点掌握我国主要铁路口岸和内地对港澳地区的铁路联运方式。

→ 了解国际航空货物运输的主要方式，了解国际航空运输的分区情况；掌握国际主要航空运输线和重要航空港的中英文名称、代码和所属国家或地区。

→ 了解集装箱运输、多式联运的特点和优势；重点掌握世界上主要的集装箱航线、港口、陆桥运输线及其方式。

国际物流是国际贸易的物质基础和条件，它是随着国际贸易的发展而产生和发展的，而且已成为影响和制约国际贸易进一步发展的重要因素。国际货物运输是国际物流系统的核心，也是国际贸易的重要环节。

综合知识模块一 ▶ 国际物流和国际货物运输

知识点 1 国际物流和国际货物运输的概念

国际物流是指原材料、在制品、半成品和制成品在国家与国家之间的流动和转移。国际物流系统包括国际货物运输、进出口商品储存、进出口商品装卸与搬运、进出口商品流通加工与检验以及商品包装。

📁 **资料卡**

"一带一路"倡议

丝绸之路是两汉时期开创的以长安（今西安）为起点，经甘肃、新疆到中亚、西亚，并连接地中海各国的陆上通道，是一条东方与西方之间在经济、政治、文化领域进行交流的主要道路。从运输方式上分为陆上丝绸之路和海上丝绸之路。它最初的作用是运输中国古代出产的丝绸、瓷器、茶叶等商品。德国地理学家费迪南·冯·李希霍芬最早在

19世纪70年代将之命名为"丝绸之路"。

2013年，我国提出全球多个国家和地区共建"一带一路"倡议，致力于亚欧非大陆及其附近海洋的互联互通，建立和加强沿线各国互联互通项目，推动沿线各国发展战略的对接与耦合，发掘区域内市场的潜力，促进投资和消费，创造需求和就业，增进沿线各国人民的人文交流与文明互鉴，让各国人民相逢相知、互信互敬，共享和谐、安宁、富裕的生活。

我国提出的丝绸之路新路线框架如下：

（1）北线A：北美洲（美国、加拿大）—北太平洋—日本—韩国—日本海—扎鲁比诺港（海参崴、斯拉夫扬卡等）—珲春—延吉—吉林—长春—蒙古国—俄罗斯—欧洲（北欧、中欧、东欧、西欧、南欧）。

（2）北线B：北京—俄罗斯—德国—北欧。

（3）中线：北京—西安—乌鲁木齐—阿富汗—哈萨克斯坦—匈牙利—巴黎。

（4）南线：泉州—福州—广州—海口—北海—河内—吉隆坡—雅加达—科伦坡—加尔各答—内罗毕—雅典—威尼斯。

（5）中心线：连云港—郑州—西安—兰州—新疆—中亚—欧洲。

💡 想一想

1. 登录"中国一带一路网"（www.yidaiyilu.gov.cn/），看看"一带一路"所经过的国家与地区有哪些。

2. "一带一路"途径的国家与地区都有哪些资源？与我国有哪些共同协作与交流的发展项目？

知识点2　国际货物运输的特点和原则

国际货物运输既是国际物流的核心，又是国内运输的延伸和扩展，对国际贸易的发展有重要的影响。相对于国内运输来讲，国际货物运输具有政策性强、路线长、环节多、涉及面广、情况复杂多变、手续复杂、时间性强和风险性大等特点。因此，在进行国际货物运输时必须遵循安全、迅速、准确和节省的原则。

知识点3　国际货物运输的构成要素

国际货物运输的构成要素包括国际货物运输的关系方、国际运输工具和国际运输方式。

1. 国际货物运输的关系方

（1）承运人（Carrier）：承运人是指专门经营水上、铁路、公路和航空等客货运输业务的交通运输部门，如轮船公司、铁路或公路运输公司和航空公司等。

（2）货主（Cargo Owner）：货主是指专门经营进出口商品业务的外贸部门或进出口商，它们是国际货物运输的托运人（Shipper）或收货人（Consignee）。

（3）运输代理：接受委托人的委托，代办各种运输业务并按其提供的劳务收取一定的报酬（代理费、佣金或运费）的人或部门。

2. 国际运输工具

（1）包装工具：包装机械、填充包装机械、罐装机械、封口机械、贴标机械、捆扎机械、热成型机械、真空包装机械、收缩包装机械和其他机械。

（2）集装工具：集装箱、托盘和集装袋等。

（3）运输工具：汽车、火车、轮船、飞机和管道等。

（4）装卸搬运工具：起重机械、装卸搬运车辆、连续运送机械和散装机械等。

3. 国际运输方式

国际运输方式有海洋运输、铁路运输、航空运输、公路运输、管道运输、邮包运输、集装箱运输、大陆桥运输以及国际多式联运等。在实际业务中，应根据货物特性、运量大小、距离远近、运费高低、风险程度、货物缓急、自然条件和气候变化等因素，选用合理的运输方式。

> **议一议**
>
> （1）目前我国进出口货物主要采用何种运输方式？为什么？
>
> （2）你所在地区的进出口货物主要采用哪些运输方式？你知道有哪些因素影响运输方式的选择吗？

> ✎ **活动建议**
>
> 在 Internet 上查询"一带一路"国际合作中涉及的运输工具的应用情况。

综合知识模块二　国际海洋运输

国际海洋运输的相关知识和业务操作流程是从事国际货物运输和国际物流的工作人员必修的重要内容。

知识点 1　国际海洋运输的发展概况

海洋运输是国际货物运输中最主要的运输方式，其货运量大约已占到国际贸易货运总量的 75% 以上，在某些国家甚至可以占到该国对外贸易运输量的 90% 以上。海洋运输的突出特点是运量大、不受道路和轨道的限制、运费低廉，但易受气候等自然条件影响，且速度慢、风险大。目前，国际海洋运输所承担的大宗货物主要是石油及其制品、矿石（主要是铁矿石）、粮食和煤炭。

近年来，受贸易政策的冲突、地缘政治和制裁、环境问题、燃料经济等原因的影响，导致了全球商品贸易增长的放缓。这进一步促使全球海运面临着海上贸易增长速度下降的局面。当然，尽管增速放慢，全球海运贸易总量仍呈现正增长。至2019年初，全球船队运力总规模为95 402艘（19.7亿载重吨），同比增长2.6%，其中，散货船和油船所占市场份额仍然最大，分别为42.6%和28.7%（以载重吨计，下同）。就细分船型增速来看，液化气船增速最快，2018年运力同比增幅高达7.25%；其次为集装箱船，同比增长5.00%。2018年，中、日、韩三国继续保持全球造船领先地位，三国完工量占全球总量的90%，三国占比分别为40%、25%和25%。

全球港口基础设施日益完善，交通日益繁忙。2018年亚洲区域航线繁忙，美国消费需求坚挺。全球集装箱港口吞吐量同比增长4.7%，处理集装箱数7.93亿标准箱，比2017年增加了3 530万标准箱，增加量相当于新加坡港口全年装卸总量。

亚洲在全球贸易和航运中发挥核心作用，对贸易格局影响巨大。2018年，亚洲集装箱装卸量约占全球总量的2/3，装卸量同比增加4.4%；我国共装卸2.608亿标准箱，占亚洲总量一半以上。其他区域集装箱港口装卸活动全球占比依次为：欧洲16%、北美8%、拉丁美洲和加勒比6%、非洲4%、大洋洲2%。

知识点 2　国际海洋运输的重要通道

1. 大洋通道

海洋是国际海洋运输的载体，由于陆地的分隔，海洋主要被分隔为四部分：太平洋、大西洋、印度洋和北冰洋。

（1）太平洋：世界上最大、最深、岛屿最多的大洋，位于亚洲、大洋洲、南北美洲和南极洲之间，包括属海的面积为1.8亿km²。沿岸有30多个国家和地区，拥有世界上1/6的港口和20%的海运量。

（2）大西洋：位于欧洲、非洲、南北美洲和南极洲之间，总面积约为9 100万km²，是世界第二大洋。由于沿岸多为经济发达国家，海洋运输十分繁忙。全球可用于国际通航的港口有2 000多个，其中有3/5分布在大西洋沿岸，并拥有世界2/3的货物周转量和3/5的货物吞吐量。

（3）印度洋：位于亚洲、大洋洲、非洲和南极洲之间，包括属海的面积为7 400万km²，是世界第三大洋。印度洋是联系亚洲、非洲和大洋洲之间的交通要道。印度洋沿岸是世界资源的重要出口地，加之大量的过境运输，使印度洋有较大的运输量，拥有全球1/6的货物吞吐量和近1/10的货物周转量。

（4）北冰洋：地球上最小、最浅的大洋，介于欧洲、亚洲和北美洲的北岸之间，面积不及太平洋的1/10。北冰洋是亚、欧、北美三大洲的顶点，有联系三大洲的最短大弧航线，有固定的航空线和航海线，地理位置非常重要。

2. 海峡通道

海峡是海洋中连接相邻海区且较为狭窄的水道，一般处于大陆与邻近沿岸岛屿之间或两个大陆之间。全世界可供航行的海峡约130多个，其中经常用于国际航行的主要海峡有40多个。重要的海峡往往是航行中的咽喉地带，在国际海洋运输中占有非常重要的地位。

（1）英吉利海峡：位于大不列颠岛和欧洲大陆之间，连同东部的多佛尔海峡总长度约为600km，大部分水深为45～120m。海峡呈东窄西宽的喇叭形，东部最窄处仅为33km，而西部最宽处可达180km。由于海峡地处大西洋西风带，海水自西向东流入，经常造成很大的海潮，再加上风大雾多、航道狭窄，因此经常发生海难事故。英吉利海峡沟通北海和大西洋，位于世界海洋运输航线的要道，是世界上最繁忙的航道之一，西欧、北欧等十多个国家的海运航线几乎全部从这里通过，每年大约通过20万艘船舶。

（2）马六甲海峡：位于马来半岛和苏门答腊岛之间，东南接我国南海，西北连安达曼海，是沟通太平洋和印度洋的咽喉要道，全长1 080km，自东南向西北呈喇叭形。最窄处仅为37km，最宽处可达370km，水深为25～150m，可通行25万吨级的大型油轮。海峡位于赤道无风带，风力很小，海流缓慢，潮差也小，因此对航行极为有利。马六甲海峡被称为海上交通的"十字路口"，连接东亚、东南亚、南亚、中东和非洲等几个地区，海上运输繁忙，每年有十万艘船舶经过这里。为了避免事故，沿岸国家共同规定，20万吨级以上的油轮要绕道龙目海峡和望加锡海峡。

（3）霍尔木兹海峡：位于伊朗与阿拉伯半岛的阿曼角之间，是波斯湾东出印度洋的唯一海上通道。海峡呈"人"字形，长约150km，宽55～95km，平均水深为70m。海峡地处世界上最大的石油产地，每天都有几百艘油轮从此经过，是海湾地区石油输往世界各地的唯一海上通道，因此霍尔木兹海峡又被称为"石油海峡"。

（4）黑海海峡（又称土耳其海峡）：连接黑海和地中海，总长度约361km，包括博斯普鲁斯海峡、马尔马拉海和达达尼尔海峡三部分，是黑海沿岸国家通往地中海、大西洋的唯一通道，交通位置极为重要。黑海海峡航运条件优越，海上航运十分繁忙，年通过船舶约4万艘，是世界上重要的海上交通要道。

（5）直布罗陀海峡：位于欧洲伊比利亚半岛和非洲的摩洛哥之间，全长为90km，是沟通大西洋和地中海的咽喉。

（6）曼德海峡：位于阿拉伯半岛与非洲大陆之间，是沟通红海与亚丁湾的重要水道。

（7）龙目海峡和望加锡海峡：是20万吨级以上油轮的必经之地，前者位于印度尼西亚龙目岛和巴厘岛之间，后者位于加里曼丹岛和苏拉威西岛之间。

3. 运河通道

运河是人工开凿的水道，同海峡一样，运河在国际海洋运输中也起着非常重要的作用。运河把许多重要海区和航线联系起来，大大缩短了航程，提高了航运经济效益。

（1）苏伊士运河：位于埃及的东北部，地处苏伊士海峡。苏伊士运河沟通地中海和红海，扼守大西洋、地中海通往红海、印度洋的国际航道，也是亚洲和非洲的分界线，地理、经济、交通和军事等方面的战略地位极为重要（见图8-1）。苏伊士运河北起塞得港，南至陶菲克港，全长为190km，水深22.5m。大大缩短了欧洲到印度洋和太平洋西岸各国的距离，比绕道好望角缩短了5 000～8 000km，而且比较安全。苏伊士运河是世界上最繁忙的国际运河之一，全世界22%的集装箱从苏伊士运河通过，约占全球贸易的10%。为了解决苏伊士运河日益拥堵的问题，2016年8月6日，埃及正式开通了新苏伊士运河。所谓"新苏伊士运河"，实际上是在旧河道的一侧开凿了一条长约35km的新河道，并对37km长的旧河道进行拓宽和疏浚，以适合更大吨位的货轮通过并实现双向通航。新运河开通后，船舶通过时间从目前的18h缩短为11h。

吉林一号高分03B03星
2021年3月27日拍摄

图8-1 EVER GIVEN（长赐）号
货船堵塞苏伊士运河

（2）巴拿马运河：位于巴拿马共和国的中部，横穿巴拿马海峡，连接太平洋和大西洋。巴拿马运河长约65km，宽为152～304m，水深为13.5～26.5m。由于运河是借用加通湖开凿而成的，而加通湖的平均水位比大西洋高26m，因此为闸化式运河，共有5个船闸，通行时间大约为15h。巴拿马运河每年通行的船只大约为1.5万艘，最大可通行6.5万吨级以下的船舶。巴拿马运河的开通，使太平洋和大西洋间的航程比绕道麦哲伦海峡缩短5 000～13 757km。

（3）基尔运河：位于德国的东北部，横贯日德兰半岛，是沟通波罗的海和北海的捷径。运河全长为98.7km，深为11.3m，可通行3.5万吨级以下的船舶，每年通行的船只约8万艘。

知识点3 国际海洋运输航线

一、航线的种类

1. 按船舶营运方式划分

（1）定期航线，指使用固定的船舶，按固定的船期和港口航行，并以相对固定的运价经营客货运输业务的航线。定期航线又称班轮航线，主要装运各种杂货。

（2）不定期航线，指临时根据货运的需要而选择的航线。船舶、船期和挂靠港口均不固定，是以经营大宗、低价货物运输业务为主的航线。

2. 按航程的远近划分

（1）远洋航线（Ocean-going Shipping Line），指航程距离较远，船舶航行跨越大洋的运输航线，如远东至欧洲和美洲的航线。我国习惯上以亚丁港为界，把去往亚丁港以西，包括红海两岸、欧洲以及南北美洲广大地区的航线划为远洋航线。

（2）近洋航线（Near-sea Shipping Line），指本国各港口至邻近国家港口间的海上运输航线的统称。我国习惯上把航线在亚丁港以东地区的亚洲和大洋洲的航线称为近洋航线。

（3）沿海航线（Coastal Shipping Line），指本国沿海各港之间的海上运输航线，如上海—广州、青岛—大连等。

二、国际远洋航线

世界主要港口和航海线如图 8-2 所示。

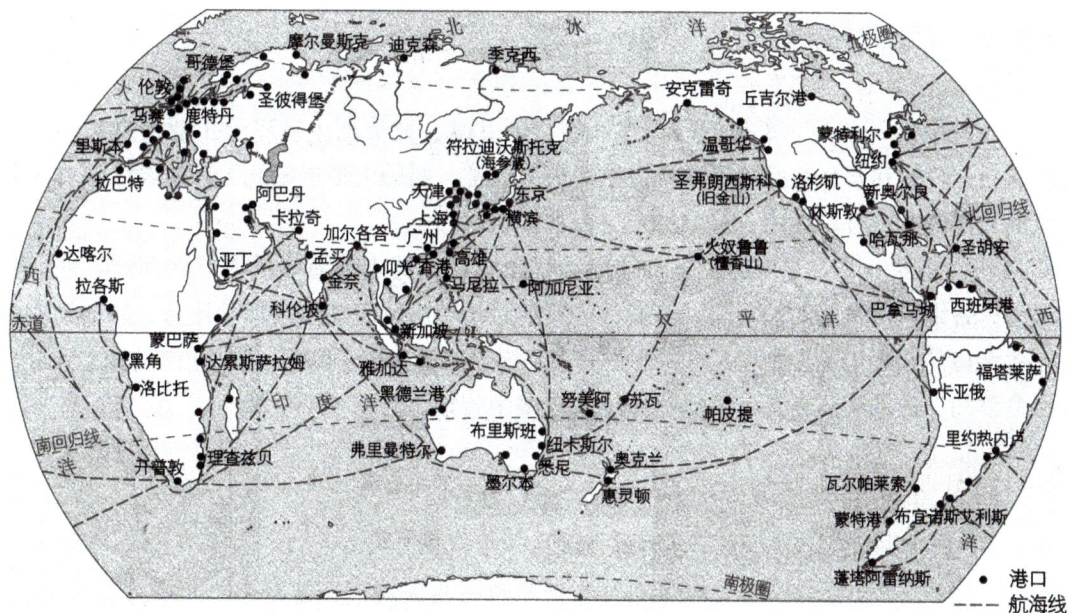

图 8-2　世界主要港口和航海线

1. 太平洋航线

（1）远东—北美西海岸航线：该航线从中国、朝鲜、韩国、日本及俄罗斯远东海港横跨太平洋到加拿大的温哥华，美国的西雅图、旧金山、洛杉矶、圣迭戈和墨西哥的马萨特兰等港口的贸易运输航线。

（2）远东—加勒比—北美东海岸航线：远东各港口经夏威夷群岛，过巴拿马运河，到加勒比海沿岸港口，如科隆（巴拿马）、哈瓦那和美国的波士顿、纽约、费城、巴尔的摩、诺福克、新奥尔良、休斯敦，加拿大的魁北克、哈利法克斯、蒙特利尔和多伦多等港口。

（3）远东—南美西海岸航线：从远东各港出发的船只向东经琉球群岛、火山列岛、威克岛和夏威夷群岛之南的莱恩群岛穿越赤道进入南太平洋，至南美西海岸的卡亚俄和瓦尔帕莱索等港口。

（4）远东—东南亚航线：该航线是中国、朝鲜、韩国和日本货船去东南亚各港口，以及经马六甲海峡去印度洋、大西洋沿岸各港口的主要航线。东海、台湾海峡、巴士海峡和南海是该航线船只的必经之路，故该航线相对繁忙。

（5）远东—澳大利亚—新西兰航线：远东至澳大利亚东南海岸的航线有两条。我国北方沿海港口到澳大利亚东海岸和新西兰港口的船只，需走琉球群岛、加罗林群岛的雅浦岛进入所罗门海，经珊瑚海到达悉尼、墨尔本、惠灵顿和奥克兰等港口。

中澳之间的集装箱船需在香港加载或转船后经南海、苏拉威西海、班达海和阿拉弗拉海，后经托雷斯海峡进入珊瑚海。

（6）澳大利亚—新西兰—北美东西海岸航线：由澳大利亚、新西兰东海岸各港口出发经苏瓦、火奴鲁鲁等太平洋上的重要航站到达。欲到达北美东海岸的船只则取道社会群岛中的帕皮提，过巴拿马运河而至。

2. 大西洋航线

（1）西北欧—北美东海岸航线。该航线是西北欧、北美两个世界上工业最发达地区之间的原料、燃料和产品交换的运输线，航线极为繁忙，船舶大多走偏北大圆航线。该航区冬季风浪大，并有浓雾、冰山，对航行安全存在威胁。

（2）西北欧—北美东海岸—加勒比航线。该航线经英吉利海峡横渡北大西洋。它同北美东海岸各港口出发的船舶一起，一般都经莫纳海峡和向风海峡进入加勒比海。除加勒比海沿岸各港口外，还可经巴拿马运河到达美洲太平洋沿岸港口。该航线一般是巨型油轮的航线。佛得角群岛、加那利群岛是过往船只停靠的主要中转地。

小知识

"远东"和"中东"

16～17世纪，欧洲大西洋至北海沿岸的一些国家，如葡萄牙、西班牙、荷兰、英国和法国等，迫切要求向外扩张殖民地、掠夺财富，富庶的东方是其首要目标。这些国家以西欧为中心，根据当时所掌握的地理知识和本身的习惯，按照距离西欧的远近，笼统的称呼"东方"的部分区域为远东地区。

"远东"一词，一般是指远离西欧的亚洲东部地区，主要包括中国、日本、朝鲜、韩国以及俄罗斯的太平洋沿岸地区，有时也把东南亚各国列入远东范围之内。

中东是一个笼统的地理术语，指从地中海东部、南部到波斯湾沿岸的部分国家和地区，一般泛指西亚和北非，包括20多个国家和地区。从地理位置上来讲，中东沟通了亚洲、欧洲和非洲，沟通了大西洋和印度洋，自古以来就是东西方的交通枢纽，为"两洋三洲五海"之地，战略地位极其重要。为争夺稀缺的淡水资源和宝贵的石油资源，也由于宗教文化差异，这一地区常年动荡不安。

（3）西北欧—地中海—南美东海岸航线。该航线一般经西非大西洋加那利群岛和佛得角群岛上的航站，跨越大西洋，到南美东岸的桑托斯、蒙得维的亚、布宜诺斯艾利斯等港口岛屿。

（4）西北欧—北美东海岸—好望角—远东航线。

（5）南美东海岸—好望角—远东航线。这是一条以运输石油、矿石为主的航线。该航线处在西风漂流海域，风浪较大。一般来说，西航偏北行，东航偏南行。

3. 印度洋航线

印度洋航线是以运输石油为主的航线，此外还有不少大宗货物的过境运输。

（1）波斯湾—好望角—西欧—北美航线。该航线主要以超级油轮为主，是世界上最主要的海上石油运输航线。

（2）波斯湾—东南亚—日本航线。该航线东经马六甲海峡（20万载重吨以下的船舶可行）或龙目海峡、望加锡海峡（20万载重吨以上超级油轮可行）至日本。

（3）波斯湾—苏伊士运河—地中海—西欧—北美航线。该航线目前可通行30万吨级的超级油轮。

除了以上三条油运线之外，印度洋上的其他航线还包括：远东—东南亚—东非航线、远东—东南亚—地中海—西北欧航线、远东—东南亚—好望角—西非—南美航线、澳新—地中海—西北欧航线以及印度洋北部地区—欧洲航线。

想一想

在地图上指出你知道的国际性的港口及其所在的区域国家。

知识点 4　世界上的主要港口

港口是各国外贸物资进出的门户，是海陆交通最重要的联系枢纽。世界上可用于国际通航的港口有2 000多个，主要分布于发达国家和地区。大西洋上分布的港口约占世界港口总数的3/5，太平洋的港口约占1/6，印度洋的港口约占1/10。在众多港口中，年吞吐量在1亿t以上的国际性大港口有20多个。

1. 釜山港

釜山港位于韩国东南沿海，东南濒朝鲜海峡，西临洛东江，与日本对马岛相峙，是韩国最大的港口，也是世界上重要的集装箱港。釜山是韩国海陆空交通的枢纽，又是金融和商业中心，在韩国的对外贸易中发挥重要作用。

2. 迪拜港

迪拜港处于欧亚非三大洲的交汇点，是中东地区最大的自由贸易港，尤其以转口贸易著称。它是海湾地区的修船中心，拥有名列前茅的百万吨级的干船坞。主要工业有造船、塑料、炼铝、海水淡化、轧钢及车辆装配等。

3. 新加坡港

新加坡港位于新加坡岛南端，马六甲海峡沿岸，地理位置极为优越。港内有 3.4km 的码头群，能同时容纳 30 多艘巨轮停靠，有 200 多条航线通往世界各主要港口。新加坡港是亚太地区最大的转口港和最大的集装箱港之一。

新加坡港还拥有一个 40 万吨级的巨型旱船坞和两个 30 万吨级的旱船坞，可以修理世界上最大的超级油轮，是亚洲最大的修船基地之一。

4. 鹿特丹港

鹿特丹港地处欧洲莱茵河与马斯河的入海口，是西欧开展国际贸易的主要进出口港，西欧各国运入的原油、石油制品、谷物、煤炭和矿石等均经过该港，素有"欧洲门户"之称，是欧洲第一大港，如图 8-3 所示。

图 8-3 鹿特丹港

该港是国际水陆空交通的重要枢纽，约有 300 多条远洋航线连接世界各地，每年约有 3.5 万艘次远洋货船在这里停靠，是世界上最大的商品集散中心之一。该港区占地面积 105.56km^2，共有 656 个泊位。

5. 纽约港

纽约港位于美国纽约州东南部哈德逊河口东岸，濒临大西洋，是世界上现有的天然深水不冻港之一。该港港区面积为 3 800km^2，共有 400 多个深水泊位，其中杂货泊位 110 个、石油泊位 70 多个、集装箱泊位约 40 个。

6. 洛杉矶港和长滩港

洛杉矶港和长滩港位于美国西南部加利福尼亚州西南沿海的圣佩德罗湾内，濒临太平洋，分别是美国的第一和第二大港。两港海岸线总长为 74km，水深为 12～18m，可供

18 万 t 以下船舶出入。洛杉矶港位于圣佩德罗湾西部,港区水域面积为 17.02km²,陆域面积为 10.30km²,由内港和外港组成。拥有 55 个各类深水码头,14 个公司石油码头和 8 个船坞。长滩港位于圣佩德罗湾东部,共有 80 多个码头泊位,其中石油泊位 6 个,集装箱泊位 15 个,平均水深 10 ~ 18m。两个港口主要运出的货物有棉花、石油、飞机、橡胶和其他工业品;输入的货物有钢铁、木材、咖啡及其他原料。

7. 安特卫普港

安特卫普港是比利时最大的海港,地处斯海尔德河下游,距河口 68 ~ 89km。港区总面积为 106.33km²,其中水域占 1 315 万 m²,港区海岸线总长 99km,是仅次于鹿特丹港的欧洲第二大港,比利时全国海上贸易的 70% 通过该港完成。现有港区主要分布在斯海尔德河右岸,码头泊位半数以上布置在挖入式港池中,港池间通过运河相连通并设船闸与斯海尔德河隔开,以免受北海潮汐的影响。港区有 6 座海船闸,德尔维德港池是港口的核心部分,水深 16.75m,有 4 个杂货码头和 1 个散货码头,其中有 14 个集装箱泊位。

8. 汉堡港

汉堡港是德国最大的海港、世界上的自由港之一,地处德国北部易北河的下游,距河口约 100km。码头海岸线长 39km,有海港港池 40 个,河港港池 30 个,运河及支流上的港池 60 多个。有远洋船泊位 300 多个,内河船泊位 200 多个,港口总面积 100km²。汉堡港辟有自由港区,占全港总面积的 1/3 以上。汉堡港约有 300 条通往世界各地的航线,交通发达,有运河通往内陆各地,铁路、公路和水路均可到达东、西欧,是中欧重要的交通枢纽。

9. 神户港

神户港是日本最大的海港之一,位于大阪湾西北岸,有 13 条航线通往 120 多个国家和地区。神户港海岸线长达 30 多 km,水域面积为 56.68km²。港区由中心区和东、西两个沿海工业区的专业码头组成。全港有码头泊位 230 多个,此外还有浮筒泊位,可同时停泊 250 多艘大型船舶。填海造地是神户港建设的一大特点,也是发展港口的措施。港岛即是建设的第一座人工岛,面积为 4.4km²,填土 8 000 万 m³,岛内建有 12 个集装箱码头和 15 个杂货码头,水深 12m,可停靠 3 万吨级船舶。杂货码头水深 10m,可停靠 1.5 万吨级船舶。神户港进口货物以成衣、棉花和石油制品为主;出口货物以合成纤维制品、机械、钢铁和塑料为主。

10. 新奥尔良港

新奥尔良港位于美国路易斯安那州,地处密西西比河的咽喉地带,是重要的河海、海陆联运中心。新奥尔良港是美国最主要的粮食出口港,此外,还出口煤炭、棉花、机械设备、石油制品等。进口货物主要有原油、钢铁、矿石、香蕉、可可和咖啡等商品。全港码头线总长约 50km,有泊位 150 多个。所有码头几乎都是顺岸式的。新奥尔良港同欧洲和太平洋沿岸(包括远东)之间有载驳船往来。载驳船可上溯密西西比河、伊利诺伊河到达芝加哥。港口划出专用水域作为载驳船停泊区。

（1）分小组在班内开展国外和国内著名港口风采展览。

（2）通过有关报纸或互联网公布的船期表，了解航线和挂靠港口。

（3）小组讨论 2021 年 3 月 23 日超大型集装箱货船 EVER GIVEN（长赐）号因搁浅完全堵塞苏伊士运河事件对国际海洋运输所造成影响，并谈一谈你的想法。

综合知识模块三　国际铁路运输

在国际货物运输中，国际铁路运输是仅次于国际海洋运输的一种运输方式，在一国内的内陆运输以及内陆邻国之间贸易运输中发挥着重要的作用。我国内陆面积较大，陆地上邻国也较多，因此，国际铁路运输一直是我国对外贸易货物运输的重要运输方式。

知识点 1　国际铁路联运

一、国际铁路联运的基本概念

国际铁路联运是指在两个或两个以上国家之间进行的铁路货物运输，只需在始发站办理托运手续，使用一份统一的国际铁路联运票据，在由一国铁路向另一国铁路移交货物时，无须收、发货人参加，铁路部门对全程运输承担连带责任。

国际铁路联运的最大特点是不受集装箱的限制，可以承运各种货物，尤其是散杂货的运输，比如建材、钢材、水泥和煤炭大型机械等。

采用国际铁路联运，有关当事国事先必须有书面的约定。目前，有关国际铁路货物运输的公约有两个：《国际铁路货物运送公约》（简称《国际货约》）和《国际铁路货物联运协定》（简称《国际货协》）。我国是《国际货协》的成员国。

国际铁路联运适合于《国际货协》各成员国之间的货物运送，发货人只需在发货站办理铁路托运，使用一张运单即可进行货物的全程运输。国际铁路联运也适合于原《国际货协》至《国际货约》国家间的顺向或反向货物运输，只需在转换的最后一个或第一个参加国的过境站改换适当的联运票据即可。在我国国内，凡可办理铁路货运的车站均可接受国际铁路联运业务。

在进行国际铁路货物联运时要注意铁路轨距问题。轨距是铁路两轨内侧的直线距离，目前世界各国采用的铁路轨距并不相同，可以划分为：标准轨（1 435mm，这种铁路轨距应用最广）、宽轨（轨距大于 1 435mm）和窄轨（轨距小于 1 435mm）。我国大部分地区采用标准轨，但台湾和云南部分地区的铁路为窄轨；而与我国接壤的俄罗斯、蒙古均为宽轨铁路；越南是窄轨铁路。

二、主要的国际铁路运输线

1. 西伯利亚大铁路

西伯利亚大铁路东起俄罗斯远东日本海之滨的海参崴（符拉迪沃斯托克），经伯力、赤塔、伊尔库茨克（见图8-4）、新西伯利亚、鄂木斯克、车里雅宾斯克和萨马拉，止于莫斯科，全长9 300多km，又称第一亚欧大陆桥，之后东端又延伸到东方港和纳霍德卡港。该线是亚洲东部国家和港口与欧洲各国及西亚铁路网连接的运输主干线。

图8-4　伊尔库茨克火车站

（1）西伯利亚大铁路东段连接的干线有以下几条。

1）海参崴（符拉迪沃斯托克）—清津港—咸兴—平壤铁路。

2）大连—沈阳—长春—哈尔滨—赤塔铁路。

3）广州—长沙—武汉—郑州—北京—大同—乌兰巴托—乌兰乌德铁路。

（2）西伯利亚大铁路西端连接的干线有以下几条。

1）莫斯科—圣彼得堡—赫尔辛基—斯德哥尔摩—奥斯陆铁路。

2）莫斯科—华沙—柏林—科隆—布鲁塞尔—巴黎铁路。

3）莫斯科—罗斯托夫—第比利斯—卓勒法—德黑兰铁路。

2. 加拿大铁路网

（1）鲁珀特王子港—埃德蒙顿—温尼伯—魁北克线。

（2）温哥华—卡尔加里—温尼伯—桑德贝—蒙特利尔—圣约翰—哈利法克斯线。

3. 美国横贯大陆铁路网

（1）北太平洋铁路：西雅图—斯波坎—俾斯麦—圣保罗—芝加哥—底特律线。

（2）联合太平洋铁路：旧金山—奥格登—奥马哈—芝加哥—匹兹堡—费城—纽约线。

（3）圣菲铁路：洛杉矶—阿尔伯克基—堪萨斯城—圣路易斯—辛辛那提—华盛顿—巴尔的摩线。

（4）南太平洋铁路：洛杉矶—图森—埃尔帕索—休斯敦—新奥尔良线。

4. 巴格达—巴尔干铁路

巴格达铁路是中东连接欧洲的便捷运输线，该线东起伊拉克的巴士拉，向西经巴格达、摩苏尔、土耳其的阿达纳、科尼亚、埃斯基谢希尔至博斯普鲁斯海峡东岸的于斯屈达尔，随后经博斯普鲁斯海峡西岸的伊斯坦布尔向西穿过索菲亚、贝尔格莱德、布达佩斯至维也纳，然后西接中、西欧铁路网。

三、我国通往邻国及地区的铁路口岸

口岸是由国家指定的对外经贸、政治、外交、科技、文化、旅游和移民等往来，并供往来人员、货物和交通工具出入国（边）境的港口、机场、车站和通道。简单地说，口岸是国家指定的对外往来的门户。

铁路口岸就是由国家指定的进行对外往来的铁路车站。我国用于国际铁路货物联运的口岸有：满洲里（见图8-5）、绥芬河、二连浩特、丹东、图们、集安、凭祥、碧色寨口和阿拉山口等。我国通往邻国的铁路干线主要有滨洲线（哈尔滨—满洲里）、滨绥线（哈尔滨—绥芬河）、集二线（集宁—二连浩特）、沈丹线（沈阳—丹东）、长图线（长春—图们）、梅集线（梅河口—集安）、湘桂线（衡阳—凭祥）、昆河线（昆明—河口）和北疆线（乌鲁木齐—阿拉山口）等。

图8-5　满洲里口岸

目前，我国对俄罗斯远东地区的国际铁路联运多利用绥芬河口岸；东北三省运往俄罗斯中西部以及运往欧洲的货物多走满洲里口岸；由我国内陆各省市、自治区运往俄罗斯中西部以及欧洲的货物多走阿拉山口和二连浩特口岸。

议一议

（1）说一说国际铁路联运的特点。

（2）你家所在地区有铁路口岸吗？这些铁路线能通往哪些国家？

知识点2　内地对港澳地区的铁路运输

内地对港澳地区的铁路运输属于国内运输，但又与一般的国内运输不同。

内地对香港的运输可分成两部分，称为"两票运输，租车过轨"，即出口单位将货物送到深圳北站，收货人是深圳外贸运输机构，由该收货人作为各地出口公司的代理向铁路租车过轨，交付租车费并办理出口报关手续，由香港中国旅行社收货后转交香港或九龙的实际

收货人。

内地运往澳门的货物只能在广州中转。内地出口单位将货物发往广州南站，收货人是广东省外运公司，再由广东省外运公司办理水运中转至澳门。货到澳门后由南光集团运输部接货并交付实际收货人。

活动建议

（1）分小组在班内开展我国主要口岸介绍的展览。

（2）向当地的货运代理公司和外运公司调查当地采用国际铁路运输的情况以及有关影响因素。

综合知识模块四 ▶ 国际航空运输

航空运输是速度最快的运输方式，在国际交往中起着越来越重要的作用。由于航空运输的成本较高，目前主要承担着长途客运和小批量、高时效、贵重货物的运输。

知识点 1　国际航空运输的主要方式

目前，国际航空运输的主要方式有以下几种。

（1）班机运输（Scheduled AirLine），指在固定航线上飞行的航班，有固定的始发站、途经站和目的站。一般的航空公司都使用客货混合机型，机舱容量有限，难以满足大批量货物的运输。

（2）包机运输（Chartered Carrier），分为整包机和部分包机。整包机是指由航空公司或包租代理公司按照事先约定的条件和费用将整机租给租机人，从一个或几个航空站将货物运至指定目的地。这种运输方式适合运送大批量的货物，运费不固定，一次一议，通常比班机运费低。部分包机是指由多家货运代理公司或发货人联合包租一架飞机，或者由包机公司把一架飞机的舱位分别租给多家空运代理公司，其运费虽比班机低，但运送时间比班机长。

（3）集中托运（Consolidation），指由空运代理公司将若干单独发货人的货物集中起来组成一整批货物，由其向航空公司托运到同一到站，货到国外后由到站地的空运代理公司办理收货、报关并分拨给各个实际收货人。一般情况下，集中托运的货物越多，支付的运费就会越低。因此，空运代理向发货人收取的运费要比发货人直接委托航空公司进行托运的运费低。

除此之外，还有陆空联运（TAT Combined Transport）、急件传递（Air Express）和送

交业务（Delivery Business）等方式。

知识点 2 国际航空运输协会（IATA）的航空区划

根据航空运输发展以及地域性差异，国际航空运输协会（IATA）将全球分为三个区域，简称航协区（IATA Trafic Conference Areas），分别为TC1、TC2和TC3，其区域划分示意图如图8-6所示。

图 8-6 TC1、TC2 和 TC3 区域划分示意图

小知识

"IATA"和"FIATA"

国际航空运输协会（International Air Transport Association，IATA），简称国际航协，是世界上最大的航空公司间的组织，也是在国际航空运输领域影响最大的一个国际组织。总部设在加拿大的蒙特利尔，执行总部位于瑞士的日内瓦，目前有280多个会员。国际航协发挥着通过航空运输企业来协调和沟通政府间政策、解决实际运作困难的重要作用。

国际货运代理协会联合会（International Federation of Freight Forwarders Associations，法文缩写为FIATA）是世界各国代理人协会及货运代理人的联合组织，1929年5月31日成立于奥地利维也纳。FIATA设立的目的是保障和提高国际货运代理在全球的利益，是目前世界范围内运输领域最大的非政府和非营利性组织。

（1）TC1区：北起格陵兰岛，南至南极洲，主要包括北美洲、南美洲以及附近岛屿和海洋。该区又被细化分成四个次区：加勒比次区、墨西哥次区、远程次区和南美洲次区。

（2）TC2区：由整个欧洲大陆（包括俄罗斯的欧洲部分）及毗邻岛屿、冰岛、亚速尔群岛、非洲大陆和毗邻岛屿、亚洲的伊朗及伊朗以西地区组成。该区包括非洲次区、欧洲次区和中东次区3个次区。

（3）TC3区：北起北冰洋，南至南极洲，包括伊朗以东的亚洲部分及其邻近的岛屿、东印度群岛、澳大利亚、新西兰及其邻近岛屿、太平洋岛屿中除去属于TC1区的部分。该区包括南亚次大陆次区，东南亚次区，西南太平洋次区，日本、韩国、朝鲜次区。

知识点 3　世界上主要的国际航线

国际航线的布局主要集中于北美、西欧和东亚三个经济发达的地区，尤其以欧洲西部、美国东部、东南亚和加勒比海等地区最为密集，如图8-7所示。目前，国际航线大约有数千条，最为繁忙的国际航线有以下三条。

1. 西欧—北美间的北大西洋航线

该航线是西欧的巴黎、伦敦、法兰克福和布鲁塞尔等主要国际机场和北美的纽约、亚特兰大、芝加哥和蒙特利尔等主要机场间的往来航线。

2. 西欧—中东—远东航线

该航线连接西欧各主要机场至远东北京、上海、香港、东京和首尔等各机场，是西欧与远东两个经济发达地区的往返航线。它途经的重要航空站有雅典、开罗、德黑兰、卡拉奇、新德里、曼谷和新加坡等。

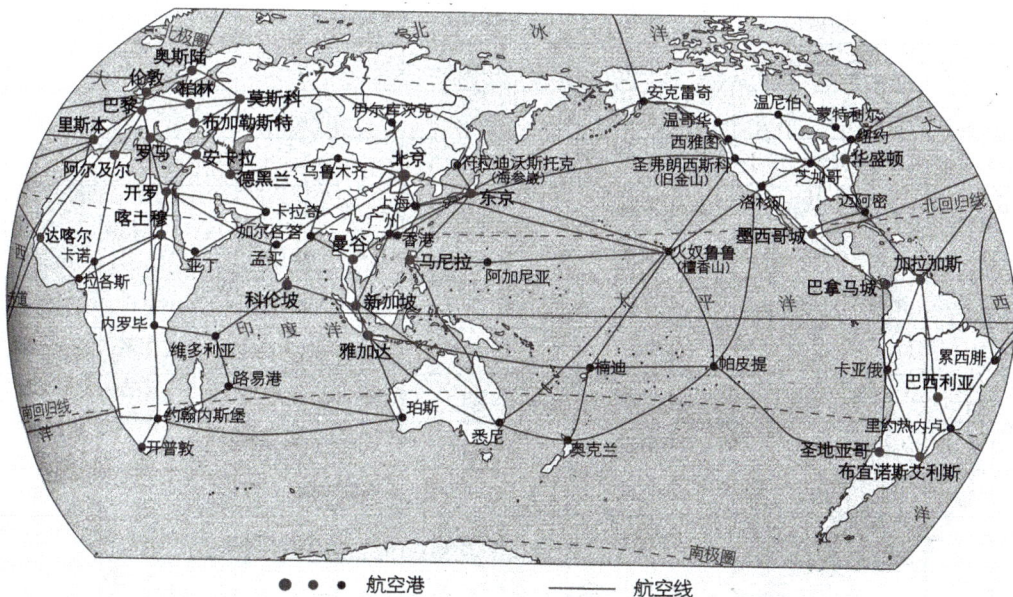

图 8-7　世界主要航空港和航空线

3. 远东—北美间的北太平洋航线

该航线是北京、上海、香港和东京等主要国际机场经北太平洋上空至北美西海岸温哥华、西雅图、旧金山和洛杉矶等国际机场，然后连接北美大陆东海岸的航空中心。太平洋中的火奴鲁鲁、阿拉斯加的安克雷奇国际机场是该航线的中间加油站。

此外，还有北美—南美、西欧—南美、西欧—非洲、西欧—东南亚—澳新、远东—澳新和北美—澳新等重要的国际航线。

知识点 4 世界上主要的航空港

2010—2019 年，全球航空货物运输量呈现缓慢上升趋势，增长速度在 2017 年达到高点 7.89%。制造业密集型经济体的 GDP 增长放缓，使得 2019 年全球航空货运量受到影响。2019 年全球主要机场的吞吐量及排名变化见表 8-1。

表 8-1 2019 年全球主要机场的吞吐量及排名变化

2019 年排名	机场名	吞吐量量级	2019 年旅客吞吐量（万人次）	2019 年同比增速	2018 年排名	2017 年排名
1	亚特兰大	亿级	11 053.1	2.90%	1	1
2	北京首都	亿级	10 001.1	−1.00%	2	2
3	洛杉矶	八千万	8 806.8	0.60%	4	5
4	迪拜	八千万	8 639.7	−3.10%	3	3
5	羽田机场	八千万	8 510.6	−2.30%	5	4
6	芝加哥	八千万	8 464.9	1.40%	6	6
7	伦敦希斯罗	八千万	8 088.9	1.00%	7	7
8	巴黎戴高乐	七千万	7 617.1	5.40%	10	10
9	上海浦东	七千万	7 614.8	2.90%	9	9
10	达拉斯沃斯堡	七千万	7 506.7	8.60%	15	12
11	广州	七千万	7 338.6	5.30%	13	13
12	阿姆斯特丹史基浦	七千万	7 170.7	0.90%	11	11
13	香港	七千万	7 153.8	−4.20%	8	8
14	首尔仁川	七千万	7 117	4.30%	16	19
15	法兰克福	七千万	7 055.6	1.50%	14	14
16	丹佛	六千万	6 901.6	7.00%	7	20
17	德里	六千万	6 849.1	−2.00%	12	16
18	新加坡	六千万	6 830	4.00%	19	18
19	曼谷素万那普	六千万	6 542.5	3.20%	21	21

（续）

2019 年排名	机场名	吞吐量量级	2019 年旅客吞吐量（万人次）	2019 年同比增速	2018 年排名	2017 年排名
20	雅加达	六千万	未公布		18	17
21	纽约肯尼迪	六千万	6 255.1	1.50%	22	22
22	吉隆坡	六千万	6 232.6	3.90%	23	23
23	马德里	六千万	6 170.5	6.60%	24	24
24	旧金山	五千万	5 748.8	−0.50%	25	25
25	成都	五千万	5 585.9	5.50%	26	26
26	深圳	五千万	5 293.2	7.30%	32	33
27	巴塞罗那	五千万	5 266.4	6.60%	27	28
28	伊斯坦布尔	五千万	5 246.2		17	15
29	西雅图	五千万	5 182.9	4.00%	29	31
30	拉斯维加斯	五千万	5 153.8	3.70%	30	27
31	奥兰多	五千万	5 061.3	6.10%	34	38
32	多伦多	五千万	5 049.9	2.00%	31	30
33	墨西哥城	五千万	5 030.8	5.50%	33	36
34	夏洛特	五千万	4 993.3	8.90%	37	32
35	莫斯科	四千万	5 016.9	8.90%	41	49
36	台北桃园	四千万	4 868.9	4.60%	36	35
37	昆明	四千万	4 807.7	2.10%	35	37
38	慕尼黑	四千万	4 794.2	3.60%	38	39
39	马尼拉	四千万	4 789.8	6.40%	42	44
40	西安	四千万	4 722.1	5.80%	45	46
41	孟买	四千万	4 705.6	−5.70%	28	29
42	伦敦盖德维克	四千万	4 657.3	1.10%	39	34
43	纽约纽瓦克	四千万	4 633.6	1.00%	40	42
44	凤凰城	四千万	4 628.8	3.00%	44	41
45	迈阿密	四千万	4 592.4	2.00%	43	40
46	上海虹桥	四千万	4 565	4.60%	48	45
47	休斯敦	四千万	4 499	2.70%	47	48
48	重庆	四千万	4 478.7	7.70%	52	51
49	悉尼	四千万	4 443.5	0.10%	46	43
50	东京成田	四千万	4 434.5	4.20%	51	50

2019 年，从航空货运的全球分布来看，亚太地区保持了货运吨公里（FTK）的最大份额，占比为 34.55%；其次是北美地区和欧洲，货运吨公里全球占比分别达到 24.18% 和 23.68%；中东地区占比为 12.99%；拉美和非洲地区分别为 2.80% 和 1.80%，如图 8-8 所示。

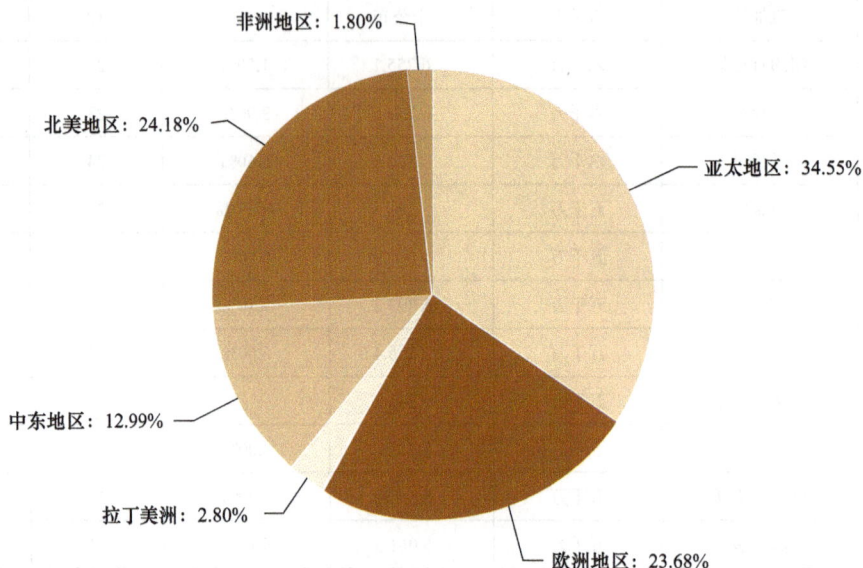

图 8-8　2019 年全球航空货运货运吨公里（FTK）地区分布情况

活动建议

（1）请在地图上查找并标记世界上最为繁忙的三条国际航线。

（2）请在地图上查找并标记 2019 年吞吐量前 50 名机场的位置。

综合知识模块五　国际集装箱运输和国际多式联运

国际集装箱运输是一种先进的现代化运输方式，与传统的件杂货运输方式相比，具有运输效率高、经济效益好等特点。从 20 世纪 50 年代中期应用于海洋运输以来，集装箱运输得到了飞速发展，已成为国际货物运输中最优的运输方式。国际多式联运是一种利用集装箱进行联运的新的运输组织方式，是一种方便、快捷的运输方式，20 世纪 80 年代后逐步得到应用和发展。

知识点 1　国际集装箱运输

1. 集装箱运输的发展概况

集装箱运输是目前国际上普遍采用的一种重要的运输方式，始于 20 世纪初期，最初多应用于铁路运输。在第二次世界大战中，美国在军备物资的运输中采用了这种先进的、成组化的运输方式。1955 年，美国铁路为了提高自身的竞争力，与公路运输争夺市场，采用了将集装箱装载在铁路平板车辆上的方法，可以不用换装，实现公路与铁路的联合运输。这种方法使铁路的运费降低、速度加快，并且与公路的方便灵活、"门到门"的特点结合起来。

陆上集装箱运输方式具有运输效率高、便于机械化操作、安全方便，尤其是节省时间和装卸费用的特点。1956 年 4 月，美国海陆运输公司将一艘油轮进行改装，开始将集装箱运输应用于海洋运输，在纽约至休斯敦航线上首次航行，试航 3 个月后取得了巨大的经济效益，从此开始了海上集装箱运输的历史。随后各国积极效仿，集装箱运输迅速在全世界发展起来。特别是在 20 世纪 70 年代以后，国际海上集装箱运输的发展速度更是惊人。到 20 世纪 90 年代中期，全球集装箱年海运量以 5% 的速度递增，截至 2019 年，全球在运营集装箱船总数为 6 099 艘，总运力 2 311.27 万 TEU，折合 2.80 亿载重吨。

世界集装箱运输主要集中于北美、西欧和东亚等发达地区。上述三个地区的集装箱货运量大约占到全世界货运总量的 80% 以上。

我国集装箱运输从 20 世纪 50 年代开始试水，在 20 世纪 70 年代正式起步。1973 年 9 月，中国对外贸易运输总公司与中国远洋运输公司同日本新和海运公司、日新仓库公司联合在中日航线上开展小型集装箱试运。1974 年 11 月，我国在天津至美国和加拿大航线上第一次进行了国际标准集装箱试运。1978 年 10 月，我国开辟了上海至澳大利亚的第一条集装箱运输航线，随后又开辟了到美国和日本的航线。1979 年，广东至香港地区的第一条公路集装箱运输线开通。1981 年，我国开始兴办经西伯利亚大铁路的国际铁路集装箱运输。40 多年来，我国集装箱运输飞速发展，已形成了海陆联合、干支线运输结合的国际集装箱运输体系。

2. 集装箱运输的特点和优势

集装箱运输就是以集装箱为运送单位进行货物运输的一种先进的现代化运输方式，具有以下特点和优势。

（1）集装箱运输的特点。

1）在全过程运输中，可以将集装箱从一种运输工具上直接方便地换装到另一种运输工具上，而无须接触或移动箱内所装货物。

2）货物在发货人的工厂或仓库装箱后，可经由海陆空多种运输方式一直运至收货人的工厂或仓库，实现"门到门"运输而中途无须开箱倒载或检验。

3）集装箱由专门的运输工具装运，装卸快、效率高、质量有保证。

4）一般由一个承运人负责全过程运输。

📚 **小知识**

常用集装箱规格标准

在国际标准化组织的制定并推荐下，通用集装箱采用从 A 到 C 型共计 3 个系列 13 种规格的国际标准规格。其中比较常用的有：外尺寸为 20ft×8ft×8ft6in，简称 20 尺货柜；外尺寸为 40ft×8ft×8ft6in，简称 40 尺货柜；外尺寸为 40ft×8ft×9ft6in，简称 40 尺高柜。为了便于统计，国际上都以 20 尺货柜（Twenty-foot Equivalent Unit，TEU）作为计量单位。目前，在国际海洋运输中多采用 20 尺货柜和 40 尺货柜。

（2）集装箱运输的优势。

集装箱运输与传统的货物运输相比，其突出的优势在于以下四个方面。

1）提高装卸效率，加速车船周转，降低货运成本。集装箱由专门的运输工具装运，装卸快、效率高。例如，一个 20ft 的国际标准集装箱，装卸时间仅需 3min，每小时可装卸货物达 400t。而传统货船的装卸率为 35t/h。集装箱运输的效率比传统运输提高了 11 倍。又如，一艘万吨货轮，用过去的装卸方式，需在港口停泊 10 天左右，而采用集装箱运输则只需 24h。装卸效率的提高，使货运成本大幅度降低。

2）便于货物运输，简化货运手续，加快货运速度，缩短货运时间。集装箱运输一般采用多式联运的方式，由一个承运人负责全程运输，"一票到底"，货物从发货人的工厂或仓库装箱后，一直运至收货人的工厂或仓库，实现"门到门"运输。减少了中间环节，简化了运输手续，加快了货运速度，缩短了货运时间。

3）提高运输质量，减少货损货差。在全程运输中，可以将集装箱从一种运输工具直接方便地换装到另一种运输工具，而无须接触或移动箱内所装货物，避免了在货物换装过程中造成的损失。同时，集装箱结构坚固、强度大，不怕风吹日晒雨淋，也不怕盗窃，对货物具有极大的保护作用。

4）节省包装用料，减少运杂费；节省装卸费用，减少营运费用，降低运输成本。在运输过程中，货物始终在箱内，集装箱本身就起到了货物外包装的作用，因此可以大大简化货物包装用料，甚至有些商品可以取消外包装。比如，成衣服装运输通常采用衣架集装箱，无须外包装，节省了不少运杂费用。另外，装卸效率的提高，加速了货物和车船周转，减少了营运费用，进而降低了运输成本。据统计，英国在集装箱化后，其运输成本仅是原来的 1/9。

3. 世界集装箱运输干线及港口

由于各国集装箱运输的发展极不平衡，集装箱运输主要集中于经济发达的国家和地区，因而世界集装箱运输干线主要集中于北大西洋、北太平洋和地中海三大区域，主要航线有以下六条。

（1）远东—北美航线。

（2）北美—欧洲—地中海航线。

（3）欧洲—地中海—远东航线。

（4）远东—澳大利亚航线。

（5）澳大利亚—新西兰—北美航线。

（6）欧洲—地中海—西非—南非航线。

> **议一议**
>
> 分析表 8-2，世界集装箱运输港主要集中在哪些区域，原因是什么？

远东—北美航线、北美—欧洲—地中海航线和欧洲—地中海—远东航线三条航线占全世界集装箱运输量的 40% 以上，其中尤以太平洋航线最为繁忙，特别是远东地区的集装箱吞吐量约占全球总吞吐量的 50% 以上，成为世界集装箱运输十分重要的地区之一。

国家发改委综合运输研究所副所长李连成在 2020 年 9 月 24 日由中国集装箱行业协会主办的 "2020 中国多式联运高端圆桌云会议暨《中国集装箱行业与多式联运发展报告》发布仪式" 上表示：2019 年，全球十大集装箱港口中，中国港口继续占据 7 个，上海港集装箱吞吐量达到 4 330.3 万 TEU，连续 10 年世界第一；青岛港集装箱吞吐量超过香港港，排名升至第 7 位。2019 年，全球十大集装箱港口吞吐量排名（见表 8-2）：上海港（第 1）、新加坡港（第 2）、宁波舟山港（第 3）、深圳港（第 4）、广州港（第 5）、釜山港（第 6）、山东青岛港（第 7）、香港港（第 8）、天津港（第 9）、迪拜港（第 10）。

表 8-2　2019 年全球十大集装箱港口吞吐量情况

排　　名	港 口 名 称	国　　家	2019 年（万 TEU）
1	上海	中国	4 330
2	新加坡	新加坡	3 720
3	宁波舟山	中国	2 753
4	深圳	中国	2 577
5	广州	中国	2 300
6	釜山	韩国	2 195.5
7	山东青岛	中国	2 100
8	香港	中国	1 836
9	天津	中国	1 730
10	迪拜	阿拉伯联合酋长国	

目前，我国已初步形成了布局合理、门类齐全、配套设施完善、现代化程度较高的港口集装箱运输体系。我国港口集装箱码头的基础设施建设不断向专业化、大型化发展，港口装卸技术和效率方面也走在了世界前列，并形成北、东、南三大集装箱主枢纽港群，成为我国参与经济全球化的重要枢纽。

北部集装箱主枢纽港群——以大连港、天津港和青岛港为主。

东部集装箱主枢纽港群——以上海港、宁波港为主。

南部集装箱主枢纽港群——以香港港、深圳港和广州港为主。

知识点 2　国际多式联运

一、国际多式联运的概念

国际多式联运（International Multimodal Transport）是指按照多式联运合同，以至少两种不同的运输方式，由多式联运经营人负责将货物从一国境内接管货物的地点运至另一国境内指定交付货物地点的运输方式。它是在 20 世纪 60 年代末由美国首先开展起来的。目前，国际多式联运采用的主要形式有三种：海陆联运（国际多式联运主要的组织形式）、大陆桥运输和海空联运（又被称为空桥运输）。

二、国际多式联运的特点和优势

实践证明，国际多式联运集中了各种运输方式的特点，充分发挥了各种运输方式的优越性，真正做到了扬长避短、连贯运输，从而提高了运输效率、降低了运输成本、达到了合理运输的目的。

1. 国际多式联运的特点

国际多式联运与传统的运输方式相比，其突出的特点有以下五个。

（1）要有一个多式联运合同明确国际多式联运经营人和托运人之间的权利和义务关系及国际多式联运的性质。

（2）必须使用一份全程国际多式联运单据，该单据的作用是证明国际多式联运经营人已经接管货物并负责按照合同的规定将货物运至指定的地点。国际多式联运必须是至少两种不同的运输方式的连贯运输。

（3）必须是国际货物的运输。

（4）必须由一个国际多式联运经营人对全程运输负总责。

（5）必须执行单一的运费率。

2. 国际多式联运的优势

国际多式联运与其他运输方式相比，其优越性主要体现在以下四个方面。

（1）手续简便，责任统一。托运人只需办理一次托运手续，取得一张全程单据即可。国际多式联运经营人对全程运输负总责。

（2）减少中间环节，提高货运质量。国际多式联运一般以集装箱为运输单元，便于实现"门到门"运输：①在运输途中不需要掏箱、装箱，减少了中间环节；②运输过程中的换装也不会损坏货物，从而缩短了运输时间、提高了运输质量。

（3）降低运输成本，节省运输费用。采用集装箱运输可以节省包装费用和保险费用，此外还可以节省制单和计算方面的费用。

（4）提高运输管理水平，实现运输合理化。由不同的运输经营人共同参与国际多式联运，经营范围可以扩大，同时可以最大限度地发挥其现有设备的作用，选择最佳运输路线组织合理化运输。

三、大陆桥运输 (Land Bridge Transport)

1. 大陆桥运输的定义

大陆桥运输是指以横贯大陆上的铁路、公路运输系统作为中间桥梁，把大陆两端的海洋连接起来形成的海陆联运的连贯运输，是国际集装箱多式联运的一种特殊形式。广义的大陆桥运输还包括小陆桥运输和微型陆桥运输。

大陆桥运输产生于 20 世纪 50 年代初，日本运输公司将集装箱经太平洋运至美国西海岸，利用横贯美国东西部的铁路运至美国东海岸，然后装船继续运往欧洲，由此产生了大陆桥的雏形—— 美国大陆桥。但大陆桥运输业务的正式办理是在 1967 年，当时由于阿以战争苏伊士运河被迫关闭，而巴拿马运河拥挤堵塞，远东与欧洲之间的海上货船不得不改道绕航非洲好望角或南美洲德雷克海峡，导致航程和运输时间大大延长，又逢油价猛涨，海运成本增加，加之集装箱运输的兴起，使得大陆桥运输应运而生。

2. 大陆桥运输的优势

与传统的国际运输方式相比，大陆桥运输具有以下明显的优势。

（1）运输距离大为缩短：大陆桥横穿大陆，比绕道海路的距离缩短很多，世界上已开通的西伯利亚大陆桥、北美大陆桥和新亚欧大陆桥等三条主要大陆桥，比传统的海洋运输路线缩短 1/3 ～ 1/2。

（2）速度快、时间短：由于大陆桥运距较短，且能使用铁路集装箱专用直达列车，中间环节少、运行速度快，从而节省了大量的中途运输时间，使运行时间有了保证。

（3）运行质量高：大陆桥运输实行"一票到底"的"门到门"运输，发货方只需办理一次托运、一次付费，凭一张运输单据即可完成全部手续。货物就地装箱后，发货人即可凭承运人（国际多式联运承运人）签发的运输单据向银行办理结汇。大陆桥运输手续简便、责任明确，加上陆上运输安全可靠，集装运输货损、货差减少，具有运行质量高、效益好的特点，使得大陆桥运输在世界贸易运输中得到了越来越广泛的应用。

3. 世界上的主要大陆桥

（1）北美大陆桥：远东—北美西海岸—北美东海岸—欧洲，运输方式为海—铁—海；远东—北美西海岸—墨西哥湾—南美洲，运输方式为海—铁—海。

> **💡 想一想**
>
> 北美大陆桥与小陆桥有何区别？

北美大陆桥运输可以避开巴拿马运河宽度的限制，承运人可以使用更大型的集装箱船，增加了载运量，提高了集装箱船的海上运输效率。

（2）北美小陆桥：远东—日本—美国西海岸—美国东海岸，这条小陆桥路线避免了绕道巴拿马运河，可以享受铁路集装箱专用列车优惠运价，从而降低了成本，缩短了路径，运输方式为海—铁。

（3）南美大陆桥：东起大西洋西岸的布宜诺斯艾利斯，西止太平洋东岸的圣地亚哥，长约 1 000km，连接了大西洋和太平洋两大水域。南美大陆桥路线避免了绕道德雷克海峡，大大缩短了从南美洲东岸到西岸的距离，减少了通行时间，降低了运费。

（4）南亚大陆桥：从印度半岛东岸的加尔各答至印度半岛西岸的孟买，横穿印度半岛，长约 2 000km。南亚大陆桥使阿拉伯海与孟加拉湾之间的海上运输可以改成铁路联运。

（5）西伯利亚大陆桥：西伯利亚大陆桥又称第一亚欧大陆桥，是国际贸易运输中应用最广泛的一条陆桥，也是世界上最长的大陆桥，全长 13 000km。它东起俄罗斯东部的海参崴，经西伯利亚大铁路通向莫斯科，然后到达波罗的海、黑海沿岸以及西欧大西洋地区。它将远东地区与整个欧洲大陆、中东地区连接起来，极大地缩短了远东和欧洲之间的距离，比经好望角航线缩短 1/2 的路程，比经苏伊士运河航线缩短 1/3 的路程，不仅节约了时间，还降低了运费。西伯利亚大陆桥的运输方式主要有以下三种。

1）铁—铁：远东地区用船将货箱运至俄罗斯的纳霍德卡和东方港，再用火车经西伯利亚大陆桥运至俄罗斯西部边境站，经伊朗、东欧或西欧铁路继续运往欧洲各地。

2）铁—海：远东地区用船将货箱运至俄罗斯的纳霍德卡和东方港，再用火车经西伯利亚大陆桥运至波罗的海的圣彼得堡、里加、塔林或黑海的马里乌波尔、切尔诺莫斯克，再用船运至北欧、西欧和巴尔干地区的港口。

3）铁—卡：远东地区用船将货箱运至俄罗斯的纳霍德卡和东方港，再用火车经西伯利亚大陆桥运至俄罗斯西部边境站，转而用卡车将货箱运往欧洲各地。

（6）新亚欧大陆桥：新亚欧大陆桥，又名第二亚欧大陆桥，东起我国的连云港，经陇海线、兰新线和北疆铁路出阿拉山口，最终抵达荷兰的鹿特丹，全长 10 800km，连接东亚、中亚、西亚、中东、俄罗斯、东欧和西欧等 30 多个国家和地区，东西两端连接着太平洋与大西洋两大经济中心，1992 年正式投入运营。

与西伯利亚大陆桥相比，新亚欧大陆桥优势明显：①地理位置和气候条件优越。整个陆桥避开了高寒地区，港口无封冻期，自然条件好，吞吐能力大，可以常年作业；②运输距离短。新亚欧大陆桥陆上运距缩短了 2 000 ～ 5 000km，到中亚、西亚各国，优势更为突出；③辐射面广。新亚欧大陆桥辐射亚欧大陆 30 多个国家和地区，总面积达 5 071 万 km^2，居住人口占世界总人口的 75% 左右。其中，在我国境内长达 4 100km，横贯我国的苏、鲁、皖、豫、晋、陕、甘、宁、青、新十个省区，其腹地范围可扩大到全国 80% 左右的地区；④对亚太地区吸引力大。新亚欧大陆桥的吸引范围除我国外，日本、韩国、东南亚各国以及一些大洋洲的国家，均可利用此线开展集装箱运输。

💡 **想一想**

大陆桥运输与国际铁路联运的区别有哪些？

活动建议

（1）组织学生参观集装箱货场或集装箱货运码头，了解集装箱装运过程、货柜种类等情况。

（2）在 Internet 上搜索"全球最大的智能集装箱码头——洋山深水港"的相关资料，谈一谈你的感想。

综合知识模块六 ▶ 国际大宗货物运输

大宗货物是指粮食、石油、煤炭、铁矿石以及工业产品中的钢铁和水泥等。由于这些商品均为人类生存的必需品和国民经济发展的基础原材料，而生产地和消费市场相互分离，是国际贸易中的大宗商品，因而它们在国际货物运输中占据相当大的比重，尤其是在海洋运输中所占比例更大，大宗货物运输量的变化，往往直接影响海上货运量的变化。因此，大宗货物的流向及流量是国际物流研究的重点。目前，国际大宗货物流向的基本规律为工业品由发达国家流向发展中国家，矿物原料由发展中国家流向美国、日本和西欧发达国家，而粮食则由欧洲和美国等少数出口国流向广大缺粮地区。

知识点 1 粮食的生产和消费布局

世界粮食作物包括小麦、水稻、玉米、大麦、高粱、燕麦、黑麦和粟 8 种。小麦、水稻和玉米被称为三大粮食作物，联合国粮农组织发布的 2019 年全球粮食展望报告中显示，2019 年全球谷物类粮食产量约为 27.22 亿 t，我国粮食总产量接近 6.64 亿 t，约占全球粮食总产量的 24.39%。在世界粮食贸易中，水稻和小麦主要是以口粮消费为最终用途，而玉米则是作为重要的饲料粮食作物。世界粮食主要产区和流向分布如图 8-9 所示。

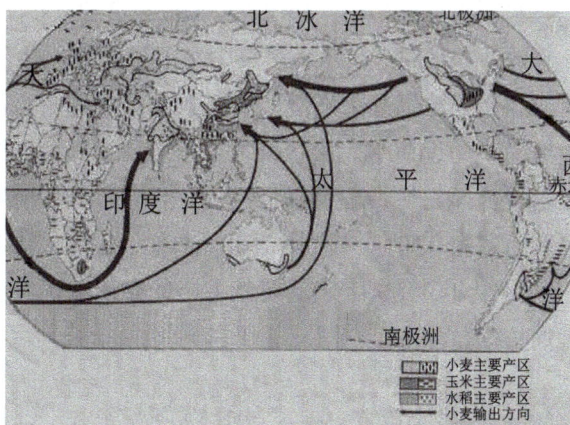

图 8-9　世界粮食主要产区和流向分布图

1. 小麦

目前，全球 35% ～ 40% 的人口以小麦为主粮。从各大洲的分布看，小麦生产相对集中，主要分布在亚洲和欧洲,亚洲小麦种植面积约占总面积的 45%,欧洲约占 27%,其次为北美洲、澳洲、南美洲和非洲。据统计数据显示,2018—2019 年全球小麦播种面积为 2.09 亿 hm²,产量 7.11 亿 t,占世界粮食总产量的 1/3。中国是世界上最大的小麦生产国和消费国。

小麦是温凉作物,年均气温在 10 ～ 18℃,年降水量 750mm,平原、台地和高原皆可种植,其分布除南极洲外,遍布世界各地。小麦主要集中分布在北纬 20° ～ 55° 和南纬 25° ～ 40° 的温带地区,北半球多于南半球,共形成五个小麦带。

(1)自西欧平原经中欧平原、东欧平原南部到西伯利亚平原南部。

(2)北起我国东北平原、华北平原、黄土高原到长江中下游平原。

(3)西起地中海沿岸,东经土耳其、伊朗到印度河、恒河平原。

(4)北美洲中部大平原,包括加拿大中南部和美国中部。

(5)从南非向东经澳大利亚南部、新西兰坎特伯里平原到南美洲阿根廷的潘帕斯平原,是南半球一个不连续的小麦带。

2018 年,全球小麦产量前五位的地区分别是欧盟、中国、印度、俄罗斯和美国,占比分别为 19.22%、17.62%、11.50%、9.59% 和 8.31%;全球小麦消费量前五位地区同样是欧盟、中国、印度、俄罗斯和美国,占比分别为 17.30%、16.08%、13.13%、5.41% 和 4.31%。印度尼西亚、埃及、巴西、阿尔及利亚和日本为主要进口国;澳大利亚、加拿大、欧盟、俄罗斯、美国为主要出口国。

2. 水稻

大米是世界 30 亿人口赖以生存的基本食物。2019 年世界稻谷总产量达到 7.13 亿 t。从各大洲的分布看,稻谷生产相对集中,主要在亚洲,产量占比超过 70%。亚洲既是生产大洲,也是消费大洲,亚洲的稻谷消费占比高达 45.1%。

水稻喜高温多雨,积温在 2 800 ～ 3 500℃,年降水量在 1 000mm 以上,多分布在地势低平的冲积平原区。水稻多集中在温带季风、热带季风和热带雨林地区,以亚洲的东亚、东南亚和南亚地区最为集中。东盟大米产量约占世界大米产量的近 1/4,种植面积占世界大米种植面积的近 30%。中日韩大米产量 1.41 亿 t,约占世界大米产量的 1/3,种植面积占世界大米种植面积约 1/5。目前我国是全球大米生产量最大的国家,其次为印度,其余大米产量较多的国家有印尼、孟加拉国、越南、泰国、菲律宾、美国、巴基斯坦等。

2019 年,我国大米消费量占全球大米消费量的 29.63%,印度占比 20.42%,其次是印尼、孟加拉国、越南、泰国、菲律宾等国。

3. 玉米

玉米既可作为食粮又可作为饲料作物,被视为"杂粮"或"粗粮"。2018 年,全球玉米总种植面积为 1.92 亿 hm²,产量为 10.8 亿 t。产量前五位的国家和组织依次为美国(34.3%)、中国(24.0%)、巴西(7.6%)、欧盟 28 国(5.7%)和阿根廷(3.0%),合计占比 74.6%。

玉米原产于中美洲,是一种喜温作物,适应性强,分布十分普遍,多集中在以下四个地区。

（1）美国玉米带（约占世界总产量的40%）。

（2）我国华北平原、东北平原、关中平原和四川盆地。

（3）欧洲南部平原地带。

（4）拉丁美洲的墨西哥、巴西和阿根廷等地区。

2018年，全球玉米总出口量为1.48亿t，前五位分别是美国（41.8%）、巴西（16.3%）、阿根廷（15.2%）、乌克兰（12.2%）和欧盟28国（1.2%），合计占比86.7%；全球玉米总进口量为1.50亿t，前五位分别是欧盟（12.3%）、墨西哥（10.8%）、日本（10.5%）、韩国（6.7%）和埃及（6.3%），合计占比46.6%。2018年我国玉米进口量346万t，排名第七，占比为2.3%。

2018年，全球玉米国内总消费量为10.9亿t，前五位分别为美国（28.8%）、欧盟（24.1%）、中国（7.0%）、巴西（5.8%）和墨西哥（3.9%），合计占比69.6%。

我国传统的玉米出口市场是日本、韩国和东南亚各国，我国传统的玉米进口来源国是美国、阿根廷等。

知识点 2 石油的生产和消费布局

全球石油资源主要分布于中东地区和美洲地区。截至2018年年底，中东石油资源探明储量8 361亿桶，全球占比48.3%；中南美洲石油探明储量3 251亿桶，全球占比18.8%；北美洲石油探明储量2 367亿桶，全球占比13.68%；欧洲石油探明储量仅为143亿桶，占比0.8%。委内瑞拉、沙特、加拿大、伊朗和伊拉克五国石油总储量为1 422.4亿t，占全球石油总储量的61.7%。世界产油区主要分布在以下地区：

（1）波斯湾地区是世界上重要的产油区，2019年探明储量占世界石油总储量的48%。主要分布在沙特阿拉伯、伊朗、伊拉克、科威特、卡塔尔、巴林、阿曼和阿联酋八个国家。

（2）北美地区集中在美国墨西哥湾沿岸、加利福尼亚州沿岸、阿拉斯加州沿岸、加拿大中部草原三省等。

（3）墨西哥沿岸和马拉开波湖地区。这一地区主要的产油国有墨西哥、委内瑞拉、厄瓜多尔、特立尼达和多巴格等。

（4）俄罗斯的伏尔加—乌拉尔地区、西伯利亚地区。

（5）西欧北海地区，油田主要分布在北海大陆架上，大部分位于英国和挪威领海。

（6）北非地中海沿岸，主要产油国有阿尔及利亚、利比亚、突尼斯和埃及等。

（7）西非几内亚湾沿海平原和近海，主要产油国有尼日利亚、喀麦隆和加蓬等。

（8）东南亚地区的印度尼西亚、文莱和马来西亚。

（9）我国内陆与浅海大陆架。

随着全球经济的发展，2018年全球石油消费量持续稳步增长。石油消费前三位的国家是美国、中国和印度。其中，美国石油消费量近乎相当于日本、沙特、俄罗斯、巴西、韩国、加拿大、德国七大石油消费国的消费量总和，并创下近十年来最高增长。

全球原油海运的主要流向，是以中东、西非、南美为主的产油区，运往美国、欧洲以及以我国为代表的亚太地区：①全球原油最大海运流量来自中东地区，中东地区的原油经由霍尔木兹海峡出至阿拉伯海，向东运往印度或过马六甲海峡运往中日韩，向西经由曼德海峡过苏伊士运河或绕好望角运往欧洲或美东海岸；②西非原油过好望角运至东亚，或经大西洋运至欧洲或北美；③俄罗斯原油向西经苏伊士运河运至亚洲，向东过日本海运至中日韩；④南北美东岸原油过大西洋经好望角至东亚各国，西岸原油过太平洋运至亚洲。另外，还有南美—北美、东南亚—东亚、地中海—北海，以及西非—西欧、西非—北美、西欧—北美等相对中短途区域间航线。

截至 2018 年，全球探明天然气储量达到 196.9 万亿 m^3，俄罗斯、伊朗、卡塔尔成为天然气储量最大的三个国家，分别占世界总探明储量的 19.8%、16.2% 和 12.5%。世界天然气消费前十名的国家为美国、中国、俄罗斯、伊朗、加拿大、日本、沙特阿拉伯、墨西哥、德国和英国。

议一议

在地图上标示出全球原油海运的主要流向，分析说明主要流出区和流入区有哪些。

知识点 3　煤炭的生产和消费布局

煤炭是仅次于石油的第二大能源，其种类有硬煤（烟煤和无烟煤）、褐煤和泥煤。世界上的煤炭总储量共有 10.75 万亿 t，其中硬煤 8.13 万亿 t，褐煤 2.62 万亿 t。煤炭的分布非常广泛，92% 的储量分布在北半球，北纬 30°～70° 之间是世界著名的富矿带，储量占世界总储量的 70% 以上。按照大洲来看，亚洲煤炭资源最为丰富，占世界煤炭总储量的一半以上，其次是北美洲、欧洲、大洋洲和非洲。按照国家来看，拥有煤炭资源的国家大约 70 个，其中储量较多的国家有美国、俄罗斯、中国、印度、澳大利亚、南非、乌克兰、哈萨克斯坦、波兰和巴西。

国际煤炭市场大致可分为两个区域：亚太市场和欧美大西洋市场。亚太煤炭市场的煤炭出口国家主要有澳大利亚、印度尼西亚、俄罗斯、蒙古等；亚太煤炭市场的煤炭进口国家有中国、印度、日本、韩国、菲律宾、泰国、越南等。欧美煤炭市场的煤炭出口国家及地区主要有美国、加拿大、哥伦比亚、波兰和委内瑞拉等；欧美煤炭市场的煤炭进口国家及地区主要有：德国、土耳其、乌克兰、西班牙和波兰等。

煤炭贸易大部分是由海上运输完成，远洋运煤的主要流向包括以下五个方面。

（1）从澳大利亚东海岸流向中国、日本、韩国和东南亚。

（2）从美国东部向西横渡太平洋流向东北亚和东南亚。

（3）从东南亚和澳大利亚流向我国。

（4）从美国东海岸横渡大西洋流向欧洲。

（5）从南非越过印度洋向亚洲或由澳大利亚向西至欧洲。

除此以外，波罗的海及欧洲北海岸有少量海运。

我国是世界第一大煤炭进口国，我国煤炭进出口贸易量占全球煤炭贸易总量的20%，煤炭进口主要来自印度尼西亚、澳大利亚、蒙古、俄罗斯及菲律宾五国。2018年，我国从五国进口煤炭合计为27 416万t，占总进口量的97.5%。

知识点 4　铁矿石的生产和消费布局

全球铁矿资源的分布极不均衡，位列前十位的国家依次是澳大利亚、加拿大、俄罗斯、巴西、中国、玻利维亚、几内亚、印度、乌克兰和智利，这十个国家铁矿资源量达6 650亿t，占全球资源总量的81.3%。其中澳大利亚以1 462亿t位居首位，约占全球总资源量的17.88%；加拿大以1 303亿t位居第二，俄罗斯以980亿t位居第三，巴西以927亿t排名第四。

2017年统计数据显示，全球铁矿石产量主要集中在澳大利亚、巴西、中国、印度、俄罗斯、加拿大、南非七国，合计产量20.12亿t，占全球铁矿石产量的91.0%，尤其是澳大利亚和巴西，合计产量占全球铁矿石产量的58.9%。

2017年，澳大利亚铁矿石出口量约为8.34亿t，占全球铁矿石贸易总量的53.0%；巴西铁矿石出口量约为3.84亿t，占比24.4%。我国是澳大利亚和巴西铁矿石的最大进口国，进口量约占其出口总量的83%和59%。

参 考 文 献

[1] 李旸，陈启新. 物流经济地理 [M]. 3 版. 北京：北京理工大学出版社，2017.

[2] 常利平，李玲. 物流经济地理 [M]. 北京：北京交通大学出版社，2019.

[3] 陈焰. 物流经济地理 [M]. 2 版. 北京：清华大学出版社，2015.

[4] 李上康，王慧，李土金. 物流地理 [M]. 哈尔滨：哈尔滨工程大学出版社，2020.

[5] 袁伯友. 物流运输组织与管理 [M]. 3 版. 北京：电子工业出版社，2018.

[6] 陈岩. 国际贸易理论与实务 [M]. 4 版. 北京：清华大学出版社，2018.

[7] 王凯. 国际贸易地理 [M]. 北京：清华大学出版社，2017.

[8] 竺仙如. 国际贸易地理 [M]. 7 版. 北京：中国商务出版社，2017.

[9] 胡建波. 现代物流基础 [M]. 4 版. 北京：清华大学出版社，2019.

综合实训手册

第一单元 物流节点布局

综合实训模块一 物 流 节 点

一、填空题

（1）物流网络的_____、_____则取决于网络中两个基本元素的本身配置和两个基本元素配置。

（2）物流节点上承担着_____、_____、_____、_____、_____和_____物流功能任务。

（3）物流节点在整个物流网络中起着_____作用，所以也可以称为_____。

（4）物流节点有_____、_____和_____等主要功能。

（5）根据物流系统的目标、节点在网络中的地位和作用不同，物流节点可分为_____、_____、_____和_____。配送中心属于_____节点。

二、简答题

（1）要保证物流的畅通集散，在物流节点上应建立哪些类型的企业？

（2）各种类型的物流节点在布局趋向上有何区别？

三、案例分析

杭州现代物流业的发展

杭州发展现代物流业拥有三大比较优势。第一，杭州位于长江三角洲地区，是浙江省省会城市，其主要经济指标位居全国前列，制造业相对发达，经济集聚和辐射能力在浙江省首屈一指。第二，杭州积极抢抓新一轮世界产业结构调整和制造业空间转移的有利时机，大力实施"工业兴市"战略，逐步形成以高新技术产业为先导、现有优势产业为支柱、新型都市工业为重要组成部分的现代工业体系，形成了强大的产业集聚功能。第三，杭州具有全国区域性交通枢纽的优势，是全国公路主枢纽之一，多条铁路干线并汇于此，杭州港是全国重要内河枢纽港，杭州萧山国际机场货运量居全国前列。发达的综合运输网络为杭州现代物流的发展提供了重要的基础保障。

【思考题】

（1）杭州拥有发展现代物流业的哪些优势？

（2）杭州在发展现代物流业的过程中适宜建成哪种类型的物流节点？

（3）杭州发展现代物流业在地区间可以发挥什么作用？

学习评价

被考评人				
考评地点				
考评内容	物流节点基本概念			
考评标准	内　容	分值 / 分	自我评价 / 分	小组评议 / 分	实际得分 / 分
	理解物流节点的概念	30			
	了解物流节点的功能	30			
	了解物流节点的种类和布局规律	40			
	合　计	100			

注：1. 实际得分 = 自我评价 40%+ 小组评议 60%。

　　2. 考评满分为 100 分，60 ～ 74 分为及格；75 ～ 84 分为良好；85 分以上为优秀（包括 85 分）。

综合实训模块二　城市物流基地布局

一、填空题

（1）物流基地一般布局于_____、_____、_____地方，在空间布局时还需要考虑_____、_____、_____、_____、_____和_____等因素。

（2）综合物流园区以_____、_____、_____、_____为主要特征，承担着_____、_____、_____及_____、_____、_____物流功能。

（3）综合物流园区一般位于_____地区，其综合运输网络体系具有强大的物流_____能力。

（4）物流基地具有_____、_____、_____、_____、_____、_____功能等，与传统货物运输组织中心所不同的是组成物流基地的各个要素要具有_____、_____特征。

（5）物流中心必须是具有较大规模的_____地点，如大型物资仓库具有_____功能；港口码头、空港具有_____功能；仓库群具有_____功能。

（6）物流中心选址的经济性原则是_____原则，即物流中心应建在_____最低的地方。

（7）物流配送中心具体地址的选择应充分考虑到一般应以进货与出货产品的_____及_____的复杂度来选择接近上游点或下游点的选址策略。

（8）综合物流园区一般位于城市道路网的_____附近；比较而言，日常消费品的物流配送中心一般位于_____附近。

二、选择题

（1）（　　）规模最大，占地面积大，一般布局于城市道路网的外环线附近。

  A. 综合物流园区   B. 专业物流园区

  C. 物流中心   D. 物流配送中心

（2）物流配送中心应尽可能地定位在（　　），相对众多的连锁分店来讲，位置较为适中，便于分送商品。

  A. 交通枢纽   B. 港口

  C. 城市中心区域   D. 商业网点中心

（3）（　　）布局更要体现服务性原则。

  A. 综合物流园区   B. 专业物流园区

  C. 物流中心   D. 物流配送中心

（4）物流配送中心布局应考虑与供应点、与用户之间的最短理论距离或最短实际距离，体现了（　　）布局原则。

  A. 竞争   B. 低运费

  C. 交通   D. 统筹

（5）综合物流园区与专业物流园区比较而言，更以（　　）为主要特征。

  A. 现代化   B. 多功能

  C. 社会化   D. 大规模专业化

三、简答题

（1）物流园区、物流中心和物流配送中心在布局趋向上各侧重于考虑哪些因素？

（2）目前，我国各类物流园区都有哪些主要功能？

（3）目前，我国各类物流园区布局有何趋向性？

四、案例分析

北京通州物流基地

《北京市城市总体规划（2004—2020）》确立"两轴""两带""多中心"的北京城市发展空间新格局，从战略性的长远发展着眼，明确城市和产业发展的方向是向东和向南，重点发展的是"东部发展带"。通州区是东部发展带上的未来重点发展的新城，紧邻的亦庄也是东部发展带上未来重点发展的新城。北京通州物流基地位于通州区的马驹桥镇（见图 A-1），地处京沪高速与城市六环路的交会处。基地的建设能够进一步增强北京作为京津冀地区核心城市的综合辐射带动能力，是环渤海地区的经济合作与协调发展的战略选择。

图 A-1　北京通州物流基地地理位置

　　北京通州物流基地不仅具有得天独厚的区位优势，更具备了物畅其流的区位交通条件，可谓占尽了"天时、地利"。基地距市中心 15.5km，距首都国际机场及大兴国际机场约 30km，距天津塘沽新港 120km，京沪高速公路与北京城市六环路在此交会，并与京津、京哈、京开、京石等 11 条高速公路相连，是北京海、陆、空多式联运的最佳结合点，拥有作为物流枢纽所应具备陆海空一体、国际国内便捷联系的区域交通网络。

　　北京通州物流基地作为首都城市功能性基础设施，主要是为北京市的进出货物提供一个采购、分销平台，定位是"公路 - 海运 - 口岸"型物流园区，依托天津港、京津高速公路和城市六环路，建成集内陆口岸功能、货物集散功能、流通加工功能、商品配送等功能于一体的"大型综合现代物流枢纽"。主要承担北京和环渤海地区的国际、国内海运物流功能，重点服务于北京东南方向京津塘经济发展带，是北京市大宗货物进出境的主要枢纽。

5

紧邻马驹桥的北京亦庄新城将打造 4 个产业功能区、3 个创新服务区和 3 个特色产业园（见图 A-2）。

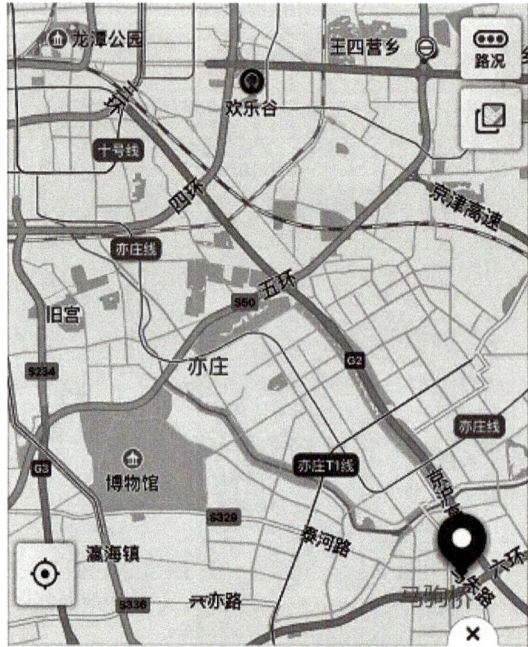

图 A-2　马驹桥镇与亦庄地理位置

产业功能区集结了新一代信息技术、新能源智能汽车、生物技术和大健康、机器人和智能制造四大主导产业。国家生物医药创新园，北京奔驰高端制造工厂的北汽新能源、北京智能生态工厂正在建设之中。

创新服务区包含金融商务区、生态科创区和智慧物流区。亦庄新城将围绕先进制造业产业链、资金链、服务链，发展高质量生产性服务业，加快发展高品质生活性服务业，合力配置教育、医疗、文化等基本公共服务，将成先进制造业和现代服务业深度融合发展的示范区。充分利用地上地下空间，推行无人仓储、冷链物流、智能物流业务，建成智慧物流区。

特色产业园分别为循环经济产业园、智能汽车配套产业园、未来产业创新园。循环经济产业园将建设再生水厂、再生资源综合利用中心、生活垃圾综合管理中心；此外，还将整合采育镇工业区，依托整车工厂及上游零部件企业，打造智能汽车配套产业园；再有，亦庄围绕民营商业航天、低空智能飞行、自动驾驶、室内导航这四大未来产业，逐步打造出"天空地底"四大创新应用产业园。

【思考题】

（1）北京通州物流基地具备哪些区域优势？对内对外主要服务于哪些区域？

（2）北京通州物流基地属于哪种类型的物流基地？承担了哪些物流园区的功能？

（3）北京通州物流基地的建设包含哪些功能区？

⇩ 学习评价

被考评人				
考评地点				
考评内容	物流基地的概念			
考评标准	内　容	分值／分	自我评价／分	小组评议／分	实际得分／分
	举例说明物流基地的概念	30			
	举例说明物流基地的功能	30			
	举例说明物流基地的空间布局规律	40			
	合　计	100			

注：1. 实际得分＝自我评价40%＋小组评议60%。

　　2. 考评满分为100分，60～74分为及格；75～84分为良好；85分以上为优秀（包括85分）。

综合实训模块三　我国物流经济圈与物流枢纽城市

一、填空题

（1）区域经济一体化发展的关键是树立_____意识，主动加强区域沟通，弱化_____概念，强化_____概念。

（2）根据城市群的发展水平和能级的不同，国内外专家进一步划分了_____、_____和_____三个不同的级次。

（3）目前，我国已经形成以沿海大城市群为中心的_____、_____和_____三大物流经济圈。

（4）_____是珠三角物流经济圈最重要的特点。_____经济圈有望打造成我国经济的第四增长极。

二、简答题

（1）区域经济一体化发展有何重要意义？

（2）对比说明我国三大物流经济圈的发展优势和特色。

三、案例分析

粤港澳大湾区

粤港澳大湾区包括香港特别行政区、澳门特别行政区和广东省广州市、深圳市、珠海市、佛山市、惠州市、东莞市、中山市、江门市、肇庆市，总面积 5.6 万 km²，2017 年末总人口约 7 000 万人，是我国开放程度最高、经济活力最强的区域之一，在国家发展大局中具有重要战略地位（见图 A-3）。

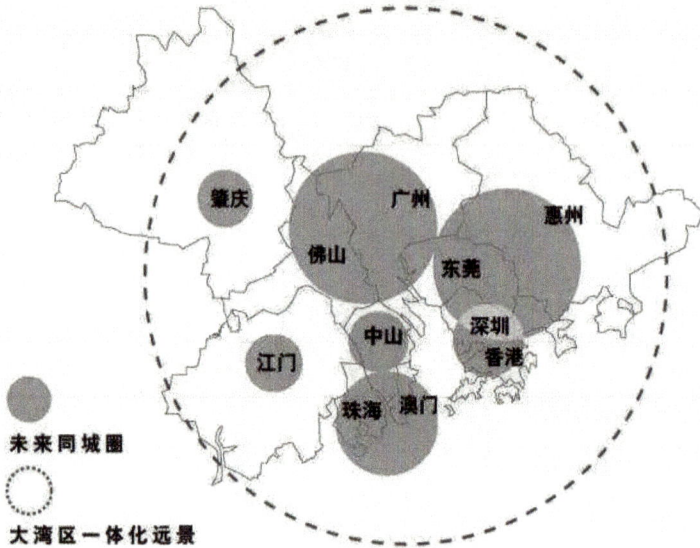

图 A-3　粤港澳大湾区区域图

粤港澳大湾区以环珠江湾区为核心，集聚了香港、深圳、广州、东莞、珠海等多个港口，形成港口群，进而促进各类产业群的发展，而产业的发展所吸引的大量人口又为城市的持续创新注入动力。"湾区群+港口群+产业群+城市群"的叠加效应使大湾区充满活力。

珠三角地区的制造业经过四十多年的发展，已经在逐渐转型升级，传统的单纯借助外力进行的产品生产时代已经过去。珠三角地区正处于制造业和服务业协同发展的中级阶段，需要与港澳地区联动，才能获得更多的优化发展机会。而港澳两地则面临着土地不足、人口密集、经济结构较为单一和服务业发展较为缓慢等问题，需要通过与珠三角的紧密合作才能寻求更多经济发展空间。所以，粤港澳三地的融合协作至关重要，是今后国家打造更高水准的国际经贸和科技合作的新平台。

粤港澳大湾区多极共生、梯度发展、平等合作，具有更强的市场活力。在构成粤港澳大湾区的"二区九市"中，香港以国际金融和贸易为核心功能，深圳则是知名的金融中心和科创中心，广州是区域的文化、医疗、贸易中心，三地营商环境优越。澳门是世界旅游休闲中心，珠海则是连通内地与澳门的桥头堡。而东莞和佛山分别是对外和对内的制造业中心，惠州、肇庆、江门、中山营商成本则更低，可以很好的承接香港、深圳、广州的产业转移。

【思考题】

（1）粤港澳大湾区的范围包括哪些地方？

（2）粤港澳大湾区经济圈的发展有什么经济基础和优势？

（3）建立粤港澳大湾区有何意义？

学习评价

被考评人					
考评地点					
考评内容	我国物流经济圈的发展特色				
	内　　容	分值/分	自我评价/分	小组评议/分	实际得分/分
考评标准	在地图上正确标注我国主要物流经济圈的分布	20			
	正确说明我国已经形成的三大物流经济圈的发展优势和特色	30			
	正确说明你所在地区的城镇处于的物流经济圈具有的优势和特色	30			
	在地图上正确标示我国重点建设的物流枢纽城市的分布	20			
	合　　计	100			

注：1. 实际得分 = 自我评价 40%+ 小组评议 60%。

2. 考评满分为 100 分，60 ～ 74 分为及格；75 ～ 84 分为良好；85 分以上为优秀（包括 85 分）。

第二单元　农业物流地理

综合实训模块一　农业生产布局

一、填空题

（1）稻谷主要分布于_____地区；玉米主要分布于_____地区；冬小麦主要分布于_____地区；春小麦主要分布于_____地区。

（2）芝麻以_____、_____、_____、_____等为主要产区。

（3）我国蚕茧尤以_____、_____、_____、_____、_____及_____最为集中。

（4）我国发展畜牧业的饲草来源有_____、_____及_____等。

（5）我国牧区畜牧业主要以提供_____产品为主；农区畜牧业以提供_____产品为主；半农半牧区畜牧业以提供_____产品为主；城郊畜牧业以提供_____产品为主。

（6）我国糖料作物的分布具有_____的特点。甘蔗的主产省份有_____；甜菜的主产省份有_____。

（7）我国的热带作物主要有_____，主要分布于_____。

（8）我国的森林资源主要分布于_____地区和_____地区。

（9）我国烤烟产地主要有_____、_____、_____、_____、_____和_____等地。

（10）我国茶叶的主产区有_____、_____、_____和_____。

（11）我国海洋四大渔场是指_____、_____、_____和_____。

（12）_____是我国池塘、湖泊和水库最重要的淡水渔业基地。

（13）我国东、中、西三大区域农业发展开始呈现合理分工的新格局：东部沿海地区和大中城市郊区的_____农业有了长足发展；中部地区发挥_____优势，_____初具规模；西部地区_____和_____发展步伐加快，成为农民收入新的增长点。

二、选择题

（1）我国棉花主产区包括（　　　）。

    A. 黄淮流域棉区　　　　　　　　B. 华东棉区

    C. 长江流域棉区　　　　　　　　D. 新疆棉区

（2）冬油菜绝大部分产于（　　　）。

    A. 长江流域　　　　　　　　　　B. 长城以北

    C. 内蒙古和西北地区　　　　　　D. 青藏等地区

（3）花生产量最大的地区是（　　　）。

    A. 河南　　　　　B. 河北　　　　　C. 四川　　　　　D. 广东

（4）我国四大渔场有（　　　）。

    A. 黄渤海渔场　　　　　　　　　B. 舟山渔场

    C. 南海沿岸渔场　　　　　　　　D. 北部湾渔场

三、简答题

（1）列表对比说明我国四种畜牧业的地区分布、饲草来源和产品特点。

（2）列表说明我国各大农业区的地理位置、主要物产、存在问题与解决措施。

四、实践活动

（1）查找资料，列出你所在的省区主要生产的粮油糖棉果等产品的种类，并指出优势农产品有哪些。

（2）选择一个大型超市，调查 20～30 种农产品的产地，列表记录，并分析本地产品与外埠产品所占比例。

学习评价

被考评人					
考评地点					
考评内容	农作物布局与农产品物流特点				
	内　容	分值 / 分	自我评价 / 分	小组评议 / 分	实际得分 / 分
考评标准	在地图上正确标示 10～20 种农作物的主产地	30			
	简单说明你所在地区林业发展的规划	20			
	对比说明我国 4 种畜牧业的生产特点	30			
	调查 10～15 种你所在地区水产品的来源，并计算本地水产品所占比重	20			
合　计		100			

注：1. 实际得分 = 自我评价 40%＋ 小组评议 60%。

　　2. 考评满分为 100 分，60～74 分为及格；75～84 分为良好；85 分以上为优秀（包括 85 分）。

综合实训模块二　优势农产品区域布局

一、填空题

（1）农业产业化，它不同于"小而全"的农业生产方式，它具有自己的特有属性，即农业产品生产的_____、_____和_____。

（2）近期我国确定_____、_____、_____、_____、_____、

_____、_____、_____、_____、_____和_____等优势农产品，优先规划优势区域，重点予以扶持建设，尽快提高这些农产品的_____，实现抵御进口冲击、扩大出口的目标。

（3）我国将建立_____、_____和_____三个专用小麦带。

（4）我国有发展玉米生产的_____和_____优势。为了降低生产成本，增强主产区玉米的_____能力，提高综合效益，我国将重点建设_____专用玉米优势区和_____专用玉米优势区。

（5）我国今后将把东北地区建设成为世界上最大的_____大豆生产区，主要布局在_____、_____、_____和_____等省区。

（6）我国将重点建设_____、_____和_____三个"双高"甘蔗优势产区，主要布局在_____、_____和_____等省区，提高食糖产量，达到国内食糖_____，并能够抵御进口食糖冲击。

（7）我国将重点建设_____和_____两个肉牛优势产区，建设_____、_____、_____和_____四个肉羊优势产区。

（8）突出发展_____，加强良种奶牛繁育，提高奶制品质量，抵御进口产品冲击，重点发展_____、_____和_____三个牛奶优势产区。

（9）我国水产业重点抓好水产品_____、_____和_____三个关键环节，加快建设出口水产品养殖区。

（10）东北地区将成为_____、_____、_____和_____等优势农产品的基地。

二、选择题

（1）我国是世界上最大的（　　）生产国和消费国。

    A. 小麦　　　　　B. 玉米　　　　　C. 甘蔗　　　　　D. 棉花

（2）我国长江流域是（　　）和（　　）的优势农产区。

    A. 水稻　　　　　B. 冬油菜　　　　C. 柑橘　　　　　D. 棉花

（3）（　　）的发展思路是鲜食加工并举、突出产后加工。

    A. 甘蔗　　　　　B. 柑橘　　　　　C. 苹果　　　　　D. 水产品

（4）（　　）是羊肉生产量最大的国家。

    A. 美国　　　　　　　　　　　B. 巴西

    C. 澳大利亚　　　　　　　　　D. 中国

三、简答题

（1）选择优势农产区的条件是什么？

（2）我国长江流域主要发展哪些优势农产品？

学习评价

被考评人					
考评地点					
考评内容	优势农产品与优势农产区的分布				
考评标准	内　　容	分值 / 分	自我评价 / 分	小组评议 / 分	实际得分 / 分
	列举发展优势农产区的条件	60			
	列举至少一种你所在地区种植的优势农产品，并说明当地的生产条件	40			
合　　计		100			

注：1. 实际得分 = 自我评价 40%+ 小组评议 60%。

　　2. 考评满分为 100 分，60 ～ 74 分为及格；75 ～ 84 分为良好；85 分以上为优秀（包括 85 分）。

综合实训模块三　都市农业生产布局

一、填空题

（1）为推进农业产业化经营，在农业区域布局上形成了以_____为中心、辐射带动周边_____的都市农业发展的良好态势，即以地区枢纽城市为中心，呈放射状圈层分布的_____农业圈层、_____农业圈层和_____农业圈层。

（2）都市农业是将农业的_____、_____和_____等"三生"功能结合于一体的产业。

（3）"都市型农业"一般结合_____的实际情况，创建_____的特色农业，包括_____、_____，还有畜禽、特种水产品生产以及微生物生产。

（4）由于都市有发达的信息、交通和完备的基础设备，加之都市庞大的消费需求，未来的智能型农业工厂必将云集在_____，成为都市经济的重要支柱。

（5）用现代科技装备的工厂化农业，集成了_____、_____、_____、_____和现代先进农艺等，其间作物的播种、生长、施肥、灌溉和环控等全过程都实现_____。

二、简答题

都市型农业在生产和布局上有何特点？

三、案例分析

郑州三大农业圈方便吃游玩

郑州市政府组织8家职能部门的有关专家，对《郑州市现代农业示范带建设规划》（以下简称《规划》）进行评审。要将郑州发展成为现代制造业中心、现代服务业中心，发展现代农业示范带。

第一圈：都市型农业圈

都市型农业圈是跟郑州老百姓关系最近的农业圈，其范围包括：环城高速以内的区域（包括金水区、管城区、二七区、中原区、惠济区和上街区）。该圈含六个区，总面积约1000km²，共有耕地3.9万hm²，人口270万人。按照《规划》的要求，这一圈发展的重点是都市型农业。

建设观光农业示范园区，其经营模式有农业公园、观光农园、市民公园、休闲农园、科技农园、森林公园和民俗文化园等。种植业主要发展温室栽培、塑料大棚栽培、无土栽培；畜牧业主要发展畜禽养殖区、养殖场及草场建设，推广包括加热、降温、通风、遮阳、滴灌以及中心控制系统等硬件的工厂化农业，从根本上突破养殖、种植生产中的传统方法，实现周年性、全天候和反季节的企业化规模生产。

第二圈：近郊型农业圈

环城高速与有关县（市）的接合地带和6县（市）的城郊区域，总面积1500km²。该圈的建设重点是高科技农业示范园区。该示范园区内将实施绿色农业开发示范工程、农作物良种产业化工程和农业生物工程等。开发数字化农业技术软件，研究基于全球定位系统的播种机、变量施肥和智能收割机等装备，农作物从播种到收割以及产后加工的全过程均采用量化操作。重点建设优质菜、奶制品、肉制品、水产品、花卉苗木、优质果品和旅游观光农业等多条产业链，发展合作农场、农业工厂和农业股份公司等规范的公司型农业。以黄河滩区绿色奶业示范带为主的奶牛饲养基地，以登封市、巩义市、新郑市和中牟县为主的100万m²食用菌生产基地，以中牟县、荥阳市、新郑市和郑州市近郊为主的5万hm²鲜、细、嫩优质无公害蔬菜生产基地，以黄河鲤鱼为主的6000hm²水产养殖基地。

第三圈：远郊型农业圈

远郊型农业圈包括远离都市和近郊的广大农村。该圈总面积5000km²，发展的重点是高效农业示范园区，重点发展以优质专用小麦、玉米、油料、饲料和小杂粮为主的种植业；以大枣、石榴和小杂果为主的林果业；以猪、牛、羊和禽为主的规模养殖业。同时实施五大工程：①建设以中牟县、荥阳市和新郑市为主的畜牧业规模饲养基地；②建设以中牟大蒜、新郑萝卜和黄河滩区芦笋等为主的3万hm²创汇农业基地；③建设以新郑市、荥阳市、中牟县及西部丘陵区为主的20万hm²优质专用粮食生产基地；④建设以中牟县、新郑市和管城区为主的 6 万 hm^2 优质油料生产基地；⑤建设以新郑大枣、中牟西瓜、新密金银花、河阴石榴、霸王牌大葱和郑风牌莲藕为主的 6 万 hm^2 特色名牌农产品生产基地。

【思考题】

（1）郑州对未来农业发展的布局是如何规划的？

（2）在郑州农业三圈的规划中，各圈层农产品生产的主要发展方向是什么？

（3）郑州将建立哪些现代化农业工厂？使用哪些先进的农业生产技术？主要生产哪些农产品？

学习评价

被考评人					
考评地点					
考评内容	农业圈层的划分				
考评标准	内　　容	分值/分	自我评价/分	小组评议/分	实际得分/分
	举例说明农业圈的概念	20			
	举例说明农业圈层的划分和各圈发展特色	30			
	列举现代化农业工厂使用的先进农业生产技术	20			
	调查你所在地区农业圈层的划分和各圈发展特色	30			
合　　计		100			

注：1. 实际得分 = 自我评价 40%+ 小组评议 60%。

　　2. 考评满分为 100 分，60 ~ 74 分为及格；75 ~ 84 分为良好；85 分以上为优秀（包括 85 分）。

综合实训模块四　农产品物流

一、填空题

（1）农产品物流包括农产品＿＿＿＿＿＿＿＿＿＿＿＿＿＿＿＿分销和信息活动等一系列环节，并且在这一过程中实现了农产品＿＿＿＿＿＿＿＿。

（2）我国将重点建设＿＿＿＿、＿＿＿＿、＿＿＿＿、＿＿＿＿和＿＿＿＿五大粮食现代物流通道。

（3）全国农产品流通骨干网络中的"三纵通道"包括＿＿＿＿、＿＿＿＿和

_____；"三横通道"包括_____、_____和_____。

二、简答题

（1）简述农产品物流的特点。

（2）简述我国八大农产品骨干市场集群及其覆盖区域。

三、案例分析

北京新发地农产品批发市场

北京新发地农产品批发市场（以下简称"新发地市场"）成立于1988年5月，经过30多年的建设与发展现已成为全国乃至亚洲交易规模最大的专业农产品批发市场，在全国同类市场中具有很大的影响力。

新发地市场2019年交易量1 749万t，交易额1 319亿元人民币。在全国4 600多家农产品批发市场中，新发地市场的交易量、交易额已连续十七年双居全国第一。"新发地"品牌已成为中国农产品的代名词，新发地市场的农产品价格指数成为引领中国农产品市场价格的风向标和晴雨表。新发地市场的区域位置如图A-4所示。

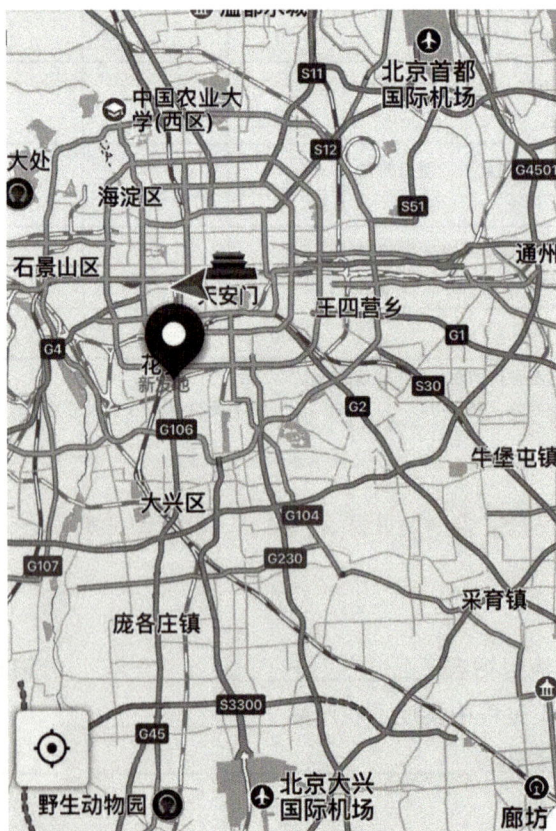

图A-4 新发地市场的区域位置

新发地市场主要经营蔬菜、果品、肉类、粮油、水产、副食、调料、禽蛋、菌类、茶叶、种子等农副产品，是以蔬菜、果品、肉类批发为龙头的国家级农产品中心批发市场。近年来，市场本着"扶大、扶强、扶优"的原则，培养出单品经营大王100名，综合销售百强100名，形成了以蔬菜、果品批发为龙头，肉类、粮油、水产、调料等十大类农副产品综合批发交易的格局。

截至2020年，北京新发地农产品批发市场拥有固定摊位5 558个、定点客户8 000多家，日均车流量3万多辆（次）、客流量6万多人（次）。日吞吐蔬菜1 300多万kg、果品1 500多万kg、生猪2 500多头、羊2 500多只、牛150多头、水产1 500多t。2009年，市场各类农副产品总交易量为90.2亿kg，总交易额为302亿元。其中蔬菜供应量占到全市总需求量的70%以上，水果占80%以上，进口水果占90%以上。

目前，新发地市场已在全国农产品主产区投资建设了14家分市场和300多万亩基地，在北京市区内建立了150多家便民菜店、300多辆便民直通车，有效平抑了市场物价，方便了社区居民，保障和满足了首都农产品的安全稳定供应。

【思考题】

（1）北京新发地农产品批发市场属于哪种类型的物流节点？

（2）北京新发地农产品批发市场主要承担哪些物流系统的功能？

（3）北京新发地农产品批发市场的布局有何优势条件？

学习评价

被考评人					
考评地点					
考评内容	农产品物流流向				
考评标准	内　　容	分值 / 分	自我评价 / 分	小组评议 / 分	实际得分 / 分
	调查本地区农产品物流中心的分布	20			
	调查物流中心20种农产品的主要来源	80			
合　　计		100			

注：1. 实际得分 = 自我评价40%+ 小组评议60%。

　　2. 考评满分为100分，60～74分为及格；75～84分为良好；85分以上为优秀（包括85分）。

第三单元 轻工业物流地理

综合实训模块一 纺 织 工 业

一、填空题

（1）我国的纺织工业布局主要集中在_____，以_____、_____、_____和_____为主。

（2）近年来，我国棉纺生产力布局具有向_____、向_____和向_____的特点。

（3）我国的丝纺织工业主要分布在_____、_____和_____地区。

（4）我国的亚麻纺织加工能力较大的地区是_____等省份。

二、选择题

（1）我国的（　　）省区已形成了各具特色的纺织产业集群。

  A. 浙江　　　　　B. 江苏　　　　　C. 山东　　　　　D. 广东

  E. 福建

（2）我国西部地区（　　）的棉产地，建立全国优质纱、布的生产基地。

  A. 浙江　　　　　B. 江苏　　　　　C. 山东　　　　　D. 新疆

  E. 陕西

（3）近几年来，我国新增的亚麻纺织加工能力主要集中于（　　）等经济发达地区。

  A. 浙江　　　　　B. 江苏　　　　　C. 山东　　　　　D. 吉林

  E. 辽宁

（4）我国化纤工业集中布局于东部。在东部，又主要集中在（　　）。

  A. 浙江　　　　　B. 江苏　　　　　C. 上海　　　　　D. 福建

  E. 安徽

三、简答题

上网查询，目前我国都形成了哪些具有特色的纺织产业基地。

四、填图活动

在图中标出我国棉、毛、丝、麻和化纤纺织工业的主产省区。

中国地图

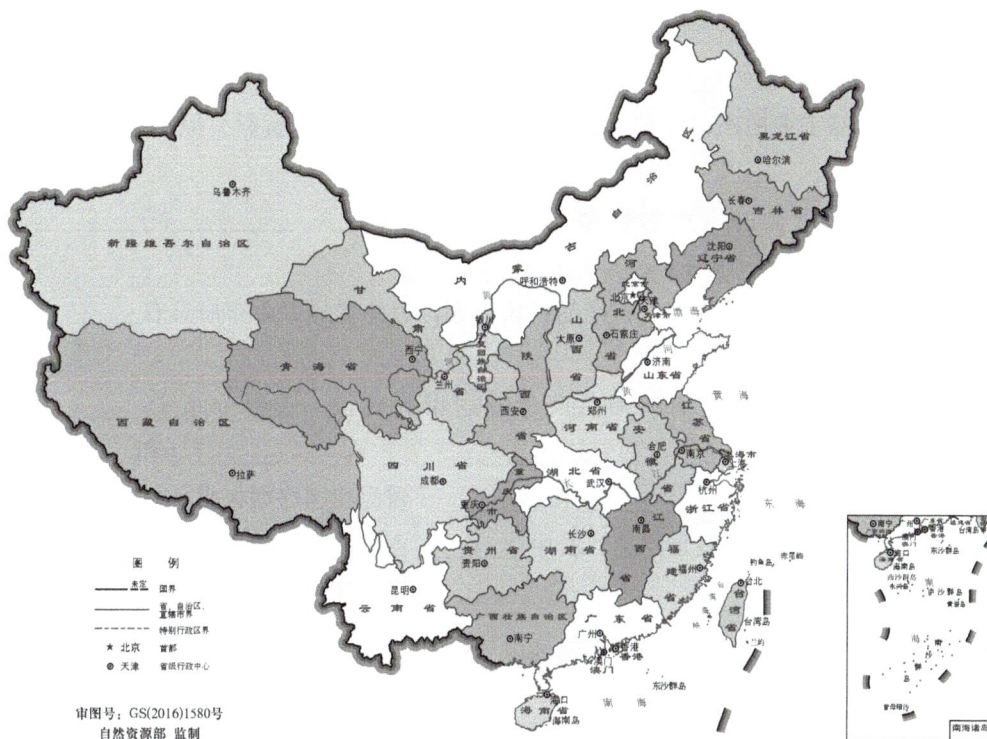

图例
- 素宝 国界
- 首都行政区界
- 种制行政区界
- ★ 北京 首都
- ◎ 天津 省级行政中心

审图号：GS(2016)1580号
自然资源部 监制

学习评价

被考评人	
考评地点	
考评内容	主要纺织原料的产地

考评标准	内　　容	分值／分	自我评价／分	小组评议／分	实际得分／分
	列举纺织工业的原料来源	10			
	在地图上标注出我国棉花的主产省区	20			
	在地图上标注出我国丝绸的主产省区	20			
	在地图上标注出我国羊毛的主产省区	20			
	在市场上调查50件服装的产地并标注在地图上，分析我国纺织工业的布局特点	30			
合　　计		100			

注：1. 实际得分 = 自我评价 40%＋ 小组评议 60%。

2. 考评满分为 100 分，60 ～ 74 分为及格；75 ～ 84 分为良好；85 分以上为优秀（包括 85 分）。

综合实训模块二　食 品 工 业

一、填空题

（1）食品工业的产品主要是人类赖以生存的_____资料，原料来源主要是_____产品。

（2）我国海盐的主产区包括_____、_____、_____、_____、_____和_____盐场。

（3）食品工业原料来源广，产品销售普遍，因此食品工业布局具有_____的特点。

（4）我国烤烟种植面积和总产量都居世界首位，主要分布于_____、_____、_____、_____、_____、_____、_____和_____8省市。其中，_____、_____和_____3省为我国烤烟大省。

（5）我国饮料工业发展迅速，其中_____省饮料产量居全国首位。

二、选择题

（1）（　　）一般趋向原料产地布局。

    A. 制糖工业　　　　　　　　　B. 乳制品加工

    C. 糕点加工　　　　　　　　　D. 榨油工业

    E. 肉制品加工

（2）（　　）一般趋向消费区布局。

    A. 榨油工业　　　　　　　　　B. 乳制品加工

    C. 碾米工业　　　　　　　　　D. 肉制品加工

    E. 制盐工业

（3）（　　）的布局同时受原料和消费因素影响。

    A. 制盐工业　　　　　　　　　B. 制糖工业

    C. 酿酒工业　　　　　　　　　D. 碾米工业

    E. 肉制品加工

（4）我国海盐产量最大的省份是（　　）。

    A. 浙江　　　　B. 山东　　　　C. 河北　　　　D. 辽宁

    E. 海南岛

三、简答题

（1）我国制糖工业的布局有何特点？

（2）我国食品工业的未来发展趋势是什么？

四、填图活动

在图中标出我国海盐、制糖和卷烟工业的主产省区。

中国地图

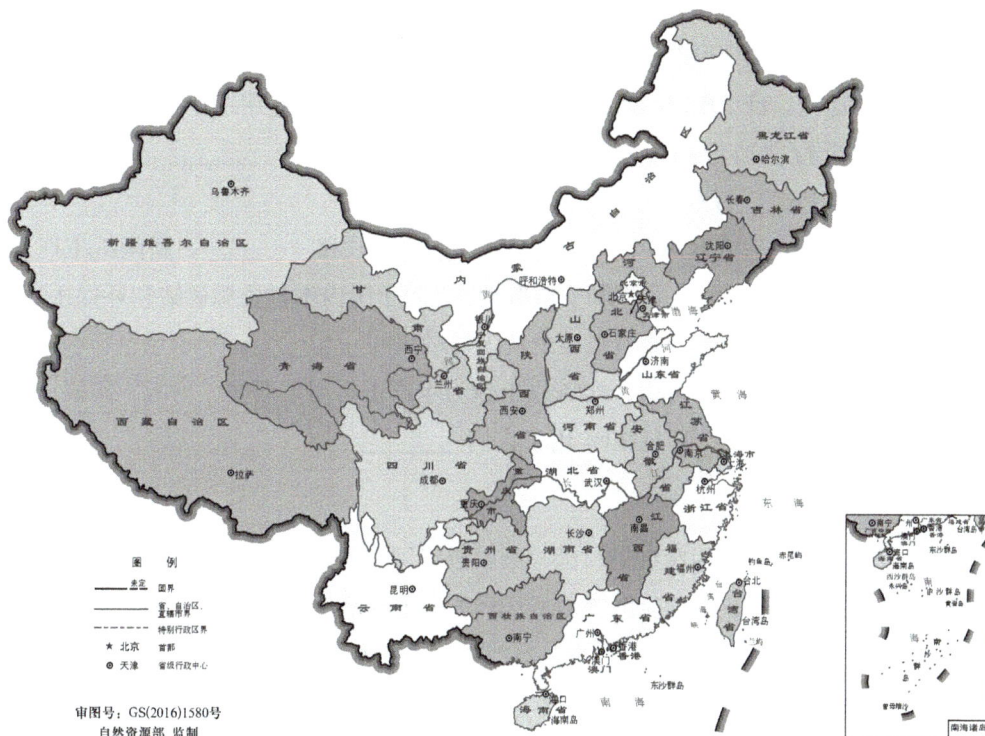

审图号：GS(2016)1580号
自然资源部 监制

学习评价

被考评人					
考评地点					
考评内容	调查当地各类食品的产地和物流流向				
考评标准	内　　容	分值 / 分	自我评价 / 分	小组评议 / 分	实际得分 / 分
	举例说明食品工业的布局原则	20			
	到市场调查糖、盐、茶、烟、酒以及罐头、糖果、糕点、肉类、乳类产品的产地，填图并找出其分布规律	80			
	合　　计	100			

注：1. 实际得分 = 自我评价 40% + 小组评议 60%。
　　2. 考评满分为 100 分，60～74 分为及格；75～84 分为良好；85 分以上为优秀（包括 85 分）。

综合实训模块三　造 纸 工 业

一、填空题

（1）目前，我国已成为全球纸制品产销大国，造纸_____和_____已经跃居世界首位。自 2013 年以来，我国已成为全球_____用纸产量最大的国家。

（2）造纸行业按产品用途的不同可分为_____、_____、_____、_____和_____行业。

（3）我国三大造纸区域包括_____、_____和_____。新闻纸主产于_____、_____、_____和安徽等地。受制于国内木材资源稀缺和环保压力，近十年来，我国新闻纸生产原料主要是从国外进口的_____。

（4）我国的纸制品总量中，80% 以上作为生产资料用于新闻、出版、印刷、商品包装和其他工业领域，不足 20% 用于人们_____。

二、选择题

（1）作为全球最大的废纸进口国与纸浆进口国，我国造纸行业需求的原材料一直处于供不应求的状态，目前仍然是（　　）占主导地位。

    A. 木纸浆　　　　　　　　　　B. 木叶浆

    C. 化机浆　　　　　　　　　　D. 废纸浆

（2）在省份上看，我国广东、山东以及（　　）为主要造纸产区。

    A. 福建　　　　　B. 浙江　　　　C. 福建　　　　　D. 广西

（3）2018 年，我国东部地区 11 个省（区、市）的纸及纸板产量占全国纸及纸板产量比例为（　　）。

    A. 80% 以上　　　　　　　　　B. 70% 以上

    C. 60% 以上　　　　　　　　　D. 50% 以上

三、简答题

（1）进行市场调查，列出至少 20 种生活用纸的品牌及生产地，统计本地产品和外埠产品的比例是多少。

（2）试分析我国东、中、西部纸品生产和消费的发展有什么特点。

四、填图活动

在图中标出我国四大生活用纸企业的生产基地，并说明我国生活用纸生产分布的特点。

中国地图

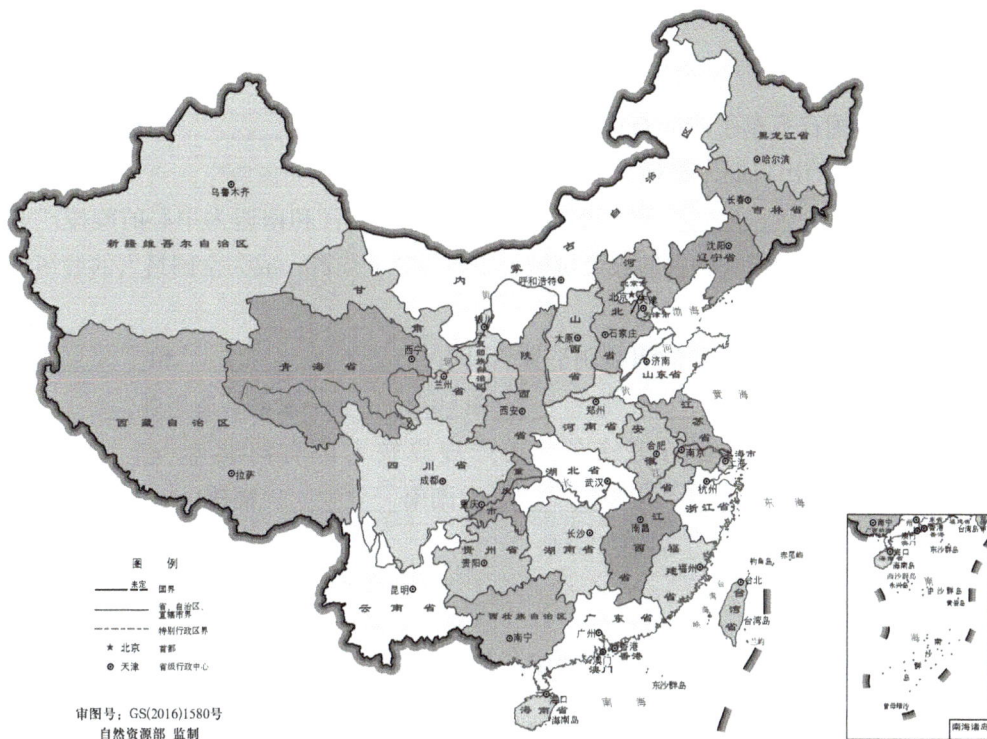

图 例

—— 国界

⋯⋯ 省、自治区、
直辖市界

——— 特别行政区界

★ 北京　首都

◎ 天津　省级行政中心

审图号：GS(2016)1580号

自然资源部 监制

⇩ 学习评价

被考评人					
考评地点					
考评内容	造纸工业的分布				
考评标准	内　　容	分值 / 分	自我评价 / 分	小组评议 / 分	实际得分 / 分
	列举造纸工业的原料	20			
	在地图上正确填出各省区的主要纸制品	40			
	在地图上正确填出我国主要造纸工业原料生产省区的分布	40			
合　　计		100			

注：1. 实际得分 = 自我评价 40% + 小组评议 60%。

　　2. 考评满分为 100 分，60 ～ 74 分为及格；75 ～ 84 分为良好；85 分以上为优秀（包括 85 分）。

综合实训模块四　日用品工业

一、填空题

（1）我国自行车生产分布呈_____、_____和_____三足鼎立之势，以广东、深圳的出口能力最强。

（2）_____已经形成一个以扬州、靖江和南通为中心的旋梭产业带。_____缝纫机及相关的服装机械、织布等企业集群，成为全国最大的缝纫机生产基地和出口基地。

（3）家电行业是典型的组装制造业，具有_____、_____和_____等特点，在我国形成了_____、_____和_____3个家电制造集群。

（4）我国陶瓷产业历史悠久，生产规模较大的有河北_____、广东_____、江西_____、山东_____、湖南_____、福建_____、浙江_____和江苏_____等陶瓷名城。

二、选择题

（1）我国电动自行车产业的主要生产基地有（　　　）。
A. 上海　　　　B. 台州　　　　C. 无锡　　　　D. 天津
E. 河北

（2）（　　　）已经成为我国最大的中厚料缝纫机生产基地、台板生产基地和机针生产基地。
A. 广东　　　　B. 浙江　　　　C. 江苏　　　　D. 天津
E. 河北

（3）（　　　）和（　　　）分别是我国钟、表产业生产和出口的最大基地。
A. 上海　　　　B. 天津　　　　C. 北京　　　　D. 福建
E. 广东

（4）（　　　）生产的骨质瓷和卫生洁具水平最高、规模最大；（　　　）主要生产墙地砖；（　　　）主要生产日用瓷、艺术陈设瓷；（　　　）的黑瓷，风格朴实，是北方一带的生活用瓷；（　　　）瓷器一直以"薄如纸，声如磬"而闻名于世。
A. 淄博　　　　B. 景德镇　　　　C. 潮州　　　　D. 唐山
E. 佛山

三、简答题

（1）我国日用机械工业的生产布局有何特点？

（2）我国家电工业的生产布局有何特点？

四、案例分析

分析下面四种工业布局模式图，根据影响工业部门分布的因素，判断下列各组排列正确的是（　　　）。

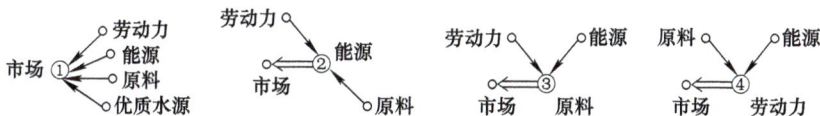

A. ①炼铝厂　　②制糖厂　　③家用电器厂　　④啤酒厂
B. ①啤酒厂　　②家用电器厂　　③制糖厂　　④炼铝厂
C. ①制糖厂　　②家用电器厂　　③炼铝厂　　④啤酒厂
D. ①啤酒厂　　②炼铝厂　　③制糖厂　　④家用电器厂

学习评价

被考评人					
考评地点					
考评内容	日用品的主产地和物流流向				
考评标准	内　　容	分值 / 分	自我评价 / 分	小组评议 / 分	实际得分 / 分
	调查自己家庭使用的日用品的生产地（不少于 15 种）	100			
	合　　计	100			

注：1. 实际得分 = 自我评价 40%+ 小组评议 60%。
　　2. 考评满分为 100 分，60～74 分为及格；75～84 分为良好；85 分以上为优秀（包括 85 分）。

第四单元　重工业物流地理

综合实训模块一　我国重工业发展概述

一、填空题

（1）随着改革开放和社会主义市场经济的逐步确立，市场机制在我国重工业的_____、_____和_____中开始发挥主导作用。

（2）今后我国重工业应努力走出一条_____、_____、_____、_____、环境美好的新型重工业发展道路。

（3）西北和西南的广大地区，特别是能源富集地区，重点发展的是_____。

（4）长江将全国三个工业、城市、人口聚集地区，即以上海为中心的_____地区、_____地区和_____地区连接在一起，促进了我国东中西三个地带之间社会经济的合作和协调发展。

（5）运量较小、运费在商品总销售成本中的比重较低的电子工业、精细化工及许多轻工生产，它们的布点更多地取决于_____、_____、_____及投资来源等。

二、选择题

（1）进行重工业布局时，首要考虑的因素是（　　）。

　　A. 技术因素　　　　　　　　B. 自然因素

　　C. 运输因素　　　　　　　　D. 地理区位因素

（2）根据你所掌握的重工业知识，下列社会产业属于重工业的有（　　）。

　　A. 水力发电业　　B. 餐饮服务业　　C. 炼钢业　　D. 硫酸制造业

　　E. 服装生产业　　F. 化肥制造业　　G. 食品业　　H. 水泥制造业

　　I. 起重机械制造业　J. 日用品制造业　K. 家电制造业　L. 金融业

　　M. 汽车生产业　　N. 光学仪器生产业　O. 渔业　　P. 交通运输业

三、简答题

（1）重工业主要包括哪些部门？找出你较熟悉的一种说说你对它的了解。

（2）当前我国主要促进重工业发展的因素有哪些？

（3）列举一些我国当前重工业比较发达的地区。

学习评价

被考评人				
考评地点				
考评内容	重工业布局基础知识			
考评标准	内　容	分值/分	自我评价/分	小组评议/分	实际得分/分
	举例说明重工业主要包括哪些部门	50			
	举例说明重工业两种布局模式的特点	50			
	合　计	100			

注：1. 实际得分 = 自我评价 40%+ 小组评议 60%。

　　2. 考评满分为 100 分，60～74 分为及格；75～84 分为良好；85 分以上为优秀（包括 85 分）。

综合实训模块二 能 源 工 业

一、填空题

（1）能源的_____和_____是衡量一个国家和地区经济发展水平的重要标志。

（2）今后能源的发展利用方向是_____、_____和_____。

（3）_____、_____、_____是我国的三大支柱能源。

（4）2019年，_____3个省区原煤产量大约占全国原煤总产量的70%。

（5）我国动力煤主要分布在_____，_____储量最多，约占全国动力煤储量的1/3。炼焦煤主要集中在_____。

（6）随着我国煤炭产能格局的变化，我国煤炭供需地由过去的_____向区块_____转变。

（7）我国陆域石油资源主要分布在_____、_____、_____、_____、_____、_____、_____和东海陆架盆地；我国陆域天然气资源主要产于_____、_____、_____、_____、_____和_____，占全国总量的80%以上。

（8）七大石化产业基地全部布局于_____重点开发地区，正在形成_____、_____和_____三大以大炼化为龙头、以高端制造业为核心、区域经济协同发展的世界级产业集群。

（9）中国西部12个省区水力资源约占全国总量的80%，尤其集中在西南地区的_____、_____、_____、_____、_____5个省（市、区）。

二、选择题

（1）根据能源的定义，下列属于能源范围的有（　　　）。

A. 电　　　　　　B. 煤　　　　　　C. 铁矿石　　　　D. 公路

E. 石油　　　　　F. 风力　　　　　G. 家具　　　　　H. 黄金

I. 地热　　　　　J. 日用品　　　　K. 水　　　　　　L. 阳光

（2）下面资源属于一次能源的是（　　　），属于二次能源的是（　　　），属于常规能源的是（　　　），属于清洁能源的是（　　　），属于可再生能源的是（　　　）。

A. 煤　　　　　　B. 石油　　　　　C. 天然气　　　　D. 风能

E. 核能　　　　　F. 地热能　　　　G. 太阳能

（3）在我国的一次能源结构中占据首要位置的是（　　　）。

A. 煤　　　　　　B. 石油　　　　　C. 天然气　　　　D. 水力

（4）（　　　）是我国已探明储量最大的整装煤田，占全国已探明储量的1/4，属世界八大煤田之一。

  A. 蒙东煤田　　　　　　　　　B. 神东煤田

  C. 晋北煤田　　　　　　　　　D. 晋东煤田

（5）（　　）是我国最大和最重要的优质无烟煤生产基地。

  A. 蒙东基地　　　　　　　　　B. 晋东基地

  C. 神东基地　　　　　　　　　D. 鲁西基地

（6）（　　）是我国重要的主焦煤和动力煤生产基地，也是我国重要的冶炼焦精煤生产基地。

  A. 大同煤矿　　　B. 元宝山煤矿　　　C. 峰峰煤矿　　　D. 平顶山煤矿

（7）（　　）是我国最大的油田。

  A. 胜利油田　　　　　　　　　B. 长庆油田

  C. 克拉玛依油田　　　　　　　D. 大庆油田

（8）属于清洁能源的有（　　　　）。（多选题）

  A. 煤炭　　　B. 石油　　　C. 水电　　　D. 太阳能

  E. 地热能　　　F. 风电

三、简答题

（1）列举出目前已被开发的能源类型。你知道还有其他尚未开发的能源类型吗？

（2）我国煤炭在资源分布、消费布局上有什么特征？

（3）简述我国煤炭运输的主要陆路通道和水路通道。

（4）为什么要西电东送？输送通道有哪些？

（5）简述我国炼化工业布局特点。

四、案例分析

  能源与人们的生活息息相关，同时能源行业对国民经济也有巨大影响。全球各国都在寻求节约能源的新方法，以减少能源损耗，同时积极寻找替代品、开发新能源。2009—2018 年我国能源生产结构见下表。

（单位：%）

年份	原煤	原油	天然气	水电、核电、风电
2009	76.8	9.4	4.0	9.8
2010	76.2	9.3	4.1	10.4
2011	77.8	8.5	4.1	9.6
2012	76.2	8.5	4.1	11.2

（续）

年份	原煤	原油	天然气	水电、核电、风电
2013	75.4	8.4	4.4	11.8
2014	73.6	8.4	4.7	13.3
2015	72.2	8.5	4.8	14.5
2016	69.6	8.2	5.3	16.9
2017	68.6	7.6	5.5	18.3
2018	68.3	7.2	5.7	18.8

【思考题】

（1）绘制我国 2009—2018 年原煤、原油生产比重柱状图，分析说明其能源生产结构的变化趋势。

（2）绘制我国 2009—2018 年天然气与水电、核电、风电生产折线图，分析说明其能源生产结构的变化趋势。

（3）结合我国能源消费的现状，分析说明我国未来能源生产发展的特点。

五、填图活动

请在下图中用箭头标出我国煤炭和石油资源的主要流向。

中国地图

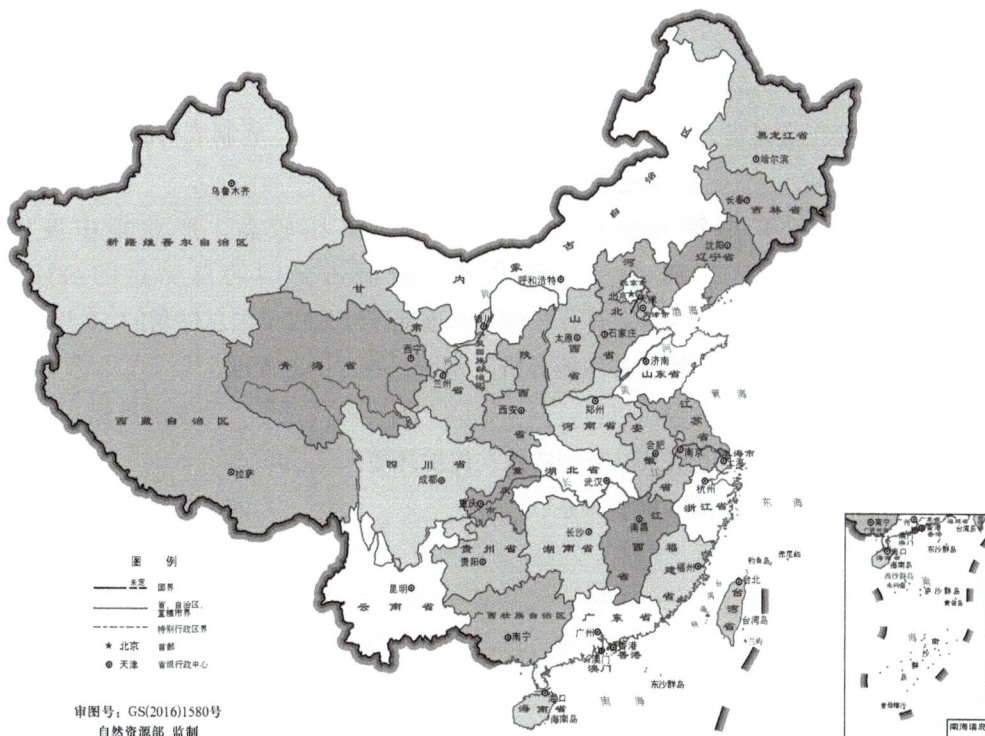

审图号：GS(2016)1580号
自然资源部 监制

⬇ 学习评价

被考评人					
考评地点					
考评内容		我国能源的种类、主产地和流向			
考评标准	内　容	分值/分	自我评价/分	小组评议/分	实际得分/分
	举例说明一次能源、二次能源、常规能源、新能源的分类和特点	25			
	查查你所在的地区出产哪些能源，有哪些大矿（煤油气电）	25			
	查查你所在的地区有哪些输出能源，输往何地（煤油气电）	25			
	查查你所在的地区有哪些能源输入，从何地输入（煤油气电）	25			
合　计		100			

注：1. 实际得分 = 自我评价 40%+ 小组评议 60%。
　　2. 考评满分为 100 分，60 ~ 74 分为及格；75 ~ 84 分为良好；85 分以上为优秀（包括 85 分）。

综合实训模块三　冶　金　工　业

一、填空题

（1）冶金工业是指开采、精选、烧结金属矿石以及冶炼、轧制成材的工业部门，包括_____和_____，黑色冶金工业又称钢铁工业。

（2）我国铁矿资源分布_____，_____矿山较多，产业集中度较低。_____、_____和_____三省铁矿资源占全国的总储量的 48%。_____是我国铁矿石资源的主要分布地区，该地区储量占全国总储量的 56.5%。

（3）选择钢铁工业厂地，首先要分析_____的可供应程度。

（4）我国的钢铁工业今后以_____、_____和_____为发展目标，同时更加注重走可持续发展道路，以节约资源，保护环境。

（5）有色金属工业的布局要求是：_____；_____；同时特别注意资源的综合开发利用和保护环境。

二、选择题

（1）（　　）省的炼焦煤储量最大，占全国总储量的 50% 以上。

　　A. 内蒙古　　　B. 河南　　　C. 陕西　　　D. 山西

（2）我国最重要的钢铁基地是（　　　）。

    A. 鞍本钢铁基地　　　　　　　　B. 京津唐钢铁基地

    C. 上海钢铁基地　　　　　　　　D. 武汉钢铁基地

（3）属于钢铁工业上游产业的有（　　　），下游产业的有（　　　）。

    A. 建筑　　　　　B. 汽车　　　　　C. 采矿　　　　　D. 耐火材料

    E. 金属制品　　　F. 交通运输　　　G. 造船

（4）既靠近煤矿，又靠近铁矿的钢铁工业基地有（　　　）；

    靠近铁矿，需大量调入煤矿的钢铁工业基地有（　　　）；

    靠近消费地的钢铁工业基地有（　　　）；

    靠近煤矿，需大量调入铁矿的钢铁工业基地有（　　　）。

    A. 武汉　　　　　B. 鞍山　　　　　C. 太原　　　　　D. 上海

    E. 抚顺　　　　　F. 包头　　　　　G. 北京　　　　　H. 攀枝花

    I. 广州　　　　　J. 唐山　　　　　K. 重庆

（5）（　　　）是我国最大的锡矿基地，被誉为"锡都"。

    A. 四川攀枝花　　B. 云南个旧　　C. 广西平果　　D. 甘肃金川

（6）属于我国铜加工中心的城市是（　　　）。

    A. 重庆　　　　　B. 包头　　　　C. 上海　　　　D. 吉林

三、简答题

（1）进行钢铁工业布局时要考虑哪些因素？

（2）目前，约束我国钢铁工业发展的因素有哪些？

（3）简述铜、铝、铅和锌等有色金属各自的重点应用领域。

四、案例分析

20世纪50年代，美国的钢铁产量超过1亿t，独霸全球。钢铁、汽车和建筑成为美国经济的三大支柱。20世纪70年代，日本钢产量达到1亿多t，超过了美国。随着信息产业的兴起，钢铁工业逐渐成为"夕阳产业"。一些发达国家一方面进行技术改造，同时大力发展新材料，控制钢铁产量。

2018年全球粗钢产量突破18亿t，再创历史新高，比2017年增加7000万t。全球粗钢产量增长主要归因于我国钢产量的上升，2018年我国粗钢产量9.3亿t，较上年增加5800万t。与发展中国家钢铁生产的蓬勃增长相比，近年来工业发达国家的钢产量出现不同程度的萎缩，美日韩及欧盟等国的钢产量均维持在了较低的水平。

【思考题】

（1）钢铁在国民经济中的发展有何重要作用？

（2）查阅有关资料，思考一下钢铁为什么已成为"夕阳产业"？成为"夕阳产业"的还有哪些部门？同时，又有哪些行业是"朝阳产业"？

（3）发达国家为什么要控制钢铁产量？我国钢铁产量居世界第一，你觉得我国应该控制钢铁产量吗？列举你的理由。

学习评价

被考评人					
考评地点					
考评内容	冶金工业布局				
考评标准	内　容	分值／分	自我评价／分	小组评议／分	实际得分／分
	在建材市场调查一下，看有哪些冶金工业的产品	30			
	举例说明冶金工业部门的布局条件（2～3 例）	40			
	试比较冶金工业产品与轻工业产品的区别，分析说明各自运输上存在的特点	30			
	合　计	100			

注：1. 实际得分 = 自我评价 40%+ 小组评议 60%。

　　2. 考评满分为 100 分，60～74 分为及格；75～84 分为良好；85 分以上为优秀（包括 85 分）。

综合实训模块四　化 学 工 业

一、填空题

（1）我国硝酸的消费主要用于化学工业，其次用于_____和_____。目前我国硝酸产量主要集中在_____，占到全国浓硝酸产量一半以上。

（2）盐酸被广泛应用于_____、_____、_____、_____、_____、_____等行业。我国盐酸生产主要集中在_____、_____及_____。

（3）我国磷化工产业布局极不均衡，形成了我国磷化工产业_____格局。

（4）我国是世界上化肥第一生产大国和消费大国。目前，我国使用的化肥主要为_____、_____、_____及_____。

（5）我国大约 86% 的资源型钾肥产能分布在_____；气头尿素生产基本围绕_____建造，主要分布在_____；而煤头尿素生产主要分布在山西、河南等地。

（6）我国磷肥主要生产地为_____、_____和_____，2018 年三省总产量占全国总产量的_____以上。

（7）煤化工产品的主要市场在我国东部经济较为发达的_____，包括_____、_____和_____等地。

（8）我国精细化工生产主要集中在_____、_____和_____。

二、选择题

（1）在布局时，应考虑趋近消费区的化工业产品是（　　　）。

    A. 纯碱产品　　B. 烧碱产品　　C. 酸产品　　D. 盐

（2）化学工业产品多具有易燃、易爆、易腐蚀的特性，所以在布局时应尽可能地接近（　　　）。

    A. 原料产地　　B. 能源产地　　C. 水源上游　　D. 消费地

（3）纯碱工业布局一般趋向于（　　　）。

    A. 原料产地　　B. 能源产地　　C. 消费地　　D. 水源地

（4）烧碱是一种具有强腐蚀性的强碱，（　　　）是我国烧碱生产第一大省。

    A. 江苏省　　B. 河南省　　C. 山东省　　D. 青海省

（5）2018 年，（　　　）是国内炼油产能最大的省份，炼油能力约占全国的 26%。

    A. 辽宁省　　B. 广东省　　C. 江苏省　　D. 山东省

（6）我国炼油工业分布于我国（　　　）一带。

    A. 东部及南部沿海　　　　　　B. 长三角

    C. 环渤海经济圈　　　　　　　D. 珠三角

三、简答题

（1）我国有机化学工业主要包括哪些行业？其主要生产地都分布在哪些地区或省份？其布局有何倾向性？

（2）我国化肥工业主要生产哪几种化肥？其各自的主要原料都是什么？其主要生产地的布局受哪些因素的影响？

四、案例分析

化工园区是政府支撑扶持形成的一体化产业区域网络，涵盖了供应商、制造商、分销商、支撑服务和基础设施提供商等合作供应链环节，政府投资、管制措施和税收活动均可促进该供应链上各环节之间的协作搭配关系，反过来，因此而产生的协同作用亦可进一步促进行业务运作、吸引投资，同时多方面增进园区的内部管理和战略方针。

如今，世界化学工业正在进行阶梯性的产业结构调整。兼并联合、规模超大型化、装置集中化和形成生产中心以及集中规模化发展已成为当今世界石化工业发展的主流趋势。化工园区无疑成为各国、各地区大力发展化工产业的重要形式。

每个化工园区因其客观地理位置、实际运作环境等多项因素，呈现出不同的特色。如美国休斯敦化工产业园区的产出占美国基础石化产品生产总量的 45% 以上；欧洲的化工园区以其多地点运作的丰富经验（德国切姆西特化工园区）、复兴原有产业设施（法兰克福工业园）等特色引人注目；新加坡裕廊岛石化园区则因其优势地理位置和毗邻亚洲石油产地的资源优势备受业界关注。但其基本特点是互通的，主要包括以下几个方面。

（1）地理位置优越，交通运输设施为其提供了发展的便利条件。

（2）园区内基础设施完善，为园区企业进一步拓展业务奠定基础。

（3）环保意识强，废弃物品处理设备到位。

（4）重视研发工作，重视对市场的研究预测等。

化工园区作为一种能源循环利用率高、污染小的发展形式，在我国迅速兴起。从 1995 年开始，我国各省、市开始兴建化工园区。经过数十年的发展，一些沿江、沿海经济相对发达的地区利用自身优势，大力发展化工园区，并向内陆辐射。特别是在我国加入 WTO 后，这种趋势更加明显。据统计，目前经省级以上人民政府批准设立的化工园区近 50 个，如杭州湾精细化工园区（见图 A-5）、惠州大亚湾石化工业区（见图 A-6）。

图 A-5　杭州湾精细化工园区

图 A-6　惠州大亚湾石化工业区

我国的化工园区大致可分为四种类型：①充分利用沿江沿海水资源丰富的条件及有深水码头的优势建设的化工园区，主要分布在长江三角洲和珠江三角洲一带。

这些园区依靠自身的有利条件及地域优势，吸引了许多境外企业包括跨国公司前来投资。②依托大型石化企业建设的化工园区，这类园区有利于实现资源的优化配置，建立上中下游的产品延伸加工，形成关联紧密的产业集群。③以老企业较雄厚的产业基础或特色产品为核心建设的化工园区，这些园区产业基础扎实，产品特色明显，对外商和其他投资者也有较强的吸引力。④结合城市发展规划，将原来分散在城区的化工企业集中搬迁而建设的化工园区，这些园区符合城市发展的总体要求，既有利于引进外资和技术，也有利于企业的发展。

化工园区的建设，克服了化工行业小而散、小而全、重复建设的弊端，逐步走向集约化、规模化，有效地利用了当地的资源，降低了生产和管理成本，为化工行业的发展做出了积极的贡献。

【思考题】

（1）什么是化工园区？化工园区有哪些优势？

（2）世界化学工业目前存在什么样的发展趋势？

（3）根据世界和我国化工园区的类型，总结出化工园区的布局特点。

学习评价

被考评人					
考评地点					
考评内容	化工产品布局特点				
考评标准	内　　容	分值 / 分	自我评价 / 分	小组评议 / 分	实际得分 / 分
	举例说明化工产品有何特点	50			
	举例说明化工产业布局有何特点	50			
	合　　计	100			

注：1. 实际得分 = 自我评价 40%+ 小组评议 60%。

2. 考评满分为 100 分，60 ～ 74 分为及格；75 ～ 84 分为良好；85 分以上为优秀（包括 85 分）。

综合实训模块五　建 材 工 业

一、填空题

（1）未来我国建材业着力于_____和_____，具有_____、_____、_____、_____和_____等概念的绿色建材将得到长足发展。

（2）_____、_____和_____是建筑中最多使用的三大材料。

（3）目前，我国水泥行业生产主要集中在东北、华北、西北、华东、中南以及西南六大区域。水泥消费增长呈现_____的特点。_____产能占比最大，市场集中度较高。

（4）目前，我国已形成广东_____建筑陶瓷生产基地，_____潮州日用、艺术、卫生陶瓷生产基地，_____、_____等日用陶瓷生产基地及_____艺术陶瓷生产基地。我国卫生陶瓷主产于_____、_____、_____和_____等地。

二、简答题

（1）建材工业中的"三个就近"是指什么？为什么要做到"三个就近"？

（2）指出在我国建材工业发展中有哪些促进和制约因素。

🔽 学习评价

被考评人				
考评地点				
考评内容	建材产品的分布规律			
	内　　容	分值 / 分	自我评价 / 分	小组评议 / 分	实际得分 / 分
考评标准	调查建材市场的产品的产地（20～30 种）	40			
	根据上述调查内容填图，注明产品产地和产品种类	30			
	根据上述调查内容分析建材产品的分布规律	30			
	合　　计	100			

注：1. 实际得分 = 自我评价 40% + 小组评议 60%。

　　2. 考评满分为 100 分，60～74 分为及格；75～84 分为良好；85 分以上为优秀（包括 85 分）。

综合实训模块六　机　械　工　业

一、填空题

（1）机械工业是制造各种机器设备的工业部门，称为_____。

（2）机械工业的布局要求一般是_____和_____。

（3）重型机械制造业主要有_____和_____两个重要基地。

（4）农机工业布局的主要依据是_____。

（5）_____、_____、_____和_____是我国四大航天发射基地。

二、选择题

（1）衡量一个国家工业化水平的标志是（   ）。

      A. 仪器仪表   B. 重型机械   C. 机床工具   D. 通用机械

（2）（   ）是我国产值最高的工业部门。

      A. 能源工业   B. 钢铁工业   C. 建材工业   D. 机械工业

三、案例分析

我国机械制造行业的发展

机械制造指从事各种动力机械、起重运输机械、化工机械、纺织机械、机床、工具、仪器、仪表及其他机械设备等生产的工业部门。机械制造业为整个国民经济提供技术装备，在国家行业中处于基础性地位，它同时也是一个国家的支柱型行业，能在很大程度上影响国民经济的发展。我国的机械制造行业发展很快，制造水平明显提升，并且在重视质量的基础上更加关注产品的技术创新，但行业整体水平仍然落后于西方发达国家。

我国机械制造行业呈现8个较为显著的特点，包括生产集约化、科技淘汰速度快、自主研发创新、强强联合资产重组、产业结构优化、标准国际化、差异化竞争、收缩应对金融危机等。我国机械制造行业正处于转型发展的产业状态，行业技术水平发展迅速，生产集中度高，市场准入度较大。

我国机械制造行业集中分布在长三角、珠三角和环渤海地区。长三角地区在我国各个方面的资源优势都非常显著，区域内部经济发展均衡，动态联系紧密，对外联系与金融发展水平居于全国之首；同时政策面上对于新兴产业发展的支持、进一步扩大开放的信号也相当明确。珠三角9市占据了广东制造业500强企业数量近九成，达到449家。其中，广州和深圳两个城市拥有全省数量最多的制造业500强企业，同时也是本省制造业百强企业主要集聚地。环渤海地区是我国极具国际竞争力的世界级制造业基地，目前环渤海地区智能制造产业以辽东半岛和山东半岛为核心区域。

【思考题】

（1）简述机械制造行业在国民经济中的地位。

（2）本文哪句话能概括说明我国机械制造行业的整体水平以及在世界上的地位。

（3）我国机械制造业集中分布于哪些地区？

学习评价

被考评人					
考评地点					
考评内容		机械工业产品的主产地			
考评标准	内　　容	分值 / 分	自我评价 / 分	小组评议 / 分	实际得分 / 分
	举例说明机械工业布局的特点	50			
	调查自己家庭的机械工业产品的产地（不少于 5 个）	50			
	合　　计	100			

注：1. 实际得分 = 自我评价 40%+ 小组评议 60%。

　　2. 考评满分为 100 分，60 ～ 74 分为及格；75 ～ 84 分为良好；85 分以上为优秀（包括 85 分）。

综合实训模块七　电 子 工 业

一、填空题

（1）信息产业的_____和_____，已成为衡量一个国家的经济、军事、科技和社会文化综合国力的重要标志之一。

（2）人类社会经历了机械化、电气化、数字化时代，正在向_____时代演变，_____、_____、_____等正在成为电子信息产业的重要发展趋势。

（3）中国是全球最大的消费电子产品_____、_____和_____。目前，_____省是我国电子制造业最发达的地区。

（4）我国的软件和计算机产业集群多依托于_____，主要分布在各_____城市和一些大型城市，其中_____、_____、_____、_____、_____等地的集群规模较大，发展较快。

（5）目前，我国电子工业的格局呈_____状态。

二、选择题

（1）（　　）是我国规模最大、发展最快的电子信息产品加工密集带。

　　A. 长江三角洲地区　　　　　　　B. 珠江三角洲地区

　　C. 环渤海湾地区　　　　　　　　D. 中西部地区

（2）关于电子信息产品说法正确的是（　　）。

　　A. 运输量大　　　　　　　　　　B. 受气候影响不大

　　C. 对电源要求高　　　　　　　　D. 体积较大

三、简答题

（1）电子信息产业布局受哪些因素的影响？

（2）沿海省市组成的电子工业带包括哪些地区？各自具有什么特色？

四、案例分析

我国芯片制造业的布局和发展

芯片，又称集成电路（Integrated Circuit，IC），是一种微型电子器件。芯片作为全球信息产业的基础与核心，被誉为"现代工业的粮食"，其应用领域广泛，在电子设备（如智能手机、电视机、计算机等）、通信、军事等方面广泛应用，对经济建设、社会发展和国家安全具有重要战略意义和核心关键作用，是衡量一个国家或地区现代化程度和综合实力的重要标志。

近年来，随着人工智能、智能驾驶、5G等新兴产业的不断发展，全球集成电路行业市场规模整体呈现增长趋势。根据中国半导体行业协会统计，2018年我国集成电路产业中最大的三类应用市场分别为网络通信领域、计算机领域及消费电子领域，合计占比79%。未来随着汽车智能化、电子化、自动化的不断发展，人工智能、物联网、5G等新兴产业的不断扩展，集成电路的市场规模将不断扩大、应用领域将不断延伸。

目前，国内集成电路产业的布局主要集中在以北京为核心的京津冀地区、以上海为核心的长三角地区、以深圳为核心的珠三角地区及以四川、湖北、安徽等地为核心的中西部地区。

1. 以北京为核心的京津冀地区，是国内集成电路设计业和制造业发展的核心地区。

（1）北京：2020年北京将重点发展集成电路产业，以设计为龙头，以装备为依托，以通用芯片、特色芯片制造为基础，打造集成电路产业链创新生态系统；深入落实5G产业发展行动方案，稳步推进5G通信网络建设等。而在多方推动下，北京也已经成为支撑我国集成电路产业创新发展的支柱力量。

（2）天津：天津致力打造国内领先的集成电路产业技术创新基地，并成功打造了一条令人瞩目的半导体芯片全产业链。这条链汇聚了中电科、中芯国际、中环、紫光、海光、美新半导体等行业龙头企业。目前，该产业链已在津投资84.3亿元，计划投资额达359.7亿元。

（3）河北：河北省将"固基强芯"作为本省的总体发展思路，规划石家庄市要重点发展微波集成电路设计、射频集成电路设计等，打造全国领先的专用集成电路设计制造基地。

2. 以上海为核心的长三角地区，是国内集成电路产业的核心区域，制造业和封测业的全国占比均超 50%。

（1）上海：上海的集成电路企业主要涉及芯片设计、芯片制造、设备材料、封装测试等领域，并已经形成了以张江高科技园区为主，以嘉定区、杨浦区、青浦区、漕河泾新兴技术开发区、松江经济技术开发区、金山区和临港地区为辅的产业格局。

（2）浙江：浙江省聚焦集成电路产业设计环节，其中杭州市致力打造集成电路设计创新之都。杭州市政府印发的《中国制造 2025 杭州行动纲要》制定的目标是加快集成电路芯片研发，提高国产化水平，并在集成电路发展专项行动中明确提出要做大做强集成电路设计产业。

（3）江苏：江苏省的发展定位主要是成为国内外知名的集成电路产业高地。江苏省目前已形成涵盖 EDA、设计、制造、封装、设备、材料等较为完整的集成电路产业链，汇集了众多知名集成电路企业。集成电路产业主要集中在苏南地区，苏南地区集成电路产业销售额约占江苏省销售总额的 80% 以上，形成了以无锡、苏州和南京等城市为中心的集成电路产业带。

3. 以深圳为核心的珠三角地区，是国内集成电路设计业发展的核心地区。

（1）深圳：从整个产业链发展情况看，设计业是深圳集成电路产业的支柱；另外，制造业和封测业持续稳定发展。至 2019 年，在全国集成电路设计业中，深圳占比为 29.05%，其中最近 5 年年增长率都超过了 25%，最近 3 年年增长率接近 30%，发展态势迅猛。

（2）广州：《广东省加快半导体及集成电路产业发展的若干意见》中指出，要优化发展芯片设计，提升产业优势；重点发展特色工艺制造，补齐产业短板；积极发展封测、设备及材料，完善产业链条。

4. 以重庆、湖北、安徽等为核心的中西部地区，是产业发展较为活跃的地区。

（1）重庆：重庆市欲打造我国集成电路产业"新一极"，建设集设计、制造、测试、封装于一体的集成电路全产业链。

（2）湖北：经过十多年的发展，目前湖北省集成电路产业链已初步形成。截至 2020 年年初，全省集成电路芯片设计、芯片制造、封装材料等相关企业有 200 多家，产业规模 300 多亿元，近 5 年来年均增速在 20% 以上。

（3）安徽：安徽省的发展定位是打造半导体产业高地，其中合肥欲打造中国 IC 之都。随着合肥晶合集成电路股份有限公司正式量产以及强势引进了一批台湾知名企业，初步形成了涵盖设计、制造、封装测试、材料、设备等较为完整的产业链，并带动其他高科技产业取得了良好的发展态势。

集成电路产业的发展新热点和未来核心产品将会集中在云计算、物联网、大数据、工业互联网、5G 等领域，人工智能和 AI 技术、无人机、新能源汽车、智能网联汽车、无人驾驶等也将成为集成电路的发展要地。

目前，缺少核心技术、集成电路制造业能力不足、国产芯片占有率较低，是阻碍我国集成电路产业快速发展的主要问题。

【思考题】

（1）我国促进集成电路发展的战略意义是什么？

（2）目前我国集成电路产业主要布局在哪些地区？核心城市有哪些？

（3）总体来看，我国集成电路产业主要趋向于东、中、西哪个地区？为什么？

（4）目前我国集成电路产业的发展存在的主要问题是什么？

学习评价

被考评人					
考评地点					
考评内容	电子信息产品布局特点				
考评标准	内　　容	分值／分	自我评价／分	小组评议／分	实际得分／分
	比较说明电子信息产品与其他重工业产品的区别	50			
	比较说明电子信息产品与其他重工业产品布局上的区别	50			
	合　　计	100			

注：1. 实际得分 = 自我评价 40%＋小组评议 60%。

　　2. 考评满分为 100 分，60 ～ 74 分为及格；75 ～ 84 分为良好；85 分以上为优秀（包括 85 分）。

综合实训模块八　重工业物流

一、填空题

（1）目前我国正逐渐形成以_____、_____、_____为骨干，联结全国已有的铁路干线，辐射_____、_____、_____的东西共进、南北呼应的_____铁路直达的煤炭物流运输网络。减少物流_____、减少煤炭市场的_____、减少对环境产生_____。

（2）水泥物流的"西材东送"的主要输出区域为_____、_____、

_____、_____及_____市场，因地处长江沿江市场，依托大型水泥生产企业的产能优势沿江发运至_____、_____、_____及_____等市场。

（3）我国化工品_____、_____大、_____、_____广泛，运输方式_____，促使我国化工物流业向一体化、专业化、信息化的方向发展。

二、选择题

（1）近年来，水泥（　　）运输越发成熟，水泥产品逐渐实现了长距离运输。

    A. 公路　　　　B. 铁路　　　　C. 航空　　　　D. 水路

（2）（　　）物流的"北材南下"的主要输出区域为辽宁、河北、山东及江苏市场，输入上海、浙江、福建等地。

    A. 煤炭　　　　B. 石油　　　　C. 水泥　　　　D. 危险品

（3）我国以石油、天然气等为基础原材料的化工产业，有（　　）以上的危险品货物需要异地运输。

    A. 95%　　　　B. 80%　　　　C. 60%　　　　D. 45%

三、简答题

（1）简述我国煤炭产销特点和煤炭物流的基本特点。

（2）简述我国化工物流的特点。

四、案例分析

我国化工行业物流的发展

化工行业物流服务对象主要是化工产品，相对于其他行业的物流，化工物流有着很多特殊性。化工行业物流设施主要包括码头、管道、储罐、仓库以及公路和铁路等。码头主要是为运输原料和产品的船舶提供停靠作用；管道主要进行液态或气态的油品、天然气、化工品的传输；而储罐和仓库主要储存不同形态的油品、天然气或化工品。

目前，现代化的专业码头和化工物流园已经在沿海经济区的化工园区周围逐渐建立起来。例如上海市金山区建立的漕泾化工物流园区和亭林综合物流园区，及其配套的仓储基地和专业物流中心。与此同时，上海、天津、常州和江西等地也建立起了危险化学品交易市场，这些交易市场专门从事危险化学品的集中交易、专业储存和统一配送的工作。这些危险化学品集中交易市场的建立充分反映出了我国危险化学品仓储集中度逐渐提高的特点。

随着信息技术的发展，我国大型石化企业利用信息化管理平台大大提升了化工物流的管理水平。如中国石化建立的物流管理信息系统覆盖了公司本部、华东、华南、华北、华中区域的分公司以及外部的承运商、仓储服务商等上下游相关企业，涵盖了物流订单的生成、运输委托、发运、运输、卸货、入库、出库、配送回单、物流费用的结算等一系列业务，实现了化工物流的计划管理和运行管理，拓展了物流分析和综合展示的功能。通过信息技术的辅助作用，企业能全面掌控化工产品的物流动态，实现了物流管理的精细化，同时也提高了企业面对突发状况的应急反应能力，为企业运营的安全性和高效性提供了坚实的保障，也为企业快速响应市场需求提供了有效的支持。

我国化工园区的发展建设多处于沿海、沿江、化工经济重点区域和化工资源产地，这些地区临近港口码头和公路铁路交通要道，为仓储物流发展提供了便利条件；而丰富的资源和高密度的石油化工企业，也为仓储企业提供了充足的货源和稳定的市场需求和发展空间。根据我国现行政策，所有新建和搬迁的危化品生产、储存企业必须进入专业化工园区，化工园区已成为危化品仓储企业生存发展的主要载体。

我国作为化工物流大国，对基础化工产品及危化品物流具有庞大的需求，出于对目前国内宏观经济形势及国际贸易环境因素的考量，预计我国化工产品货运量将进入低速增长阶段。同时，鉴于国家政策上对危化品物流行业愈加严格的规范要求，每年有大量的违规企业遭到查处，对该行业的投资必须以高标准来建设安全合规的危化品物流体系。

【思考题】

（1）我国化工行业物流有何特点？

（2）我国化工园区的布局有何特点？为什么？

（3）我国石化化工物流企业对提高物流管理效率采取了哪些措施？

学习评价

被考评人					
考评地点					
考评内容	物流成本的构成				
考评标准	内　　容	分值 / 分	自我评价 / 分	小组评议 / 分	实际得分 / 分
	举例说明减少物流成本的措施	100			
	合　　计	100			

注：1. 实际得分 = 自我评价 40%+ 小组评议 60%。

　　2. 考评满分为 100 分，60 ～ 74 分为及格；75 ～ 84 分为良好；85 分以上为优秀（包括 85 分）。

第五单元　运输业物流地理

综合实训模块一　物流运输业概述

一、填空题

（1）交通运输是指使用设备和工具，将物品或人从一个地点向另一地点运送的物流活动。其中包括_____、_____、_____和_____等一系列操作。

（2）按照运输设备及运输工具划分的运输方式有_____、_____、_____、_____和_____。按照运输线路划分的运输方式有_____和_____。按照运输的协作程度划分的运输方式有_____和_____。

（3）不合理运输的主要形式有_____、_____、_____、_____、_____和_____。

（4）对运输合理化起决定作用的影响因素有_____、_____、_____和_____。

（5）实行合理化运输的有效措施有_____、_____、_____、_____、_____和_____。

二、简答题

目前存在哪几种运输方式，它们各有何优点和缺点？

三、案例分析

某物流信息平台发布了以下物流运输业务信息（见表 A-1）：

表 A-1　物流运输业务信息

出发地→到达地	货物名称	运输类型	重量	体积
广西南宁武鸣区→广东肇庆怀集县	农具	物流公司	210kg	0.25m³
云南昆明→浙江温州龙湾区	化工产品	整车配货	30t	不详
云南昆明→山东济南	服装鞋包	整车配货	30t	不详
安徽马鞍山博望区→四川宜宾叙州区	设备	物流公司	2.1t	不详
云南昆明→北京东城区	化工产品	整车配货	30t	不详
江苏无锡江阴市→浙江绍兴越城区	绞纱	整车配货	1.2t	不详

【思考题】

分小组讨论每个物流运输项目有何特点，并查询地图上相关的运输线路，设计出合理的运输方案。

（1）请选择合理的运输工具，并说明理由。

（2）查询地图，选择合理的运输线路，写出线路名称和依次经过的主要站点。

学习评价

被考评人					
考评地点					
考评内容	运输方式的特点				
	内　　容	分值/分	自我评价/分	小组评议/分	实际得分/分
考评标准	列举五种运输方式的优缺点	40			
	举例说明任意五种不合理运输现象	30			
	举例说明联运的形式	30			
合　　计		100			

注：1. 实际得分 = 自我评价 40%+ 小组评议 60%。

　　2. 考评满分为 100 分，60～74 分为及格；75～84 分为良好；85 分以上为优秀（包括 85 分）。

综合实训模块二　铁 路 运 输

一、填空题

（1）影响铁路运输的三要素为_____、_____和_____。

（2）铁路运输的特点为_____、_____、_____和_____。因此，铁路运输最适合进行_____的运输。

（3）铁路枢纽是指多条铁路干线_____处，是铁路运输网络中的_____。四通八达的铁路运输网络是由一些规模大小不等、性质存在差异的_____与其连接的_____共同组成的。

（4）铁路枢纽的类型包括_____、_____、_____、_____和_____。

二、简答题

（1）我国铁路网布局的"八纵八横"指的是哪些铁路线？

（2）铁路枢纽的作用和功能是什么？

三、填图活动

在空白图 A-7 上画出我国"八纵八横"铁路通道和重点铁路枢纽。

中国地图

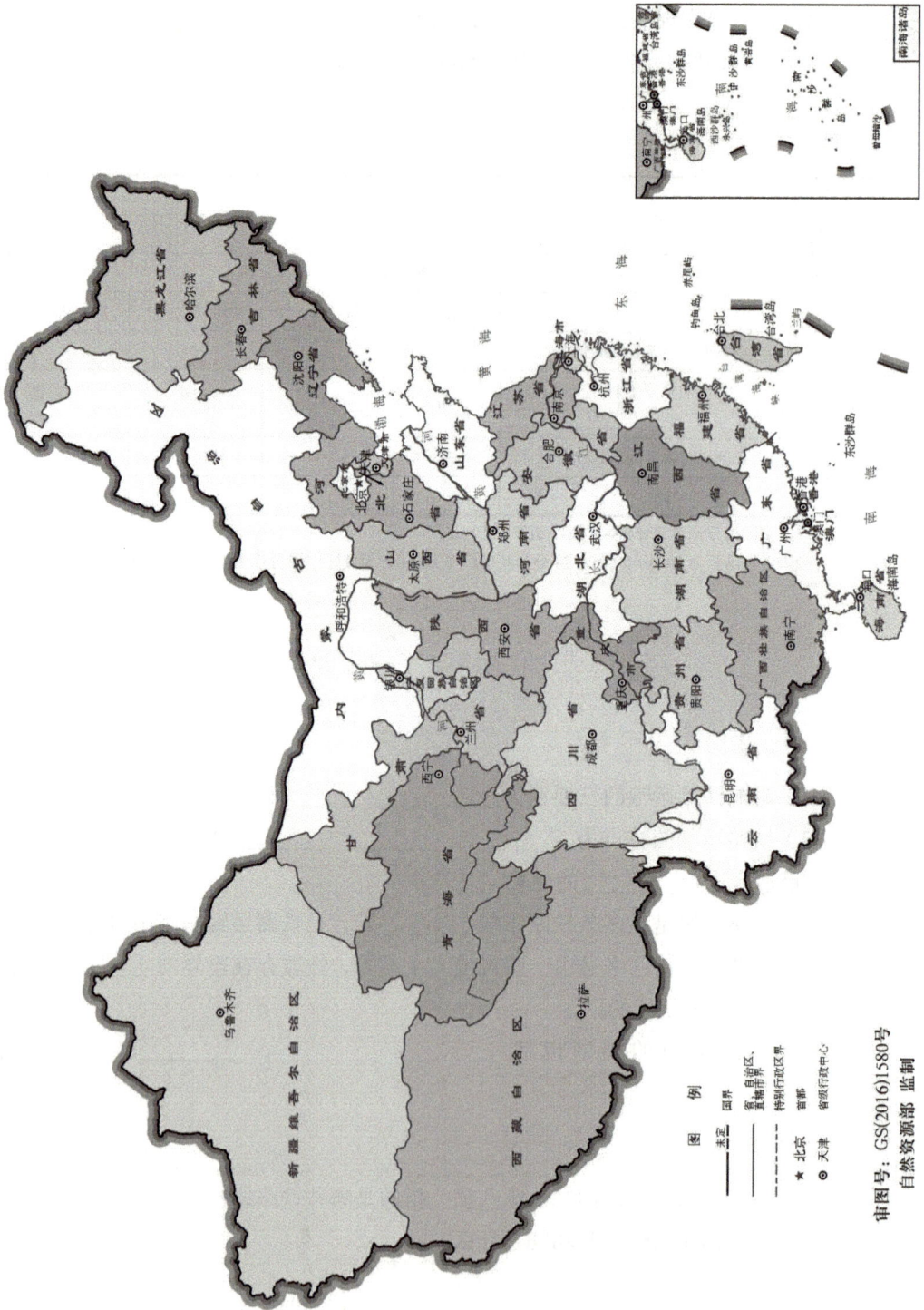

图 A-7 我国行政区图

图　例

―――　国界

―――　自治区、直辖市界

―――　特别行政区界

★　　北京　　首都

◎　　天津　　省级行政中心

审图号：GS(2016)1580号　自然资源部 监制

四、案例分析

铁路心脏——郑州铁路枢纽

郑州是河南省省会，处于我国地理位置的中心，区位优势得天独厚，交通网络四通八达，铁路、公路、航空构成了通达便捷的立体交通体系。郑州拥有亚洲最大的列车编组站、我国境内最大的铁路集装箱货运中心，是国内普通铁路和高速铁路的"双十字"中心，形成了以郑州为中心的中原城市群"半小时经济圈"、中原经济区"1 小时经济圈"和全国"3 小时经济圈"。

一、铁路网

郑州是我国普通铁路和高速铁路网中唯一的"双十字"中心，形成了衔接石家庄、济南、徐州、合肥、武汉、重庆、西安、太原等 8 个方向，京广、徐兰、郑万、郑太、郑阜、郑济、京广、陇海等铁路干线以及郑州 - 开封、郑州 - 洛阳等城际铁路引入的环形放射状大型铁路枢纽。

以郑州为中心，"高铁两小时经济圈"已覆盖半径 500km、人口 4.08 亿、近三分之一的经济总量，郑州正在成为全国重要的"米"字形高铁交通轴（见图 A-8），与国家快速铁路网有机衔接，形成以郑州为中心连南贯北、承东启西的"四面八方"轴带发展格局，实现覆盖半径 700km、人口 7.2 亿的"高铁两小时经济圈"。

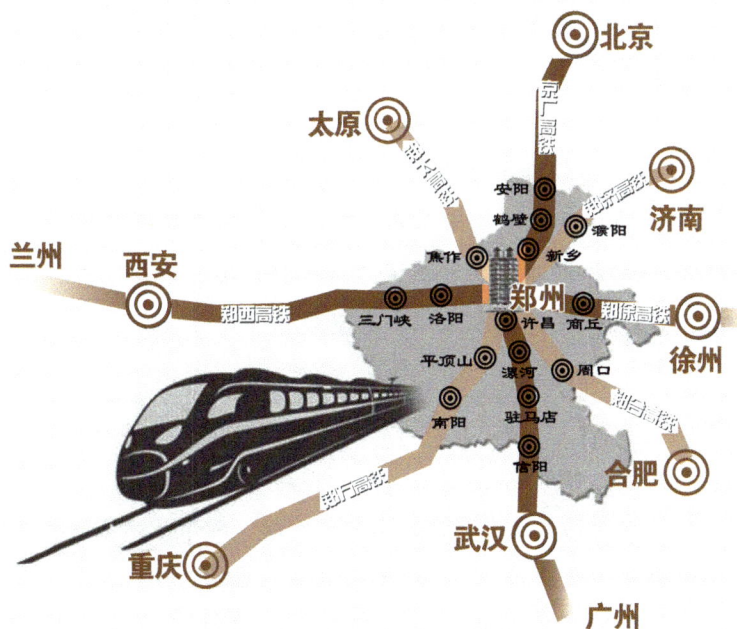

图 A-8　郑州——"米"字形高铁枢纽

二、国际铁路班列

郑欧班列由郑州铁路集装箱货运中心站始发，经新疆阿拉山口出境，途经哈萨克斯坦、俄罗斯、白俄罗斯和波兰后到达德国汉堡。途经 5 个国家，历经 2 次转关、2 次换轨，全程 10 214km，运行时间 11 天至 15 天，比走海运到欧洲节省 20 天时间（见图 A-9）。

图 A-9　郑欧班列

郑欧班列目的地站点从原来的波兰马拉舍维奇站、德国汉堡站、德国杜伊斯堡站 3 个站点，相继增加了波兰华沙站、捷克布拉格站、意大利米兰站、法国巴黎站等。

郑欧班列货源辐射超过全国半数省、直辖市，集货半径超过 1 500km，并辐射 2 000km 的地域，基本形成了以长三角、珠三角、环渤海经济圈和东北老工业基地作为基础货源地的格局。货物种类涵盖传统轻纺类、汽车配件、工程机械、医疗器械等工业产品，以及笔记本电脑、移动硬盘等电子类产品。郑州已逐渐成为亚太区域物流中转分拨中心。

三、火车站

郑州有四个火车站，分别是郑州站、郑州西站、郑州东站和郑州北站。郑州站是最大行包中转站，郑州西站是郑西高铁上的中间站，郑州东站是亚洲规模最大的高铁站之一，而郑州北站是亚洲最大的列车编组站（见图 A-10）。

郑州东站是郑西高铁、京广高铁、郑徐高铁、郑合高铁、郑渝高铁、郑太高铁、郑济高铁、郑贵高铁、郑银高铁、郑青高铁等国家高铁干线的始发站，同时又是郑开城际铁路、郑焦城际铁路、郑机城际铁路、郑洛城际铁路、郑许城际铁路、郑新城际铁路、郑平城际铁路等中原城市群城际轨道交通网络的始发站，郑州地铁1号线、郑州地铁5号线、郑州地铁8号线等城市轨道交通在此接驳换乘。

图 A-10 郑州北站

铁路编组站是铁路枢纽的核心，是车流集散和列车解编的基地，常有"列车工厂"之称。郑州北站编组场内有各种线路228条，平均每天接发车500列左右，日均办理车数达3万辆，高峰时期办理列车数达3.6万辆以上。主要担负着南北京广、东西陇海四个方向货物列车和郑州枢纽地区小运转列车的到达、解体、编组及出发作业和装载鲜活易腐货物车辆的加冰上水任务。

依据《河南省"十三五"现代综合交通运输体系发展规划》和郑州市城市总体规划，郑州铁路枢纽要规划建设货运外环线，优化铁路货运布局。京广铁路和陇海铁路郑州城区段要进行全面改造，使之成为纯客运线，最大程度减轻铁路线对城区的交通分隔。同时，全国最大的铁路货运站——郑州圃田西站（原陇海铁路郑州东站）和全国最大的铁路编组站——郑州北站都要迁出郑州城区。

【思考题】

（1）查询地图，列举出郑州铁路枢纽有哪些铁路线路通过，其起止点都位于哪些省份和城市。

（2）郑州铁路枢纽站都包括哪些车站？各站属于哪种类型的铁路枢纽？分别承担着哪些功能？

（3）在 Internet 上搜索星球研究所发布的"什么是郑州？"谈一谈你的感想。

学习评价

被考评人					
考评地点					
考评内容		我国铁路通道的分布			
考评标准	内　　容	分值 / 分	自我评价 / 分	小组评议 / 分	实际得分 / 分
	在地图上正确描绘出"八纵八横"铁路通道示意图，能正确标示铁路干线名称	80			
	在地图上正确标示出我国八大铁路枢纽	20			
合　　计		100			

注：1. 实际得分 = 自我评价 40%+ 小组评议 60%。

2. 考评满分为 100 分，60～74 分为及格；75～84 分为良好；85 分以上为优秀（包括 85 分）。

综合实训模块三　公 路 运 输

一、填空题

（1）汽车货运的种类有_____、_____、_____和_____。

（2）公路运输多适合于中（通常运距为_____km）、短（通常运距为_____km）途运输。

（3）全国有 70 条干线公路被划定为国道，分成三个序列：①以_____为中心的_____国道，其编号为_____。②_____走向国道（_____国道），其编号为_____。③_____走向国道（_____国道），其编号为_____。

（4）高速公路是一种专供汽车_____、_____行驶，_____的多车道公路。

二、简答题

简述我国公路运输的特点。

三、案例分析

高速公路建设为新泰区域经济发展带来新机遇

山东省董梁高速公路东起青岛港董家口港区，西至梁山与河南省台前县交界处，全长 109.77km，设计时速 120km/h。董梁高速公路已于 2020 年 10 月底建成通车。通车后不仅终结新泰与宁阳两地之间无直通高速公路连接的历史，还将新泰与宁阳之间的通达时间从过去的 2h 缩短为 1h 左右，相隔百里的"远亲"终成"近邻"。通车前，新泰到枣庄需绕道临沂，路程需要 3h；通车后新泰可以直达枣庄，通达时间缩短一半。

董梁高速公路是山东省"九纵五横一环七连"高速公路网中的"横四"线，也是联系东部沿海发达地区与中西部地区的重要通道。董梁高速在泰安境内主要过境新泰区和宁阳区，其中新泰至宁阳段途经新泰东都、岳家庄、刘杜、谷里、石莱、宫里、禹村、楼德等 8 个乡镇，建成通车后极大改善了 328 个村的 60 多万群众的出行环境，加速推动沿线的农林、化工产业经济发展。

图 A-11　新台高速公路

新台高速公路（见图 A-11）北起新泰枢纽立交，南至枣庄市台儿庄区。它的建成通车，预示着济南至枣庄车程将由 3.5 小时提速至 2.5 小时。新台高速公路是山东省"九纵五横一环七连"高速公路网规划中的重要路段，是介于京沪、京台高速间的重要省际通道。新台高速在泰安境内只过境新泰区，新泰段起点为京沪高速与泰新高速交叉的新泰枢纽处，终点为新泰与平邑交界处，全长 6.28km，路基宽度 27m，设计时速 120 km/h。

作为一条出省大通道，新台高速公路（新泰段）途经新泰市汶南镇，建成通车后填补了新泰到鲁南地区的高速公路空白，持续提升新泰开放水平，助推沿线企业发展。

【思考题】

（1）查询地图，新泰区新建立了哪几条高速公路？起止点分别是什么地方？

（2）高速公路通车后给各地区带来了哪些便利？对经济发展有哪些促进作用？

学习评价

被考评人					
考评地点					
考评内容	我国国道与高速公路网基础知识				
考评标准	内　容	分值/分	自我评价/分	小组评议/分	实际得分/分
	举例说明我国国道的编号方法	20			
	说明高速公路的作用	20			
	在地图上查找你所在地区的高速公路有几条，并说明高速公路的名称、目的地和编号	60			
	合　计	100			

注：1. 实际得分 = 自我评价 40%+ 小组评议 60%。
　　2. 考评满分为 100 分，60～74 分为及格；75～84 分为良好；85 分以上为优秀（包括 85 分）。

综合实训模块四　水 路 运 输

一、填空题

（1）水路运输的特点为_____、_____、_____、_____和_____。

（2）我国内河运输以_____、_____、_____、_____和_____航运最为发达，称之为"三江两河"水运。

（3）目前，长江水运干线基本形成了以_____为龙头，以上游_____、中游_____和下游_____为区域性核心的格局。_____为我国最大的内河港口。

（4）沿海运输分为_____和_____两大航区。各航区的中心分别为_____和_____。

（5）我国的远洋航线以_____为界，_____为近洋航线，_____为远洋航线。

（6）港口按其用途可分成_____、_____、_____、_____和_____五类。

（7）港口的发展受到许多因素的影响，其中最关键的因素为_____、_____、_____和_____。

二、简答题

我国五大沿海港口群物流运输业务各有何特点？

三、填图活动

在空白填充图上标注我国主要的海港位置和名称。

中国地图

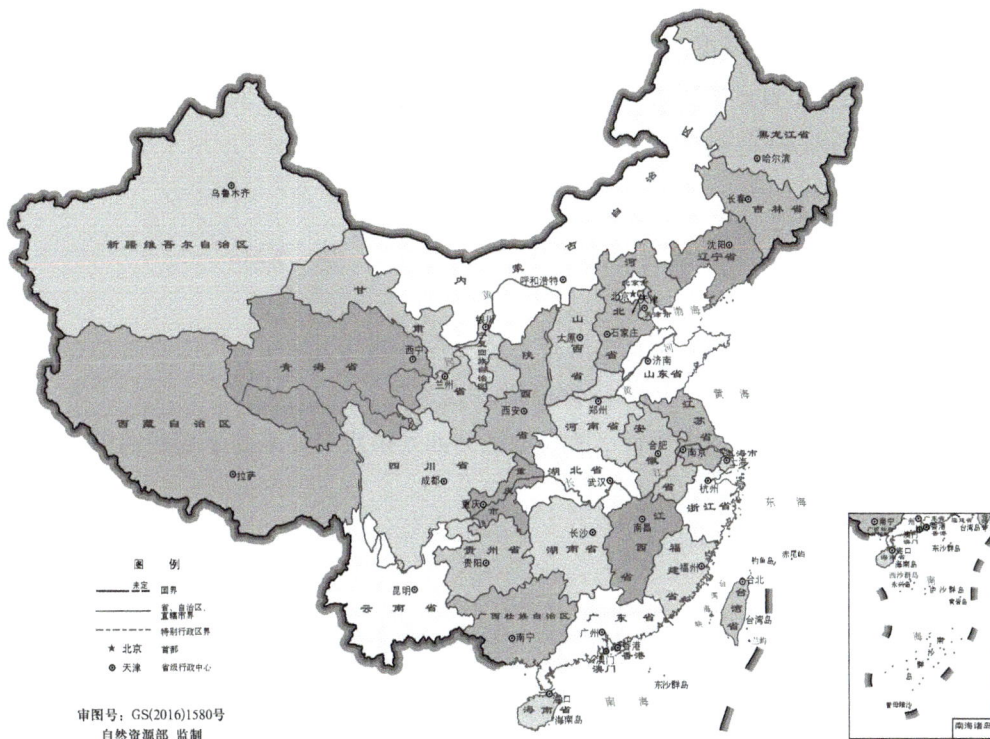

审图号：GS(2016)1580号
自然资源部 监制

学习评价

被考评人				
考评地点				
考评内容	我国主要港口的分布			

考评标准	内　　容	分值／分	自我评价／分	小组评议／分	实际得分／分
	在地图上正确标示出我国主要的内河河港（不少于10个）	30			
	在地图上正确标示出我国主要的海港（不少于15个）	30			
	在地图上正确标示出我国主要煤炭、石油、铁矿石和集装箱吞吐港	40			
	合　　计	100			

注：1. 实际得分 = 自我评价 40%+ 小组评议 60%。

　　2. 考评满分为 100 分，60～74 分为及格；75～84 分为良好；85 分以上为优秀（包括 85 分）。

综合实训模块五 航 空 运 输

1. 通过地图或上网查询自己所在地区（临近城市或省会）有哪些航空线路、主要通向哪些地区或城市，以及是否有国际航线，都通向哪些国家和城市。

2. 设定 3 个自己想要去的国内旅行景点，通过地图或上网查询有哪些航线，起始地和目的地是哪些城市，有哪些航空公司的航班等。

综合实训模块六 管 道 运 输

1. 通过地图或上网查询自己所在地区是否有油气田分布，周围省区是否有油气资源，是否需要进口油气资源进行补充。

2. 通过地图或上网查询自己所在地区的油气供应主要来源于哪些油田、哪条输油（气）管道。

第六单元 商业物流地理

综合实训模块一 商业网络布局

一、判断题

（1）商业网络是一个多层次的动态系统。 （　　）

（2）地形、气候、资源和人口等都是影响商业网络布局的自然因素。

（　　）

（3）做好商业网络布局是为了更好地促进商品流通。 （　　）

（4）工业、旅游业等产业的发展会影响商业网络布局。 （　　）

（5）商业网络布局仅限于在城市，农村地区不需要商业网络布局。 （　　）

（6）商业网络布局合理可以减少流通费用，提高经济效益。 （　　）

二、简答题

进行商业布局规划时应考虑哪些因素？

学习评价

被考评人					
考评地点					
考评内容	调查商业布局				
	内　　容	分值/分	自我评价/分	小组评议/分	实际得分/分
考评标准	调查某商业区的店铺种类和规模	30			
	分析说明各个店铺的位置是否合理	40			
	举例说明经营不合理的店铺的改进措施	30			
合　　计		100			

注：1. 实际得分 = 自我评价 40%+ 小组评议 60%。

　　2. 考评满分为 100 分，60～74 分为及格；75～84 分为良好；85 分以上为优秀（包括 85 分）。

综合实训模块二　商 业 中 心

一、判断题

（1）商业中心只受交通运输条件制约，与生产状况关系不大。　　（　　）

（2）商业中心也指一个城市内部商业活动集中的地区。　　（　　）

（3）人口稀疏地区没有商业中心。　　（　　）

（4）一般情况下，城市规模越大、人口越多，城市内的商业中心也越多。

　　　　（　　）

（5）我国的商业中心大多与地区行政中心和经济中心相吻合。　　（　　）

（6）我国商业中心的分布较均衡，商业中心遍布于全国各地。　　（　　）

二、选择题

（1）在下列商业中心中，以交通枢纽为依托发展起来的是（　　）。

　　A. 大连　　　　　B. 大庆　　　　　C. 鞍山　　　　　D. 柳州

（2）在下列大型商业中心中，位于西部地区的是（　　）。

　　A. 武汉　　　　　B. 西安　　　　　C. 广州　　　　　D. 重庆

（3）在下列大型商业中心中，位于中部，水陆交通发达的是（　　）。

　　A. 天津　　　　　B. 沈阳　　　　　C. 武汉　　　　　D. 上海

（4）在下列商业中心中，位于沿海的是（　　）。

　　A. 重庆　　　　　B. 上海　　　　　C. 广州　　　　　D. 天津

（5）在下列商业中心中，位于长江沿岸的是（　　）。

    A. 武汉　　　　　　B. 重庆　　　　　　C. 西安　　　　　　D. 北京

三、简答题

你所居住地区的商业中心在哪里？分析其形成的条件有哪些？

四、案例分析

上海南京路

南京路，号称"中国第一商业街"，也是亚洲最繁华的商业街之一。东起外滩，穿越26条马路，西与延安西路交叉，全长5.5km。最繁华的地段从外滩至静安寺，全长5km，有"十里长街"之称。如图A-12所示为南京路夜景。

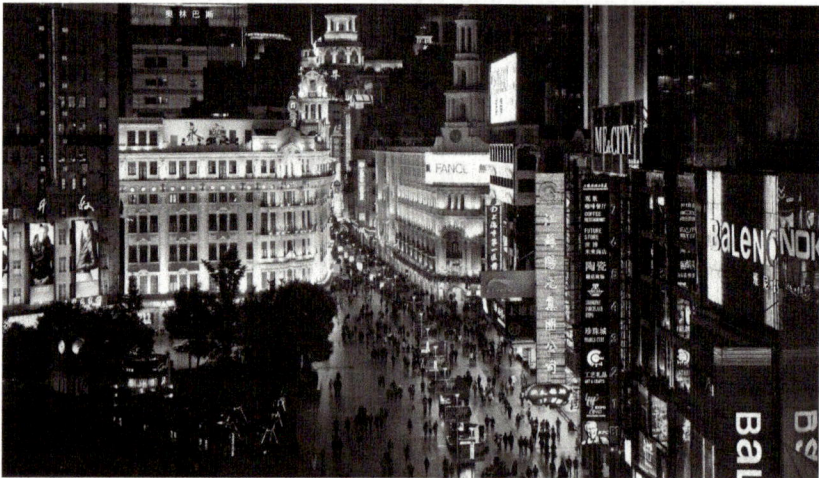

图 A-12　南京路夜景

南京路，在半个世纪之前就是上海一等繁华之地，全盛时期有400多家商店，每天有150万人次在这里摩肩接踵，改建成徒步区后，南京东路的热闹状况更不在话下。这里有百年老字号的商店、餐厅、纪念品店和大型购物中心，仿佛是个超大型的超级市场。

徜徉南京路，从东到西，商店林立，千余家大大小小的店家，几乎集全市商业之精华，真是名副其实的购物天堂。大型商店有中百一店、华联商厦、新世界商厦、精品世界、时装商店、食品商店、华侨商店、医药商店和丽华公司。特色商店有专门经销女装的服装店；专门制作男士西服的培罗蒙西服店；经营各类特色鞋类商品的蓝棠、博步皮鞋店；还有邵万生南货店、张小泉刀剪店和亨达利钟表店等。每到双休日，南京东路成了步行街，站在天桥向东望去，人流如潮，成为一大海派景观。

美丽的南京路还聚集了全国各地风味餐馆及德、俄、法等西餐厅，百味飘香，集上海饮食之精华。

【思考题】

上海成为全国最大的商业中心的条件是什么？网络营销模式的发展对实体店的销售有何影响？

学习评价

被考评人				
考评地点				
考评内容	商业中心形成的条件			
考评标准	内　　容	分值/分	自我评价/分	小组评议/分	实际得分/分
	了解商业中心的分级	20			
	分析说明你所在地区的商业中心形成的条件	80			
	合　　计	100			

注：1. 实际得分 = 自我评价 40%+ 小组评议 60%。

　　2. 考评满分为 100 分，60 ~ 74 分为及格；75 ~ 84 分为良好；85 分以上为优秀（包括 85 分）。

综合实训模块三　商 品 流 向

一、填空题

（1）商品流向的三要素是_____、_____和_____。

（2）商品流向的形成取决于_____、_____和_____的分布状况。

（3）商品流向总是趋向于选择一条_____，_____，_____的路线。

（4）我国食糖的流向是从_____向_____运销。

（5）合理运输是指走最短的_____，用最短的_____，花最低的_____，安全及时地把货物运送到目的地。

二、判断题

（1）商品流向产生的地理基础是商品产销的地域差异。　　（　　）

（2）东北地区是粮食运入地区。　　（　　）

（3）我国原油外运的地区主要是东北、西北和西南。　　（　　）

（4）商品运输要尽可能选择直线直达运输。　　（　　）

（5）我国商品运输的总特征是以生活消费品运输为主。　　（　　）

【思考题】

简述你所在地区粮油产品的流向？

📥 **学习评价**

被考评人					
考评地点					
考评内容	调查商品的流向（例如：休闲服、箱包、饮料等）				
考评标准	内　　容	分值 / 分	自我评价 / 分	小组评议 / 分	实际得分 / 分
	任意选择某一类商品调查其来源（不少于 20 种）	40			
	计算上述产品本埠生产所占比重、外埠生产所占比重	30			
	在地图上正确填出产品出产省区	30			
	合　　计	100			

注：1. 实际得分 = 自我评价 40%+ 小组评议 60%。

　　2. 考评满分为 100 分，60～74 分为及格；75～84 分为良好；85 分以上为优秀（包括 85 分）。

第七单元　港澳台物流地理

综合实训模块一　香港物流地理

一、填空题

（1）香港经济经过迅速发展，逐步形成了一个以＿＿＿＿＿＿＿＿为基础、以＿＿＿＿＿＿为主导、以多种经营为特点的现代化国际工商业城市。

（2）世界三大国际金融中心分别是＿＿＿＿、＿＿＿＿和＿＿＿＿。

（3）位于香港的＿＿＿＿港是世界三大天然良港之一。

（4）粤港澳大湾区的协作发展具有＿＿＿＿、＿＿＿＿、＿＿＿＿和＿＿＿＿的特点。

二、选择题

以下选项属于香港物流业优势的有＿＿＿，劣势的有＿＿＿。属于内地物流业优势的有＿＿＿，劣势的有＿＿＿。

　　A. 物流业起步迟，效率不高，服务不系统

　　B. 交通发达，基础设备条件好

　　C. 港口的停泊费用较便宜

　　D. 金融业发达，司法制度完善

    E. 物流收费较高

    F. 对内地客源来讲，过境手续比较复杂

    G. 有大批专业的管理人才和 IT 业人才

    H. 通信网完善且成本较低

    I. 地理位置优越

    J. 政策支持

三、简答题

（1）参考图 7-1 和图 7-2，用自己的语言描述一下香港的地理位置。

（2）列举出一些香港的重要产业。

（3）香港采取了哪些措施以巩固和发展香港贸易中心的地位？

（4）用一些数字来说明香港金融业在国际上的地位。

（5）简述香港发展物流业各有哪些优势和劣势。

四、案例分析

香港物流业的发展

1．香港空运货站抢滩珠江三角洲

为强化香港国际机场的国际航空枢纽地位，香港机场管理局（以下简称机管局）正将机场客货运服务范围积极扩展至珠江三角洲地区。机管局正与全球最大的空运货站营办商——香港空运货站有限公司商讨合作，在珠江三角洲地区设立货物集散物流中心，以简化的清关程序吸引更多的珠江三角洲地区的货物经香港国际机场运送到外地，从而提高效率、减省时间和成本。

机场还提供有往来香港国际机场与珠江三角洲地区 18 个城市的跨境旅游车服务，往来于澳门、深圳和东莞等地的快速跨境渡轮服务。机管局正与珠江三角洲其他主要机场，包括广州、深圳、珠海及澳门等机场积极探讨更紧密的合作及协调，扩大香港国际机场的服务范围。

2．香港加快陆路货物车辆"零秒通关"

香港海关引入"电子预报道路货物资料"系统，是利用高科技手段，通过物流供应链管理的概念，加快货物及货车在跨境过关通道过程中的流通时间，提高工作效率，期望实现内地与香港陆路运输车辆货物零秒通关的理想。

3．加强与内地合作，香港码头提升物流处理能力

为配合香港和内地经济发展的需要，香港目前正不断提高其物流处理能力。据了解，目前香港跨境口岸的货物通关效率及处理能力已显著提高，97% 的北行货车及 84% 的南行货车可于 1h 之内完成过关程序。

香港最大的现代货箱码头有限公司向内地公司订购10台胶轮式龙门起重机，并与内地合作投资上海洋山深水港项目。此外，该公司还积极投资蛇口港和赤湾港，在深圳货运吞吐量的快速增长中同享利益。现代货箱码头公司还推出珠江三角洲内陆闸口服务，以独有的网络每日提供专设的驳船服务，往来于现代货箱码头及粤港澳大湾区制造业的集中地。

4．香港九成转口货物来自内地

内地是香港最大的贸易伙伴。内地既是香港进口货物的最大供应地，也是香港转口的最大市场。由于内地推行经济改革和贸易开放政策，香港成为内地的主要转口港。

5．香港致力于巩固全球首屈一指的枢纽港地位

为进一步增强香港货柜港的整体竞争力，香港成立香港物流发展局，为特区政府及物流业界提供商议和协调业内事务、推行合作计划的渠道。物流发展局将重点研究：①发展多式联运运输服务，改善通关安排以促进货流；②研究发展一个中立的数码贸易运输网络系统，提高业界资信流通的速度和可靠性；③促进行业协会引进国际认可的专业资格认可制度，提高物流从业员的专业水平；④了解物流中小型企业的运作模式和成本结构，提出改善运作效率的建议，增强有关企业的竞争力；⑤筹办各地区推广活动，推广香港物流业的优势。

【思考题】

（1）对内地尤其是珠江三角洲地区日益发展起来的物流业形成的强大竞争，香港采取了什么措施来维持自身的优势？

（2）从资料中可看出，香港和内地的经济存在着什么样的关系？怎样看待香港物流业和内地物流业之间的竞争？就两地应该如何保持既有竞争又有合作的互利态势发表你的看法。

学习评价

	内　　容	分值/分	自我评价/分	小组评议/分	实际得分/分
被考评人					
考评地点					
考评内容	香港经济发展的状况				
考评标准	从香港的地理位置说明与祖国内地发展贸易往来的条件	50			
	上网查找资料，用数据说明香港经济发展的状况	50			
	合　　计	100			

注：1．实际得分＝自我评价40%＋小组评议60%。

2．考评满分为100分，60～74分为及格；75～84分为良好；85分以上为优秀（包括85分）。

综合实训模块二　澳门物流地理

一、填空题

（1）我国人均 GDP 最高的城市是_____。

（2）澳门的出口货物以纺织品、玩具、电子产品为主，进口货物则以工业原料、粮食和食品为主，进出口市场集中在_____。

二、选择题

（1）出口加工业、____、金融业和地产建筑业是澳门的四大经济支柱。

A．制造业　　　　　　　　　　B．重工业

C．渔业　　　　　　　　　　　D．旅游博彩业

（2）澳门主要以____带动物流业的发展。

A．海运　　　　B．陆运　　　　C．空运　　　　D．河运

三、简答题

（1）参考课文中的地图，用自己的语言描述一下澳门的地理位置。

（2）澳门的经济对香港和内地有哪些依赖性？

（3）澳门物流业的发展有哪些优势和不足？

（4）试比较澳门发展物流业的依托和定位与香港有哪些不同？

学习评价

被考评人					
考评地点					
考评内容	澳门物流业的发展状况				
考评标准	内　　容	分值 / 分	自我评价 / 分	小组评议 / 分	实际得分 / 分
	从自然地理条件说明澳门的经济发展有哪些优势和不足	50			
	上网查找资料，阐述澳门物流业发展的条件	50			
	合　　计	100			

注：1. 实际得分 = 自我评价 40%+ 小组评议 60%。

　　2. 考评满分为 100 分，60 ～ 74 分为及格；75 ～ 84 分为良好；85 分以上为优秀（包括 85 分）。

61

综合实训模块三　台湾物流地理

一、填空题

（1）台湾工业相对集中在_____，以_____、_____为中心，形成一个由铁路和高速公路从东北至西南连贯的沿岛弧形工业带。

（2）北部工业区以_____为中心，包括桃园、新北和基隆市，为台湾省第一大工业区，这里集中了全省工商企业总数的 1/3 以上。

（3）台湾出口的工业品以_____产品为主。

（4）台湾农业作物以_____、_____和_____最著名，誉为"台湾三宝"。

（5）台湾的主要出口市场包括_____、_____以及_____、_____等国家和地区；进口市场包括_____、_____、_____和_____等国家和地区。_____是台湾第一大进出口市场。

二、选择题

（1）中央山脉纵贯台湾岛，造成____的地势，山区、丘陵和平原的面积比例大致为 3∶4∶3。

    A. 西低东高   B. 东高西低

    C. 中部高东西侧低   D. 中部低东西侧高

（2）南部工业区以高雄为中心，为全省____基地。

    A. 农业   B. 重化工业   C. 轻工业   D. 机械业

（3）台湾交通较发达，____占主导地位。

    A. 公路运输   B. 铁路运输   C. 海上运输   D. 航空运输

三、简答题

（1）台湾省有几个工业区？每个工业区都具备哪些特征？

（2）台湾省物流业发展的有利和不利因素各是什么？

四、案例分析

台湾对外贸易对大陆市场的依赖

目前，台湾对外贸易对大陆市场的依赖非常高，大陆是台湾的第一大进出口市场，也是其最主要的贸易顺差来源地。据统计，2018 年，台湾与大陆的进出口贸易额为 1 418.7 亿美元，同比增长了 8.3%；贸易顺差为 343.0 亿美元，同比增长了 11.6%，增速较快（见图 A-13 和图 A-14）。预计未来台湾对大陆的贸易顺差总体还将扩大，服务贸易和机电产品贸易重要性或将进一步提升。

台湾对大陆出口的主要商品是机电产品、化工产品、光学产品、钟表和医疗设备，2018 年出口额分别为 494.6 亿美元、95.4 亿美元和 88.3 亿美元，占对大陆出口总额的 56.2%、10.8% 和 10.0%，增减幅分别为 11.2%、14.8% 和 −1.3%。塑料橡胶和贱金属及其制品也是台湾对大陆出口的重要商品。大陆产品进口需求很大程度上决定了台湾产品出口结构。

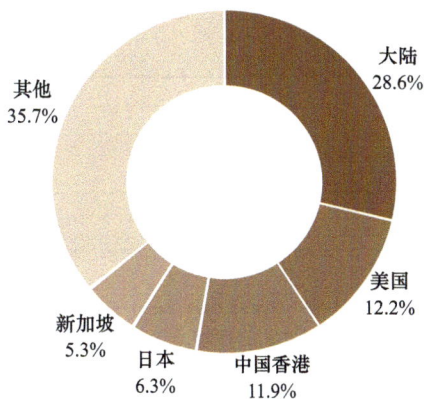

图 A-13　2018 年台湾货物贸易主要出口市场分布

从 2018 年台湾对大陆出口的主要产品金额占该产品出口总额的比重来看，台湾对大陆出口的光学产品、钟表、医疗设备占台湾对全球出口该产品金额比重的 59.1%，排名第一，主要原因在于大陆对台湾高科技尖端光学产品、钟表、医疗设备的需求非常旺盛。此外，台湾对大陆出口的化工产品，陶瓷、玻璃，塑料、橡胶，机电产品等的金额占比也较大，主要是大陆代加工制造业相对发达，进口这些产品

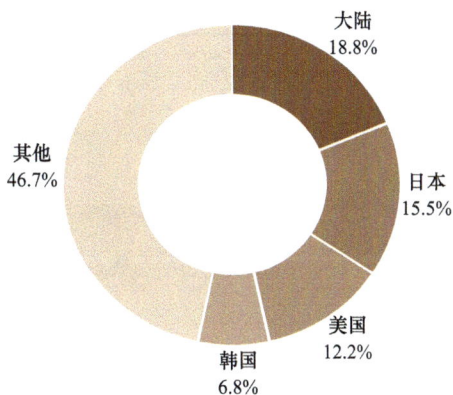

图 A-14　2018 年台湾货物贸易主要进口市场分布

后对其进行进一步加工，然后用于内需或者出口。

机电产品是台湾从大陆进口的主要商品，2018 年进口额达 327.7 亿美元，增长 9.4%，占自大陆进口总额的 60.9%。化工产品和贱金属及其制品分别为第二和第三大类进口商品，进口额 44.9 亿美元和 43.8 亿美元，占自大陆进口总额的 8.3% 和 8.2%。塑料橡胶、光学产品、钟表、医疗设备和纺织品及原料等也是台湾自大陆进口的重要产品。

【思考题】

（1）2018 年，台湾对大陆的进、出口贸易额的比重分别是多少？与其他市场相比排第几位？

（2）台湾对大陆出口量较大的产品主要有哪些？

（3）台湾对大陆进口量较大的商品主要有哪些？

（4）通过以上分析，说明台湾对外贸易对大陆市场的依赖程度是什么样的。

（5）简述台湾与大陆经济合作有何有利条件。

▶ 学习评价

被考评人					
考评地点					
考评内容	台湾与祖国大陆的贸易合作前景				
考评标准	内　容	分值 / 分	自我评价 / 分	小组评议 / 分	实际得分 / 分
	列举台湾有哪些经济支柱产业	30			
	上网查找资料，说明台湾与祖国大陆发展贸易往来的有利条件	70			
	合　计	100			

注：1. 实际得分 = 自评价 40%+ 小组评议 60%。
　　2. 考评满分为 100 分，60 ～ 74 分为及格；75 ～ 84 分为良好；85 分以上为优秀（包括 85 分）。

第八单元　国际物流地理

综合实训模块一　国际物流和国际货物运输

一、填空题

（1）国际物流是指_____、_____、_____和_____在国与国之间的流动和转移。

（2）国际物流从广义的角度讲包括_____的物资在国与国之间的转移，如_____、_____、_____、_____、_____以及_____等。从狭义的角度讲仅涉及_____的货物转移活动，如_____、_____、_____、_____流通中的_____、_____、_____和_____等。

（3）国际物流系统包括：_____、_____、_____、_____和_____。

（4）国际货物运输具有_____、_____、_____、_____、_____、_____和_____的特点。

二、简答题

（1）国际货物运输包括哪些物品？

（2）什么是承运人？什么是货运代理？货运代理的分类是什么样的？

学习评价

被考评人	
考评地点	
考评内容	国际物流基本知识

考评标准	内　　容	分值 / 分	自我评价 / 分	小组评议 / 分	实际得分 / 分
	举例说明国际运输方式	60			
	举例说明承运人与货运代理的区别	40			
	合　　计	100			

注：1. 实际得分 = 自我评价 40%+ 小组评议 60%。

2. 考评满分为 100 分，60 ～ 74 分为及格；75 ～ 84 分为良好；85 分以上为优秀（包括 85 分）。

综合实训模块二　国际海洋运输

一、填空题

（1）国际海洋运输所承担的大宗货物主要是_____、_____、_____和_____。

（2）定期航线，是指使用_____，按_____和_____航行，并以相对_____经营客货运输业务的航线。定期航线又称_____航线，主要装运_____。不定期航线，是指临时根据货运的需要而选择的航线，_____、_____和_____均不固定，是以经营_____、_____运输业务为主的航线。

二、填图活动

（1）在世界地图上填出英吉利海峡、马六甲海峡、霍尔木兹海峡、曼德海峡、黑海海峡、直布罗陀海峡、龙目海峡和望加西海峡以及苏伊士运河、巴拿马运河和基尔运河。

（2）在世界地图上填出釜山港、迪拜港、新加坡港、鹿特丹港、纽约港、洛杉矶港和长滩港、安特卫普港、汉堡港、神户港、新奥尔良港的位置，并准确标明各个港口的英文。

世界地图

图例

------- 洲界
—— 未定国界

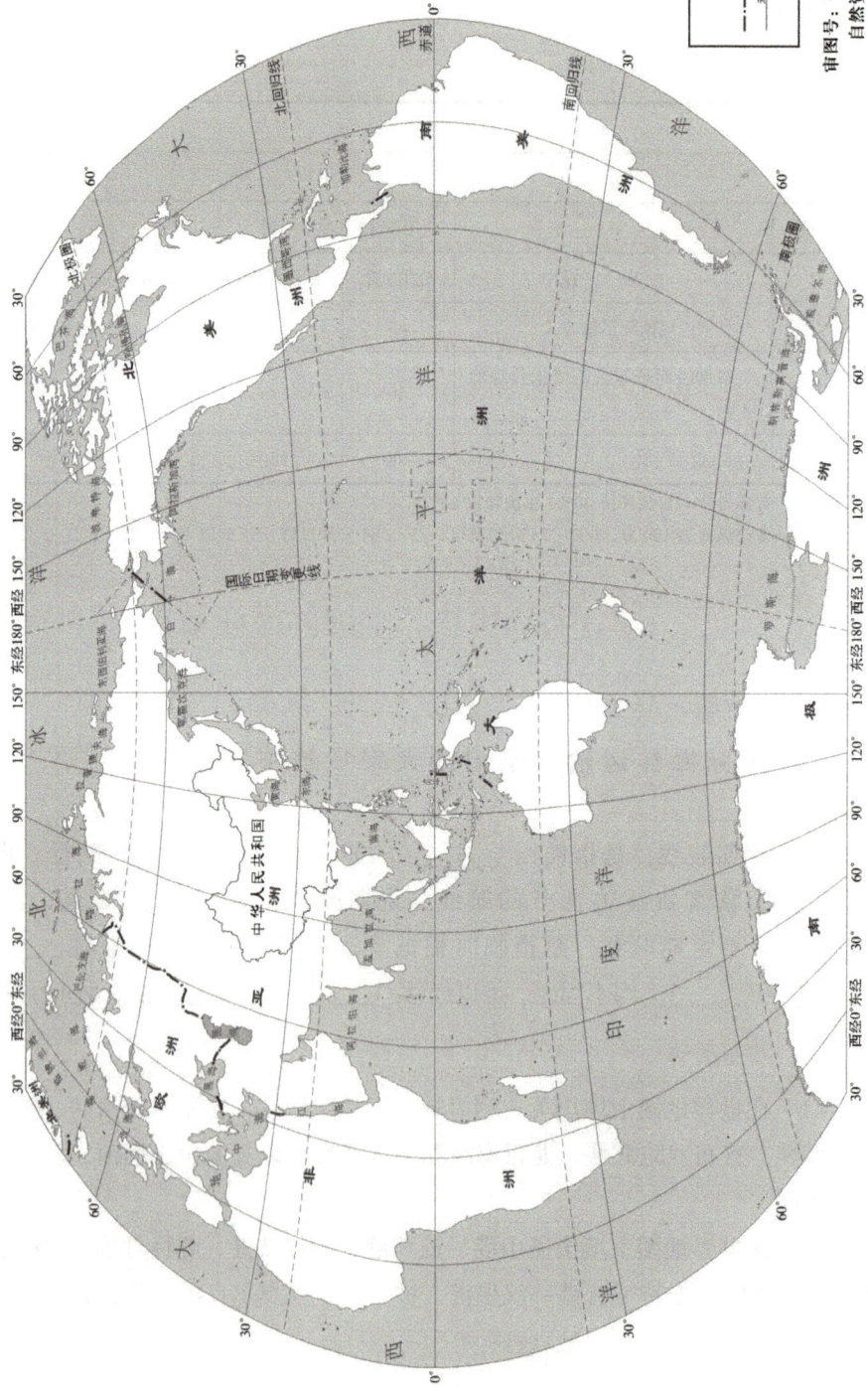

审图号：GS(2016)1556号　自然资源部 监制

大　洋　洲

亚　洲

中华人民共和国

欧　洲

非　洲

北　冰　洋

太　平　洋

印　度　洋

大　西　洋

南　极　洲

北回归线

南回归线

北极圈

南极圈

国际日期变更线

⬇ **学习评价**

被考评人					
考评地点					
考评内容	国际海洋运输线路基础知识				
考评标准	内　　容	分值/分	自我评价/分	小组评议/分	实际得分/分
	在地图上填出国际上重要的海峡和运河	30			
	在地图上正确填出国际上重要的港口	30			
	在地图上正确绘出从上海至伦敦的航线，并标示出所经过的海洋、海峡、运河和港口	40			
	合　　计	100			

注：1. 实际得分＝自我评价40%＋小组评议60%。

　　2. 考评满分为100分，60～74分为及格；75～84分为良好；85分以上为优秀（包括85分）。

综合实训模块三　国际铁路运输

一、填空题

（1）国际铁路联运是指在_____国家之间进行的铁路货物运输，只需在始发站办理托运手续，使用一份_____票据，在由一国铁路向另一国铁路移交货物时，无须_____参加，对全程运输负连带责任。这种运输方式的最大特点是不受_____的限制，可以承运各种货物，尤其是_____。

（2）国际铁路联运适合于_____国家之间的货物运送，发货人只需在发货站办理铁路托运，使用一张运单，即可进行货物的全程运输。国际铁路联运也适合于原_____国家间的顺向或反向货物运输，只需在转换的_____或_____的过境站改换适当的联运票据即可。在我国国内，凡可办理铁路货运的车站均可接受国际铁路联运业务。

（3）目前，世界各国采用的铁路轨距并不相同，可以划分为：_____（_____mm）、_____（_____mm）和_____（_____mm），其中_____铁路轨距应用最大。我国的大部分地区采用_____，但台湾和云南部分地区的铁路为_____。而与我国接壤的俄罗斯、蒙古均为_____铁路；越南是_____铁路。

（4）我国用于国际铁路货物联运的口岸有：_____、_____、_____、_____、_____等。

（5）内地运往澳门的货物只能在_____中转。内地出口单位将货物发往_____，收货人是_____公司，再由_____公司办理_____中转至澳门。货到澳门后由_____集团运输部接货并交付实际收货人。

（6）目前，我国对俄罗斯远东地区的国际铁路联运多利用_____口岸；东北三省运往俄罗斯中西部以及运往欧洲的货物多走_____口岸；由我国内陆各省市、自治区运往俄罗斯中西部以及运往欧洲的货物多走_____和_____口岸。

二、填图活动

参照世界运输图，描绘出西伯利亚大铁路和美国横贯大陆的铁路网。

学习评价

被考评人				
考评地点				
考评内容	我国国际铁路运输基础知识			
	内　　容	分值 / 分	自我评价 / 分	小组评议 / 分	实际得分 / 分
考评标准	在地图上正确标示西伯利亚大陆桥铁路线，并列出所经过的国家和重要城市	60			
	在地图上标示出我国铁路口岸的位置	40			
合　　计		100			

注：1. 实际得分 = 自我评价 40%+ 小组评议 60%。

　　2. 考评满分为 100 分，60～74 分为及格；75～84 分为良好；85 分以上为优秀（包括 85 分）。

综合实训模块四　国际航空运输

一、填空题

（1）世界上最繁忙的国际航空线是_____航线、_____航线和_____航线。

（2）我国在 2019 年全球机场吞吐量排名前 30 名的机场有_____、_____、_____、_____、_____、_____。

（3）据 2019 年统计数据，从航空货运的全球分布来看，_____地区保持了货运吨公里（FTK）的最大份额，占比为_____%。

二、填图活动

（1）根据 2019 年全球机场吞吐量排名表，在地图上标出前 15 名的机场。

（2）根据 2019 年全球机场吞吐量排名表，在地图上标出属于亚太地区的机场。

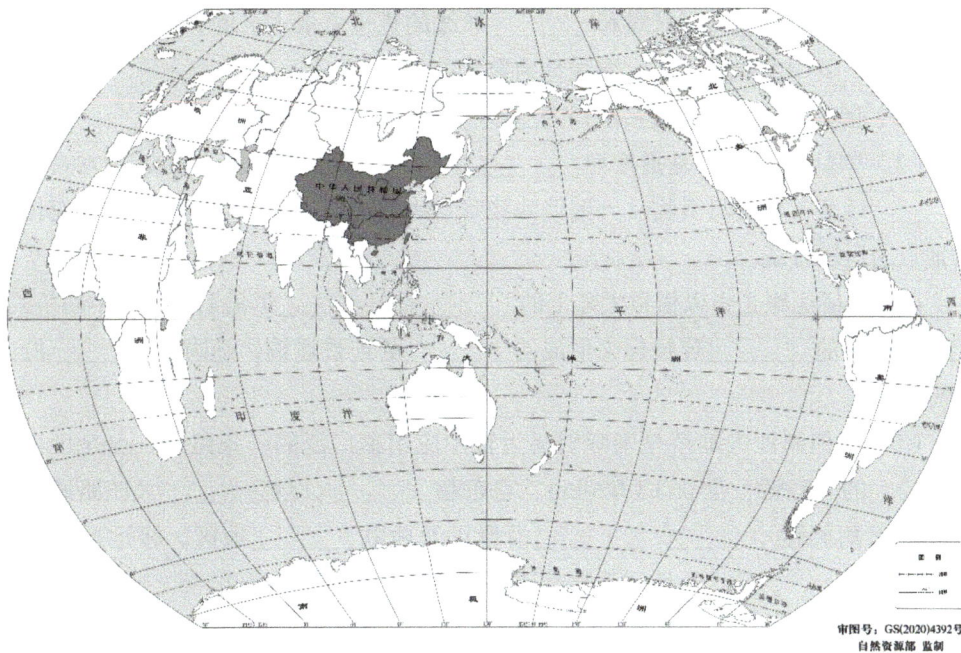

审图号：GS(2020)4392号
自然资源部 监制

学习评价

被考评人					
考评地点					
考评内容	航空港的地理位置				
考评标准	内　容	分值 / 分	自我评价 / 分	小组评议 / 分	实际得分 / 分
	在地图上正确标示国际航空港的地理位置	60			
	正确记忆航空港代码	40			
	合　计	100			

注：1. 实际得分 = 自我评价 40%+ 小组评议 60%。

2. 考评满分为 100 分，60 ～ 74 分为及格；75 ～ 84 分为良好；85 分以上为优秀（包括 85 分）。

综合实训模块五 国际集装箱运输和国际多式联运

一、填空题

（1）集装箱运输就是以_____为运送单位进行货物运输的一种先进的现代化运输方式。国际集装箱运输主要集中于_____、_____和_____等发达地区。上述三个地区的集装箱货运量大约占到全世界货运总量的80%以上。_____航线、_____航线和_____航线的货运总量占全世界集装箱运输量的40%以上，其中尤以_____航线最为繁忙。

（2）世界上最大的集装箱港口为_____。

（3）国际多式联运是指按照_____合同，以至少两种不同的运输方式，由_____经营人负责将货物从一国境内接管货物的地点运至另一国境内指定交付货物地点的运输方式。

（4）陆桥运输是指以横贯大陆上的_____、_____运输系统作为中间桥梁，把大陆两端的_____连接起来形成的_____的连贯运输，是国际_____的一种特殊形式。

（5）西伯利亚大陆桥是国际贸易运输中应用最广泛的一条路桥，也是世界上_____的大陆桥，全长13 000km。它东起_____，经_____大铁路通向莫斯科，然后到达_____、_____沿岸以及西欧_____地区。将远东地区与整个_____、_____地区连接起来，极大地缩短了远东和欧洲之间的距离。

（6）西伯利亚大陆桥的运输方式有_____、_____和_____。

（7）新亚欧大陆桥东起我国的_____，经_____线、_____线、_____铁路，出_____，最终抵达_____，全长10 800km，连接_____、_____、_____、_____、_____、_____和_____等30多个国家和地区。

（8）目前，在国际海洋运输中多采用_____和_____。

二、简答题

（1）简述国际集装箱运输的特点和优势。

（2）简述国际多式联运的特点和优势。

三、案例分析

"最有味道"的中欧班列

2017年8月31日，一辆满载315t山东大蒜的X9006次中欧国际货运班列驶出济南铁路局淄博车务段农中火车站，开始了前往哈萨克斯坦第一大城市阿拉木图的跨国之旅。此次中欧班列装载的白皮大蒜来自山东金乡，共40车315t，货物总价值600余万元，是全国首次采用整列冷藏集装箱运输的生鲜货物。

大蒜是常见的调味品，也是天然的植物广谱抗生素，在哈萨克斯坦的冬天，有生吃大蒜预防流感和肠道感染病的习惯。因为蒜味浓烈，这列国际班列被网友誉为"最有味道"的班列。

班列自山东淄博出发，经河北、山西、宁夏、甘肃、新疆，由阿拉山口口岸出境，最终到达哈萨克斯坦第一大城市阿拉木图，全程运行4 657km，预计12天左右到达。

据济南铁路局淄博车务段农中站站长介绍，大蒜出口贸易涉及大蒜生产、初加工、包装、装卸、运输和出口贸易等多个环节，面对首次走出国门的"白皮蒜宝宝"，车站成立了"保姆式"服务团队，精心制订运输方案，优化工作流程。班列使用的冷藏集装箱全程温度设置为1℃，可最大限度确保大蒜的新鲜。此次冷链整列装运大蒜出口为全国首次，一路绿灯为客户提供优质服务。

【思考题】

（1）"最有味道"的班列的起、止站分别在哪个城市？出境口岸是哪里？

（2）上述亚欧大陆桥的起止城市是哪里？在我国境内是由哪几条铁路线组成？

（3）新亚欧大陆桥经过了我国哪些省份？经过的主要城市有哪些？

（4）与其他运输方式相比，采用亚欧大陆桥的铁路运输方式有何优势？

学习评价

被考评人					
考评地点					
考评内容	国际联运基础知识				
考评标准	内　　容	分值/分	自我评价/分	小组评议/分	实际得分/分
	举例说明集装箱运输的优点	30			
	在地图上正确绘出新亚欧大陆桥的线路，并列示出所经过的国家和重要的城市	70			
	合　　计	100			

注：1. 实际得分＝自我评价40%＋小组评议60%。

　　2. 考评满分为100分，60～74分为及格；75～84分为良好；85分以上为优秀（包括85分）。

综合实训模块六　国际大宗货物运输

一、填空题

（1）世界粮食作物包括_____、_____、_____、_____、_____、_____、_____和_____等8种。_____、_____和_____被称为三大粮食作物。

（2）小麦是温凉作物，主要集中在北纬_____和南纬_____的温带地区。世界小麦生产主要集中在_____、_____、_____、_____、_____和_____等十几个国家。

（3）水稻喜高温多雨，积温2 800～3 500℃，年降水量在1 000mm以上，多分布在_____的冲积平原区。世界水稻多集中在_____、_____和_____地区，以亚洲的_____、_____和_____地区最为集中。

（4）玉米原产于_____，是一种喜温作物，生长的适应性强，分布十分普遍，多集中在：_____、_____、_____和_____四个地带。_____、_____、_____、_____和_____是全球主要的玉米出口国。

（5）世界石油的出口地区主要是_____，北非的_____、_____和_____，西非_____的_____和_____以及_____地区等。

（6）煤炭是仅次于石油的第二大能源，它的种类有_____（_____和_____）、_____和_____。92%的储量分布在_____之间，是世界著名的富矿带，储量占世界总储量的70%以上。按照大洲来看，_____煤炭资源最为丰富，占世界的一半以上，其次是_____、_____、_____和_____。

二、选择题

（1）小麦的出口国主要有（　　　）。

A. 欧盟、中国、印度、俄罗斯、美国

B. 澳大利亚、巴西、中国、印度、俄罗斯

C. 印度尼西亚、埃及、巴西、阿尔及利亚、日本

D. 澳大利亚、加拿大、欧盟、俄罗斯、美国

（2）目前，全球大米生产量最大的国家是（　　　）。

A. 泰国　　　　B. 印度　　　　C. 中国　　　　D. 菲律宾

（3）目前，（　　　）是世界第一大煤炭进口国。

    A．日本　　　　　B．伊朗　　　　　C．加拿大　　　　　D．中国

（4）世界上石油消费量最高的国家是（　　　）。

    A．日本　　　　　B．中国　　　　　C．美国　　　　　D．加拿大

（5）（　　　）和（　　　）的铁矿石主要出口到中国。

    A．澳大利亚　　　B．巴西　　　　　C．俄罗斯　　　　　D．加拿大

三、简答题

（1）简述世界五大小麦生产带布局。

（2）简述世界石油主产区，说明石油的主要流向。

（3）简述世界煤炭的主要流向。

四、案例分析

世界粮食供需格局

　　从全球范围来看，当前全球粮食供求基本平衡，但也存在局部区域失衡问题。小麦、稻米、玉米和大豆四种粮食年产量相加一直维持在30亿t水平。作为口粮，小麦和稻米年产量相差不大，年均增长速度维持在2.3%的水平。

　　同时，粮食消费动力支撑不足。目前还找不到支撑全球粮食需求持续增长的重要因素。一方面，随着收入水平提高，粮食直接消费呈现明显的下降趋势。另一方面，多数新兴国家的主要农产品人均消费量已接近饱和。例如我国目前对于植物油的消费趋于饱和，肉类需求的增长速度也在放缓。同时，全球经济复苏普遍迟缓，粮食的工业消费将受到实质性影响。

　　全球粮食库存保持较高水平，但扣除我国库存则持续走低。在过去20年中，玉米库存消费比平均为22%，大豆库存消费比平均为25%，小麦的库存消费比平均为30%。其中，小麦库存消费比近些年一直维持在38%，是20年来最高水平。按照联合国粮农组织的划分，粮食库存消费比在17%以上为安全，低于17%被视为不安全，低于14%被视为粮食紧急状态。如果仅看上述数据，世界粮食库存消费比仍然维持在一个可接受水平。需要指出的是，我国在全球粮食期末库存总额中占有举足轻重的位置。近3年我国小麦库存占全球库存约50%，稻米库存占全球库存约67%，玉米库存占全球库存约65%。若扣掉我国粮食库存，全球小麦、稻米、玉米和大豆的库存消费比分别约为18%、11%、9%和22%。

　　粮食价格仍在上涨趋势中，实际价格呈现下降趋势。如果扣除通胀因素，粮食实际价格整体下行，主要原因在于供给略微大于需求。综合来看，未来在没有大的负面外部冲击的情况下，粮食价格将基本稳定于目前水平，实际价格趋于下降。

　　总体来看，我国一直重视粮食增产，粮食产量连续5年在6.5亿t以上。2019

年达 6.6 亿 t，创历史最高水平，实现创纪录的"十六连丰"。

近年来，我国小麦产量稳定在年 1.3 亿 t 水平。小麦进口量相对较少，这部分进口小麦或是直接用作饲料，或是作为面包粉来改善面粉品质。稻米产量一直保持在 2.1 亿 t 水平，目前稻米库存消费比超过 80%。玉米产量维持在年均 2.5 亿 t 水平，同时我国积极推动玉米深加工，以实现去库存。大豆一直保持较高的进口量，占全球大豆进口总量的 60% 左右。大豆进口既为满足国内日益增长的植物油需求，也为满足动物蛋白激增的需要。当前，我国已经成为全球最大的动物蛋白进口国。2019 年我国猪肉进口量占全球猪肉进口总量的 27%，牛肉进口量占比 21%。此外，还有大量水产品和奶类进口，都是为满足国内动物蛋白的需求。从长期来看，我国还会持续扩大动物蛋白进口。

【思考题】

（1）当前全球粮食供求的特点是什么？

（2）按照联合国粮农组织的划分，粮食安全指标是什么？

（3）根据各种指标分析目前我国是否处于粮食安全状态。

（4）上网查询资料，看看目前我国粮油自给率是多少，同时分析我国粮油产品主要进出口品种以及进出口的主要国家有哪些。

学习评价

被考评人					
考评地点					
考评内容	我国国际大宗货物运输				
考评标准	内　容	分值 / 分	自我评价 / 分	小组评议 / 分	实际得分 / 分
	上网查找资料，了解我国主要的大宗进口物资种类（不少于三种）	20			
	上网查找资料，了解我国上述进口物资的输出地区	40			
	上网查找资料，说明我国上述进口物资的运输方式	40			
合　计		100			

注：1. 实际得分 = 自我评价 40%+ 小组评议 60%。

2. 考评满分为 100 分，60 ～ 74 分为及格；75 ～ 84 分为良好；85 分以上为优秀（包括 85 分）。